Verwendete Symbole

Muster

 Partnerarbeit

 Gruppenarbeit

 Kooperative Lernformen

 Sprachvergleich

  S. XXX S. XXX S. XXX Verweis auf Differenzierungsangebot im Anhang

 Hilfen zur Bewältigung der Aufgaben

 anspruchsvolle Übung

 Übung für Herkunftssprecher/innen

 Übung auf der Audio-CD

 Ausspracheübung

 Film auf DVD

 ТРКИ – Testformat

▶ Grammatik S. XXX Verweis auf grammatischen Anhang

▶ Methode S. XXX Verweis auf Methodenteil im Anhang

▶ Wortnest S. XXX Verweis auf Wortnester im Anhang

по вы́бору fakultativ

Schön, dass du wieder da bist.
Ich freue mich auf eine spannendes Jahr beim Russischlernen mit dir.
Los geht's!

Inhalt

Die hier und auf den Folgeseiten aufgeführten Angebote sind nicht obligatorisch abzuarbeiten. Die Auswahl der Übungen und Übungsteile richtet sich nach den Schwerpunkten des schulinternen Curriculums.

Lektion/Themen Worüber sprechen wir?	Kommunikative Ziele Was lernen wir?	Lernaufgaben Was können wir am Ende der Lektion?
Уро́к 1 **Кру́глый год** **А** С днём рожде́ния! **Б** Пра́здники в Росси́и **В** Прия́тного аппети́та!	• dein Geburtsdatum und deinen Geburtsort angeben; • jemandem gratulieren; • Zeitangaben zu den Jahreszeiten und Monaten machen; • jemanden zu einer Feier einladen und auf eine Einladung reagieren; • sich verabreden; • in einem Café Essen und Trinken bestellen	• eine Geburtstagsparty vorbereiten; • in einem Restaurant typisch russisch Essen bestellen können
Уро́к 2 **Вот э́то я!** **А** Моя́ люби́мая оде́жда **Б** Э́то я с головы́ до ног. **В** Мой куми́р	• über Kleidung sprechen; • in Russland einkaufen; • eine Person beschreiben; • über Gesundheit und Befinden sprechen; • über bekannte Persönlichkeiten sprechen; • deinen Lebenslauf schreiben	• ein Zukunftsbild von uns erstellen; • eine Modenschau gestalten 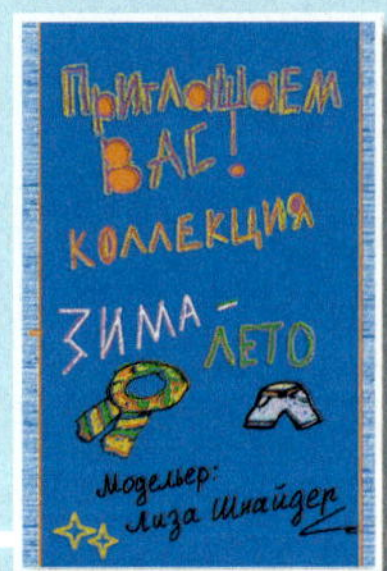
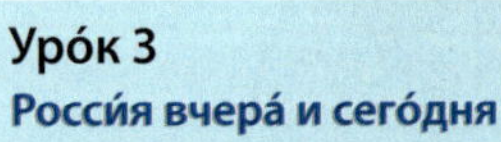 **Уро́к 3** **Росси́я вчера́ и сего́дня** **А** Изве́стные ли́чности Росси́и **Б** Го́род на Неве́ **В** Что но́вого? 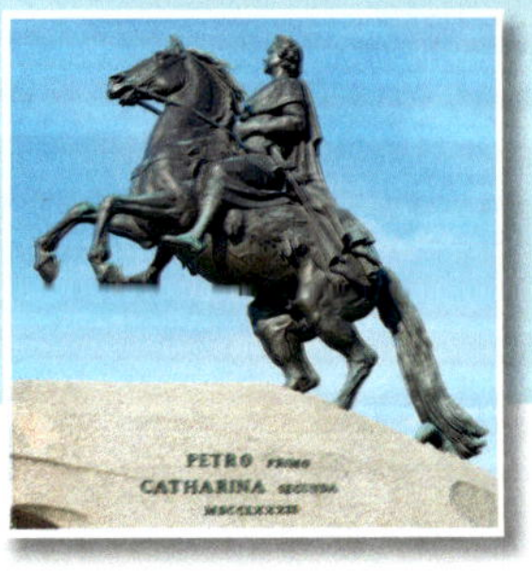	• über eine historische Persönlichkeit sprechen/schreiben; • ein Interview vorbereiten; • über historische Ereignisse sprechen; • eine Stadt beschreiben; • sagen, welche Nachrichten man gerne hört; • über Medien sprechen, die man nutzt	• ein Quartettspiel zu einer Stadt erstellen; • einen Veranstaltungskalender gestalten

Sprachstoff Was brauchen wir dafür?	Methoden/Kompetenzen Wie lernen wir Russisch?	Lesetexte Welche Texte lesen wir?	Landeskunde Was lernen wir über Russland?	Seite
• Betonung der Monatsnamen im Gen. und Präp.; • Ordnungszahlen 11.–2000. und Deklination; • Datumsangabe; • *идтú* und *хотéть*; • Deklination von *кто*; • Deklination der Personalpronomen	• Hilfsmittel im Unterricht nutzen; • Lesen mit Wörterbuch	• **В лесý родúлась ёлочка** (Lied); • **Салáт оливьé** (Rezept)	• russische Traditionen, Bräuche, Feste und Feiertage; • typische russische Gerichte	8
• Deklination des Demonstrativpronomens *э́тот*; • Deklination des Fragepronomens *какóй*; • Deklination der Substantive Pl. und Adjektive Pl.; • Konjugation von *быть*; • einfaches und zusammengesetztes Futur; • Aspekte; • Wortbildung durch Suffigierung	• Gespräche führen; • unbekannte Wörter durch Wortbildung erschließen	• **Прóфиль актёра** (Lebenslauf); • **Загáдки** (Reime, И. Acéeва)	• russische Währung; • bekannte russische Persönlichkeiten	26
• 3. Deklination der Substantive Sg.; • Deklination von *что*; • Partizip Präteritum Passiv (Kurzform); • unpersönliche Sätze; • Attributsätze mit *котóрый*	• Strukturieren und Sammeln von Informationen; • Präsentieren	• **Граф Толстóй**; • **Вóрон и лисúца** (Fabel, Л. Толстóй);	• Biografie russischer Persönlichkeiten; • Sankt Petersburg	44

Inhalt

Lektion/Themen Worüber sprechen wir?	Kommunikative Ziele Was lernen wir?	Lernaufgaben Was können wir am Ende der Lektion?
Уро́к 4 **Приглаша́ем в го́сти!** **А** Отку́да мы? **Б** Москва́, как мно́го в э́том сло́ве … **В** Что тако́е СНГ?	• sagen, woher man kommt; • beschreiben, wie international der Wohnort ist; • Moskauer Sehenswürdigkeiten benennen; • sich nach dem Weg erkundigen und Auskunft erteilen; • geografische Lage beschreiben; • Souvenirs kaufen	• eine Stadtrallye für den Besuch der Partnerschule erstellen; • ein Länderquiz erstellen
Уро́к 5 **Ура́, у нас кани́кулы!** **А** Что де́лать в таку́ю пого́ду? **Б** Пла́ны на выходны́е **В** Где мо́жно отли́чно отдохну́ть?	• über das Wetter sprechen; • sich über Freizeitaktivitäten äußern; • über Ferien- und Reiseziele sprechen; • Fahrpläne lesen und sich nach Ankunfts- und Abfahrtszeit erkundigen; • ein Hotelzimmer reservieren; • Reiseziele in Russland benennen; • Vorschläge zu Reisezielen unterbreiten und darauf reagieren; • über eine Reise berichten	• eine Präsentation zu Reisezielen in Russland erstellen; • einen Sketch fortsetzen und vorführen

Приложе́ние

• Пе́сни		98
• Differenzierung:	• Тебе́ нужна́ по́мощь?	99
	• Ты хо́чешь бо́льше вы́учить?	118
	• Хо́чешь стать экспе́ртом?	130
• Грамма́тика		138
• На́выки:	• Чте́ние со словарём • Говоре́ние • Письмо́ • Медиа́ция • Подгото́вка к презента́ции • Чте́ние	155
• Словари́:	• Слова́рь в карти́нках	166
	• Поуро́чный слова́рь	171
	• Алфави́тный ру́сско-неме́цкий слова́рь	193
	• Алфави́тный неме́цко-ру́сский слова́рь	201
• Речевы́е оборо́ты		209
• Ключи́ к те́стам *Прове́рь себя́.*		213
• Инстру́кции к зада́ниям		214

Wenn du die Zeichen ⊙●♙ neben einer Übung siehst, so schlage im Anhang nach. Dort findest du weitere Übungen.

Sprachstoff Was brauchen wir dafür?	Methoden/Kompetenzen Wie lernen wir Russisch?	Lesetexte Welche Texte lesen wir?	Landeskunde Was lernen wir über Russland?	Seite
• unbestimmte Zahlwörter: *ма́ло, мно́го, не́сколько*; • Gebrauch von Adverbien und Adjektiven; • Rektion der Zahlen; • Verben der Fortbewegung: *е́хать – е́здить*; *идти́ – ходи́ть*; • Adverbien der Zeit und des Ortes	• unbekannte Wörter erschließen; • Mediation; • Leseverstehen	• По́вар и царь (Märchen) • Алда́р Куса́ и купе́ц (Märchen)	• Hauptstadt Moskau; • GUS-Staaten; • Souvenirs	62
• indirekte Rede; • Satzstrukturen mit *потому́ что*; • Verben *мочь – уме́ть*; • Modalverb *на́до*	• eine Postkarte schreiben; • Präsentieren	• Како́й вид о́тдыха тебе́ подхо́дит? (Test/Fragebogen)	• Wetter in Russland; • Freizeitaktivitäten russischer Jugendlicher	80

Abkürzungen

m.	maskulin	*Gen.*	Genitiv	*jmd.*	jemand
f.	feminin	*Dat.*	Dativ	*jmdn.*	jemanden
n.	neutrum	*Akk.*	Akkusativ	*indekl.*	unveränderlich
E	Verweis auf Englisch	*Instr.*	Instrumental	*unpers.*	unpersönlich
F	Verweis auf Französisch	*Präp.*	Präpositiv	*gebr.*	gebräuchlich
L	Verweis auf Latein	*Subst.*	Substantiv	*ugs.*	umgangssprachlich
↔	Vergleiche	*Adj.*	Adjektiv		
→	Verweis auf Aspektpartner	*Adv.*	Adverb	*iron.*	ironisch
!	Aufgepasst	*Pers.*	Person	*zeitl.*	zeitlich
Sg.	Singular	*Pron.*	Pronomen	*örtl.*	örtlich
Pl.	Plural	*Poss.*	Possessivpronomen	*o.*	oder
Inf.	Infinitiv	*Präpos.*	Präposition	*vgl.*	vergleiche
Imp.	Imperativ	*Konj.*	Konjunktion	*s.*	siehe
Prät.	Präteritum	*v.*	vollendet(er Aspekt)	*стр.*	страни́ца (Seite)
Nom.	Nominativ	*uv.*	unvollendet(er Aspekt)		

Кру́глый год

1 Ordne die Fotos den Feiertagen zu.

2 Finde zu folgenden Feiertagen die passenden Fotos: Ostern, Internationaler Frauentag, Tag der Arbeit, Weihnachten. Nenne die Feiertage auf Russisch.

Am Ende der Lektion kannst du …

- eine Geburtstagsfeier organisieren.
- in einem Restaurant typisch russisch Essen bestellen.

1

3 Finde heraus, welche internationalen Gerichte auf diesen Bildern sich hier verbergen: *сшуи, груамгбер, пцица, сапгтети, снэдивч, щцнеиль*?

4 Gibt es bei euch zu Hause typische Gerichte, die zu bestimmten Festen serviert werden? Welche sind das?

5 Welche Speisen und Getränke kennt ihr auf Russisch aus *Диало́г 1*? Erstellt eine Mindmap. Die Fotos helfen euch dabei.

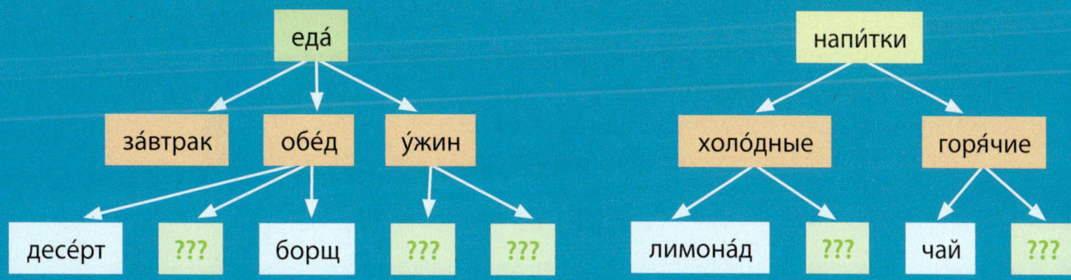

A С днём рожде́ния!

In diesem Abschnitt lernst du …
- dein Geburtsdatum und deinen Geburtsort anzugeben,
- jemandem zu gratulieren,
- Zeitangaben zu den Jahreszeiten und Monaten zu machen.

Макси́м: Са́ша, приве́т! Э́то Макси́м. У тебя́ сего́дня ве́чером есть **вре́мя**?

Са́ша: Приве́т. Я сейча́с де́лаю **уро́ки**, но ве́чером у меня́ вре́мя есть. А что?

Макси́м: В 18 часо́в Мари́я, Ко́ля, Ни́на и я смо́трим **фильм** *Ри́о 3* в кино́.

Са́ша: Кино́ – э́то здо́рово. Но **почему́** сего́дня, в сре́ду, а не в воскресе́нье?

Макси́м: Сего́дня у меня́ **день рожде́ния**!

Са́ша: Ой, я **забы́ла**! Извини́. **Поздравля́ю тебя́ с** днём рожде́ния! И Мари́ю то́же. Вы **же родили́сь** в оди́н день? **Жела́ю здоро́вья** и **успе́хов в учёбе**!

Макси́м: Спаси́бо. Да, я роди́лся 5-го **декабря́** и Мари́я то́же. Сего́дня – кино́, а в суббо́ту мы **пра́зднуем** день рожде́ния в кафе́ *Фанта́зия*.

Са́ша: День рожде́ния **зимо́й** – э́то здо́рово. У меня́ день рожде́ния **ле́том**, **во вре́мя** кани́кул. Я всегда́ пра́здную день рожде́ния у ба́бушки в Я́лте. Я там родила́сь.

Макси́м: Кла́ссно! Ты пра́зднуешь день рожде́ния на мо́ре. А мы в Москве́. Са́ша, а когда́ ты родила́сь?

Са́ша: Я родила́сь 4-го **ию́ля**. Хорошо́, сейча́с – уро́ки, а в 18 часо́в … **у** кинотеа́тра.

Макси́м: Да, **до встре́чи**! Пока́!

Дава́йте почита́ем.

1a Слу́шай и чита́й. Höre zu und lies mit.

б Пра́вильно и́ли непра́вильно? Испра́вь непра́вильные предложе́ния.

1. Макси́м идёт в воскресе́нье в кино́.
2. У Са́ши и Мари́и сего́дня день рожде́ния.
3. Мари́я и Макси́м родили́сь 5-го декабря́.
4. У Са́ши день рожде́ния зимо́й.
5. Са́ша пра́зднует день рожде́ния во вре́мя кани́кул в Я́лте.
6. Макси́м пра́зднует день рожде́ния у ба́бушки.
7. Ко́ля **приглаша́ет** Са́шу на день рожде́ния.
8. Макси́м и Мари́я пра́зднуют день рожде́ния в кафе́.

2a Скажи́, где ты роди́лся/родила́сь. Sage, wo du geboren bist.

б Где ты пра́зднуешь/лю́бишь пра́здновать день рожде́ния?

Слова́ – на́ше бога́тство.

S. 99

S. 118
S. 130

3a Schau dir noch einmal die S. 8 an. Ordne die Monate den Jahreszeiten zu.

M Зима́ – э́то дека́брь, **янва́рь** и **февра́ль**.

На́выки

Monatsnamen gehören zu den Internationalismen, also Wörtern, die sich in vielen Sprachen ähneln.

зима́

весна́

ле́то

о́сень

Ме́сяц

март **апре́ль** **май**

сентя́брь **октя́брь** **ноя́брь**

дека́брь янва́рь февра́ль

ию́нь ию́ль **а́вгуст**

1 А
1 Б
1 В

б Слу́шай и повторя́й. Höre dir an, welche Monate welchen Jahreszeiten zugeordnet werden und sprich nach.

Занима́емся языко́м.

S. 99

4a Скажи́, когда́ у ребя́т день рожде́ния. Sage, in welcher Jahreszeit und in welchem Monat die Kinder geboren sind. ▶Grammatik 1 S. 139

M Макси́м роди́лся зимо́й, в декабре́.

1. Са́ша – ию́ль
2. Зи́на – май
3. Ко́стя – март
4. Ники́та – сентя́брь
5. Оле́г – февра́ль
6. Ни́на – ноя́брь

Когда?	
зимо́й	весно́й
ле́том	о́сенью

S. 100

б Скажи́, когда́ у тебя́ день рожде́ния. Зимо́й, весно́й, ле́том и́ли о́сенью? В како́м ме́сяце?

5a Die Ordnungszahlen bis 10 kennst du schon. Finde im Text auf S. 10 die Daten, wann Макси́м, Мари́я und Са́ша geboren sind. ▶Grammatik 3 S. 140

S. 100

б Wie werden die Ordnungszahlen ab 11 gebildet? ▶Grammatik 2 S. 139

11. = оди́н + надцатый 21. = два́дцать пе́рвый

S. 130

б Lies den Text und bestimme den Kasus der einzelnen Ordnungszahlen. Was stellst du fest?

Сего́дня четы́рнадцатое сентября́. **За́втра** у Даниила, дру́га Са́ши, день рожде́ния. Он роди́лся пятна́дцатого сентября́. Даниил у́чится в три́дцать пе́рвой шко́ле, в оди́ннадцатом кла́ссе.

На́выки

Das Wort *за́втра* kannst du leicht erschließen:
за́втра
за́втрак
за́втракать

7 **Какóе сегóдня числó? Setze die Puzzleteile zusammen.**

– Какóе сегóдня **числó**?
– Седьмóе октября́.

S. 130

8 **Когдá родилúсь Максúм и Нúна? Schau dir an, wie die Jahreszahlen gebildet werden. Was fällt dir auf?** ▶Grammatik 4 S. 141

Я родúлся пя́того декабря́ две **ты́сячи** трéтьего гóда.

Я родилáсь трéтьего июля две ты́сячи вторóго гóда.

Die Deklination der Ordnungszahlen kennst du aus *Диалóг 1.*

Nominativ	*Genitiv*
пéрвый	пéрвого
шестóй	шестóго

Давáйте поговорúм.

S. 100 S. 119

9 **Schaut euch den Geburtstagskalender von Сáша an und fragt euch gegenseitig, welche ihrer Freunde wann geboren sind.**

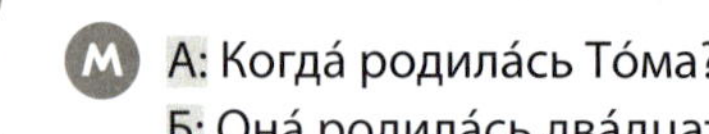

M А: Когдá родилáсь Тóма?
Б: Онá родилáсь двáдцать пéрвого января́ две ты́сячи пя́того гóда.

янвáрь	феврáль	март	апрéль
Тóма 21.1.2005		Ивáн 20.3.2002	
май	**июнь**	**июль**	**áвгуст**
Зúна 3.5.2004		я 4.7.2003	Кóля 17.8.2003
сентя́брь	**октя́брь**	**ноя́брь**	**декáбрь**
Никúта 10.9.2002	Нáстя 19.10.2001		Марúя и Максúм 5.12.2002 5.12.2003

10 **по вы́бору** **Когда́ и где вы родили́сь? Erstellt einen Geburtstagskalender eurer Klasse. Zu welcher Jahreszeit haben die meisten von euch Geburtstag? Berichtet. Zeichnet dazu ein Diagramm.**

Слова́ – на́ше бога́тство.

S. 119

11a **Перепиши́ схе́му в тетра́дь. Übertrage das Schema in dein Heft. Ordne die Wörter im Kasten den Verben *поздравля́ть* und *жела́ть* zu.**

Instrumental von *день – днём.*

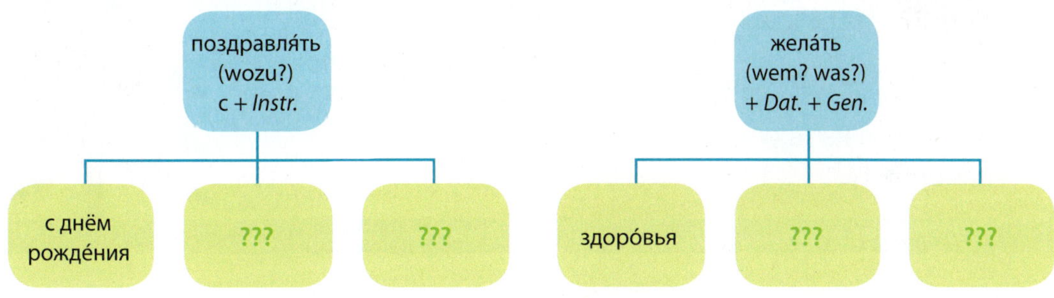

сча́стья	весёлого настрое́ния	с пра́здником	всего́ хоро́шего
успе́хов в учёбе	с Но́вым го́дом	уда́чи	
с Днём зна́ний[1]	весёлого пра́здника		

1 *vgl.* знать

б **Bilde Sätze. Benutze dabei die Feiertage, die du auf S. 8 kennengelernt hast.** ▶Wortnest S. 166

поздравля́ть	+ *Akkusativ*
	с + *Instrumental*
жела́ть	+ *Dativ* + *Genitiv*

M Я поздравля́ю ба́бушку с Па́схой.
Я жела́ю ба́бушке здоро́вья.

У́чимся писа́ть.

S. 101

12 **Finde im Text auf S. 10, wie Са́ша ihren Freunden zum Geburtstag gratuliert. Gestalte zwei Geburtstagskarten – eine für Макси́м und eine für Мари́я. Beginne so:**

Дорого́й Макси́м!/Дорога́я Мари́я!

Б Пра́здники в Росси́и

In diesem Abschnitt lernst du …
- dich zu verabreden,
- jemanden zu einer Feier einzuladen und auf eine Einladung zu reagieren.

Приглашение
на Новый год!
Дорога́я Ни́на!
Приглаша́ю тебя́ 31 декабря́ в 18 часо́в на новогоднюю **вечери́нку**.
Ни́на, вечери́нка у меня́ до́ма (сала́ты, со́ки, пирожки́, **пода́рки**, **и́гры**, **та́нцы**, карао́ке).
А пото́м в 24 часа́ мы **идём** на у́лицу **к ёлке**.
Приходи́!
Мой а́дрес:
ул. Зи́мняя, д. 28,
кв. 102.
Ники́та

Дава́йте почита́ем.

1 У Ни́ны приглаше́ние на новогоднюю вечери́нку.
Ihre Mutter ist neugierig. Lies die Einladung und hilf Ни́на, die Fragen ihrer Mutter zu beantworten.

Но́вый год → новогодний

Где вечери́нка?
Кака́я э́то вечери́нка?
Когда́ вечери́нка?
Кто приглаша́ет на вечери́нку?
Что мо́жно де́лать на вечери́нке?
Куда́ вы идёте в 24 часа́?

Занима́емся языко́м.

2a Куда́ ты идёшь в 24 часа́? Finde in der Einladung und in Aufgabe 1 die Formen des Verbs *идти́*. ▶Grammatik 5 S. 141

S. 119

б Ergänze die Sätze mit der richtigen Form von *идти́*.

1. Сего́дня я ??? в кино́.
2. Ве́ра, ты ??? на вечери́нку к Ники́те?
3. Мари́я ??? домо́й.
4. Сего́дня мы ??? в шко́лу.
5. Ребя́та, куда́ вы ??? ?
6. Я не зна́ю, куда́ они́ ??? .

Eine Form von *идти́* kennst du bereits aus *Диало́г 1*.

3а Lies den Dialog und bestimme anhand der Substantivendungen die Kasusformen von *кто*.

▶ Grammatik 6 S. 142

Артём: Алло́, извини́те, кто говори́т?
Ни́на: Артём, приве́т, э́то Ни́на. Ты идёшь на вечери́нку?
Артём: У кого́ вечери́нка?
Ни́на: У Ники́ты. Вечери́нка 31 декабря́. Он тебя́ приглаша́л?
Артём: Да, приглаша́л. Но я иду́ на конце́рт Поли́ны Гага́риной.
Ни́на: С кем ты идёшь?
Артём: С сестро́й. Она́ её лю́бит.
Ни́на: Кого́ она́ лю́бит?
Артём: Поли́ну Гага́рину, **певи́цу**. Ты зна́ешь, кому́ ещё она́ **нра́вится**?
Ни́на: Да, Ве́ре, Макси́му и Мари́и. Они́ о́чень лю́бят её **пе́сни**.

П. Гага́рина, конку́рс пе́сни *Еврови́дение*, 22.5.2015 г.

1 А
1 Б
1 В

S. 101

S. 130

б Vergleiche die Endungen von *кто* und *но́вый*. Finde Gemeinsamkeiten.

Кто э́то?	– Но́вый друг.
Для кого́ пода́рок?	– Для но́вого дру́га.
К кому́ ты идёшь?	– К но́вому дру́гу.
Кого́ ты лю́бишь?	– Но́вого дру́га.
С кем ты игра́ешь?	– С но́вым дру́гом.
О ком ты говори́шь?	– О но́вом дру́ге.

S. 119

4 Све́та telefoniert mit ihrer Mutter, aber die Verbindung ist sehr schlecht. Ihre Mutter fragt nach. Welche Fragen stellt sie zu den unterstrichenen Wörtern?

Ни́на: Ма́ма, приве́т. Э́то я.
Ма́ма: ???
Ни́на: Я, Ни́на. Ма́ма, я иду́ в **галере́ю** с подру́гой Ве́рой.
Ма́ма: С ???
Ни́на: С Ве́рой, подру́гой. У ма́мы Макси́ма там **вы́ставка**.
Ма́ма: У ???
Ни́на: У ма́мы Макси́ма и Мари́и. Она́ ча́сто фотографи́ровала Поли́ну Гага́рину.
Ма́ма: ???
Ни́на: Певи́цу. А ещё она́ **мно́го** зна́ет о неме́цком **актёре** Матти́асе Швайгхёфере.
Ма́ма: ???
Ни́на: О популя́рном неме́цком актёре. Э́то Ве́ре о́чень интере́сно.
Ма́ма: ???
Ни́на: Ве́ре, подру́ге.

Словá – нáше богáтство.

5a Lies, was die Jugendlichen geschrieben haben.
▶Wortnest S. 166

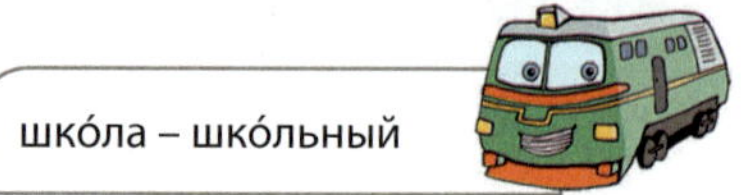

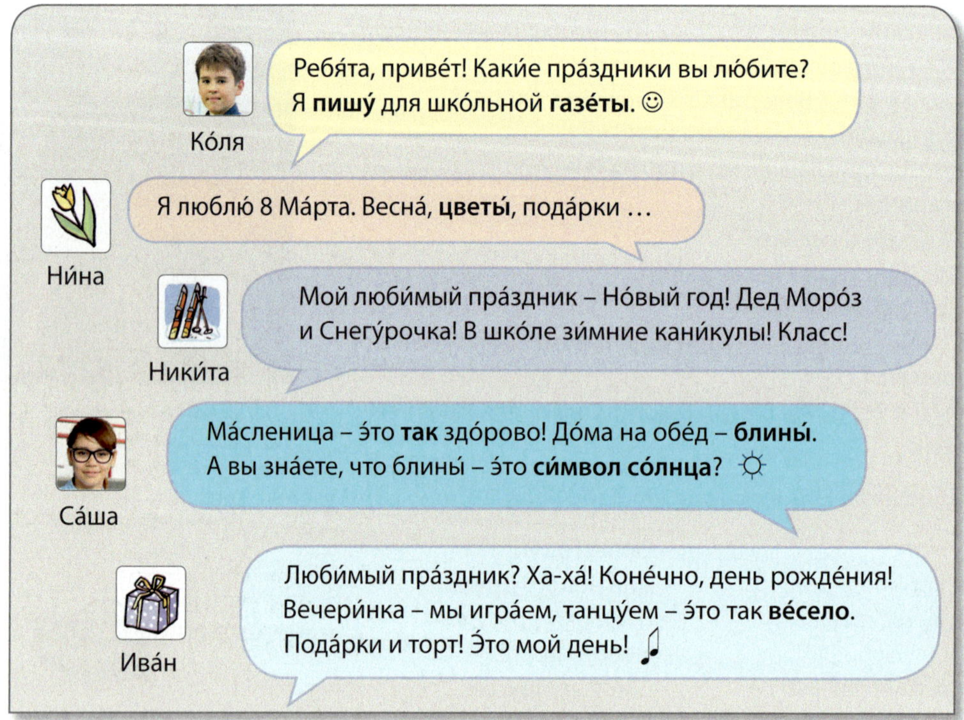

↗ S. 130

6 Отвéть на вопрóсы.

1. Какóй **вопрóс** у Кóли?
2. Какóй прáздник лю́бит Нúна?
3. Что у Сáши на обéд во врéмя Мáсленицы?
4. Почему́ ребя́та не иду́т в шкóлу на Нóвый год?
5. Почему́ Ивáн лю́бит день рождéния?

6 Sieh dir noch einmal *Кру́глый год* auf S. 8 an. Welche Feiertage finden zu welchen Jahreszeiten und in welchen Monaten statt?

↗ S. 119

7a по вы́бору Erstellt eine Mindmap. Gebt das Datum, die Jahreszeit und die Besonderheiten des Feiertags an. ▶Wortnest S. 166

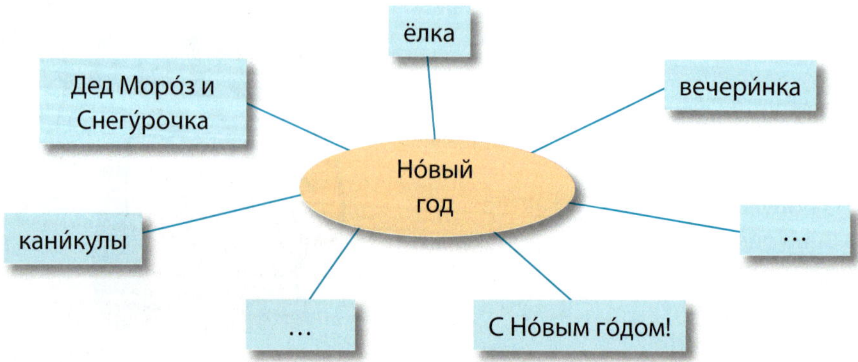

6 Recherchiere zu einem russischen Feiertag deiner Wahl. Erstelle dabei eine Mindmap und berichte darüber in der Klasse.

▶ Methode S. 161

А как в Росси́и?

In Russland gibt es acht Nationalfeiertage, z. B. den *Tag Russlands* am 12. Juni und das Weihnachtsfest am 7. Januar. Wie in Deutschland gibt es Feiertage zu verschiedenen Berufsgruppen und natürlich auch den *Valentinstag*.

в по вы́бору Каки́е пра́здники вы лю́бите? Fertigt eine Statistik der Lieblingsfeiertage eurer Klasse an.

8 Ordnet die Reaktionen in der rechten Spalte den Einladungen zu. Spielt Minidialoge vor.

- Зи́на, приходи́ в суббо́ту на вечери́нку. Роди́тели иду́т в теа́тр.
- На́стя, у меня́ за́втра день рожде́ния. Приглаша́ю в шесть.
- Макси́м, мои́ роди́тели приглаша́ют тебя́ и Мари́ю **в го́сти**!
- Ко́ля, мы за́втра ве́чером пра́зднуем День свято́го Валенти́на. Приходи́!

- Спаси́бо **за** приглаше́ние. А когда́?
- **С удово́льствием**!
- Хоро́шая иде́я. До встре́чи! Пока́.
- Спаси́бо. Но, **к сожале́нию**, за́втра у меня́ трениро́вка.
- Здо́рово! Хоро́шая иде́я.

Дава́йте послу́шаем.

9 Послу́шай те́ксты. Übertrage die Tabelle in dein Heft und fülle sie aus.

	Кого́?	Како́й пра́здник?
1.	Све́ту	День свято́го Валенти́на
2.		

У́чимся писа́ть.

10 Напиши́ приглаше́ние дру́гу/подру́ге. Nutze die Wendungen und die Einladung von Ники́та auf Seite 14.

приходи́ на/в + Akkusativ

		на ле́тний пра́здник	в суббо́ту	
Дорого́й …!	Приглаша́ю тебя́	на вечери́нку	1 ию́ля	А́дрес: …
Дорога́я …!	Приходи́	на день рожде́ния	в 17 часо́в	
		в го́сти		

В Прия́тного аппети́та!

In diesem Abschnitt lernst du …
- **in einem Café Essen und Trinken zu bestellen.**

Макси́м: Приве́т, ребя́та!
Ни́на: Приве́т, Макси́м! Мы поздравля́ем тебя́ с днём рожде́ния!
Ко́ля: Жела́ем тебе́ здоро́вья и успе́хов в учёбе. Вот пода́рок **от** нас.
Макси́м: Спаси́бо вам, ребя́та.
Ни́на: А где Мари́я?
Макси́м: У неё трениро́вка до 17-ти часо́в. Возьми́те конфе́ты. А вот ещё торт *Наполео́н*.
Ко́ля: Как **вку́сно**! *Наполео́н* я о́чень люблю́.
Ни́на: Я зна́ю, он был у тебя́ на вечери́нке. Ребя́та в шко́ле ещё говоря́т о нём.
Ко́ля: О то́рте и́ли обо мне?
Ни́на: И о тебе́, коне́чно, то́же. Нам с тобо́й всегда́ ве́село.
Макси́м: А вот и Мари́я! Как дела́?
Мари́я: Норма́льно. Ну что, идём в кафе́ *Фанта́зия*?
Ни́на: **Снача́ла** пода́рок. Дорога́я Мари́я, поздравля́ем тебя́ с днём рожде́ния! Жела́ем тебе́ всего́ хоро́шего!
Мари́я: Ой, спаси́бо большо́е! Волейбо́льный **мяч**! Вы меня́ хорошо́ зна́ете.

Дава́йте почита́ем.

1а Сего́дня день рожде́ния Макси́ма и Мари́и. Ребя́та иду́т в кафе́ *Фанта́зия*. Послу́шай, что они́ говоря́т.

б Отве́ть на вопро́сы.

1. У кого́ день рожде́ния?
2. Кого́ ребя́та поздравля́ют снача́ла?
3. Где Мари́я?
4. Что лю́бит Ко́ля?
5. С кем всегда́ ве́село?

Wenn bei Substantiven ein *-o-* zwischen zwei Endkonsonanten steht, so fällt in der Deklination der Vokal häufig aus: *пода́рок – пода́рка, пода́рки.*

в Испра́вь непра́вильные предло́жения.

– Ребя́та поздравля́ют Ко́лю с днём рожде́ния.
– Трениро́вка у Мари́и начина́ется в 17 часо́в.
– Ко́ля интересу́ется Наполео́ном.
– Мари́я лю́бит игра́ть в волейбо́л.

Занима́емся языко́м.

S. 101

2a **Finde im Text (S. 18) alle Formen der Personalpronomen *я, ты, он, она́* und *мы, вы, они́*. Kannst du den Kasus dieser Formen bestimmen?** ▶Grammatik 7 S. 142

с тобо́й – со мной
о тебе́ – обо мне

б **Übertrage die Tabelle in dein Heft und ergänze dort die fehlenden Formen von *я, ты, он/оно́* und *она́* ein.**

	Sg.				Pl.		
Nom.	???	ты	он/оно́	она́	???	???	они́
Gen.	???	???	его́	???	???	вас	их
Dat.	???	???	ему́	ей	???	???	им
Akk.	???	???	???	???	нас	вас	их
Instr.	мной	???	???	(н)ей/е́ю	на́ми	ва́ми	и́ми
Präp.	???	???	???	(о) ней	(о) нас	(о) вас	(о) них

1 А
1 Б
1 В

S. 131

3 **Fragt euch gegenseitig. Verwendet in euren Antworten die deklinierten Formen von *я*.**

1. Как тебя́ зову́т?
2. Ты лю́бишь пельме́ни?
3. Кто с тобо́й живёт?
4. У тебя́ есть ко́шка и́ли соба́ка?
5. Тебе́ интере́сно в шко́ле?
6. Что тебя́ **интересу́ет**?

Steht eine Präposition vor einem Personalpronomen, so setze ein *н-* davor: *о нём, с ним, с ней.*

S. 131

4 **Ersetze die markierten Substantive durch die richtige Form des Personalpronomens.**

1. **ду́мать** о подру́ге
2. игра́ть с сестро́й и с бра́том в волейбо́л
3. люби́ть ма́му
4. жела́ть ба́бушке здоро́вья
5. у Мари́и есть брат
6. жела́ть Макси́му и Мари́и сча́стья
7. Макси́му интере́сно на трениро́вке.
8. игра́ть с дру́гом на компью́тере

им | ей | с ни́ми | у неё | её | о ней | ему́ | с ним

5a **по вы́бору** **Ве́ра hat ein Quiz über ihren Lieblingsschauspieler erstellt. Ergänze die fehlenden Formen von *он*. Weißt du, um wen es geht?**

??? зову́т Матти́ас. ??? роди́лся 11-го ма́рта 1981-го го́да. У ??? есть де́ти Гре́та и Ва́лентин. ??? актёр, продю́сер и режиссёр. В интерне́те о ??? мно́го информа́ции. Йо́ко Винтерша́йдт и Веро́ника Фе́ррес игра́ли с ??? в фи́льме *Ня́нька*[1]. Кто э́то?

1 Babysitterin

На́дя Бо́былева на премье́ре фи́льма *Bridge of Spies*, Zoo Palast, Berlin 13.11.2015

б **по вы́бору** **Denke dir ein Quiz über eine(n) prominente(n) Schauspieler(in), Fußballer(in), Sänger(in) usw. aus. Können deine Mitschüler/innen erraten, wen du meinst?**

Дава́йте послу́шаем.

6 Посмотри́ фильм. Пра́вильно и́ли непра́вильно? Испра́вь непра́вильные предложе́ния.

↗ S. 131

1. У Ма́ши и у Ива́на сего́дня день рожде́ния.
2. Са́ша и Ива́н поздравля́ют ребя́т.
3. Ребя́та **подари́ли** Макси́му мяч и кни́гу.
4. Мари́и 15 лет, а Ива́ну 14.
5. У Са́ши день рожде́ния 20-го ию́ля.
6. Ребя́та иду́т на уро́к фи́зики.

А как в Росси́и?

Му-Му, Ёлки-Па́лки und *Теремо́к* sind SB-Restaurants in Moskau, St. Petersburg und anderen großen Städten. Sie bieten typische russische Küche an, z. B. *блины́* und *пельме́ни*. Dort kann man auch *су́ши* und *пи́цца* bekommen. Wenn man mittags günstig essen möchte, bestellt man am besten ein Menü (*дома́шний обе́д* oder *ланч*).

Слова́ – на́ше бога́тство.

↗ S. 120

7a Прочита́й меню́ со словарём. Benutze das Wörterbuch. ▶ Wortnest S. 166–167
▶ Methoden S. 155–157

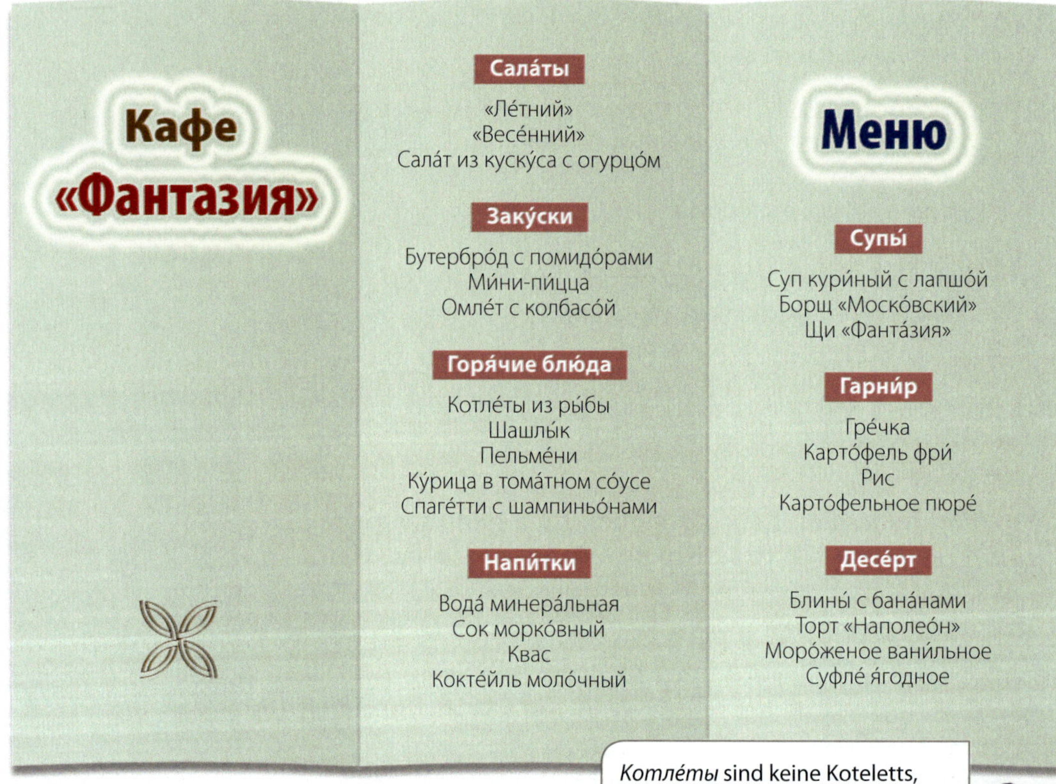

Котле́ты sind keine Koteletts, sondern Buletten/Frikadellen.

б Как по-ру́сски *Vorspeisen, Beilagen и Getränke*?

Занима́емся языко́м.

8a Ребя́та в кафе́ *Фанта́зия*. Was bestellen Ко́ля, Са́ша und Макси́м? Erstelle eine Übersicht.

▶Grammatik 8 S. 142 ▶Wortnest S. 166–167

Вы уже́ вы́брали? Что вы хоти́те есть?
Я хочу́ борщ и пи́ццу, а на десе́рт моро́женое.
Мне, пожа́луйста, суп и пельме́ни.
А мне – котле́ты с гре́чкой.
Мы хоти́м лимона́д, а Ко́ля хо́чет сок.
А что вы хоти́те пить?

S. 102

б Übertrage die Tabelle in dein Heft und ergänze.

я	???	мы	???
ты	хо́чешь	вы	???
он	???	они́	хотя́т

Хоте́ть wird im Singular nach der *e*-Konjugation und im Plural nach der *u*-Konjugation konjugiert.

S. 120

9 Кто что (не) хо́чет? Соста́вь предложе́ния.

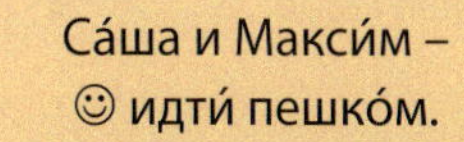

Са́ша и Макси́м – ☺ идти́ пешко́м.	Ко́ля – ☺ пить квас.	Ребя́та, что вы – ☺ на ланч?
Макси́м: Мари́я, ты – ☹ в кафе́?	Са́ша – ☺ лимона́д.	Ко́ля: Я – ☹ у́жинать в рестора́не.

Дава́йте поговори́м.

10 В кафе́ *Фанта́зия*. Spielt die Szene aus 8a nach. Benutzt dabei das *Меню́* aus 7a und folgende Sätze/Satzanfänge.

Официа́нт[1]:

- Вот, пожа́луйста, меню́.
- Сего́дня у нас на ланч …
- Да есть./ К сожале́нию, нет.
- Вы уже́ вы́брали?
- Что вы хоти́те пить/есть?
- Что ещё?/ Э́то всё?

Гость:

- Мне, пожа́луйста, …
- У вас есть …?
- Сего́дня есть **а́кция**?

1 Kellner

Изба́-чита́льня

В лесу́ роди́лась ёлочка

В лесу́ роди́лась ёлочка,
В лесу́ она́ росла́.
Зимо́й и ле́том стро́йная,
Зелёная была́.

Ein Schlitten kommt den Weg entlang,
ein Bauer sitzt darin.
Es knirscht der Schnee. Der Bauer schaut,
wo er ein Bäumlein find't.

Мете́ль ей пе́ла пе́сенку:
«Спи, ёлочка, бай-бай!»
Моро́з снежко́м уку́тывал:
«Смотри́, не замерза́й!»

Im Walde macht der Schlitten halt,
der Bauer springt herab.
Er haut das Bäumlein mit der Axt
dicht an der Wurzel ab.

Труси́шка за́йка се́ренький
Под ёлочкой скака́л.
Поро́ю волк, серди́тый волк,
Рысцо́ю пробега́л.

Im Walde steht ein Tannenbaum
im immergrünen Kleid,
ist schlank und lieblich anzuschaun
zu jeder Jahreszeit.

Чу! Снег по ле́су ча́стому
Под по́лозом скрипи́т.
Лоша́дка мохноно́гая
Торо́пится, бежи́т.

Das Häschen hockt sich untern Baum,
es friert, ihm ist so kalt.
Der Wolf, der böse graue Wolf,
läuft schnuppernd durch den Wald.

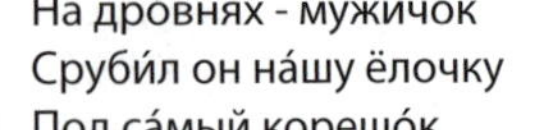

Везёт лоша́дка дро́венки,
На дро́внях - мужичо́к
Сруби́л он на́шу ёлочку
Под са́мый корешо́к.

Seither steht es im Lichterschmuck
bei uns zur Weihnachtszeit
und bringt den Kindern groß und klein
so viele, viele Freud.

Тепе́рь она́, наря́дная,
На пра́здник к нам пришла́,
И мно́го, мно́го ра́дости
Дети́шкам принесла́.

Der Schneesturm singt ihm Lieder vor:
„Schlaf, Bäumchen, gute Nacht!
Ich deck dich zu mit weißem Schnee,
erfrier mir nicht, gib acht!"

Слова́: Раи́са Куда́шева
Му́зыка: Леони́д Бе́кман

Übersetzung: Alfred Kurella,
Martin Gehrmann

Дава́йте почита́ем.

1a Слу́шай пе́сню и чита́й. Bringe den deutschen Text in die richtige Reihenfolge.

б Dieses Lied wird seit ca. 100 Jahren bei den Neujahresfesten gesungen. Versucht es auch.

в Es gibt noch andere Weihnachtslieder. Versucht sie zu finden. Welche Weihnachtslieder gibt es in anderen Sprachen? Vergleicht sie.

Рецéпт: Салáт оливьé

Ингредиéнты

картóшка	зелёный горóшек
моркóвь	укрóп
я́йца	пéрец
солёные огурцы́	соль
колбасá	майонéз

Спóсоб приготовлéния

- Картóшку, моркóвь и я́йца вари́ть до готóвности.
- Картóшку, моркóвь, я́йца, огурцы́ и колбасу́ нарéзать мáленькими ку́биками. Укрóп мéлко нарéзать.
- Добáвить горóшек, майонéз, пéрец и соль.
- Все ингредиéнты хорошó перемешáть и укрáсить по вку́су.

Прия́тного аппети́та!

Давáйте почитáем.

S. 120

2a Прочитáй рецéпт со словарём. ▶Methoden S. 155–156

б Bereitet den Salat nun gemeinsam zu. Fotografiert eure einzelnen Zutaten, druckt die Fotos aus und schreibt auf die Rückseite, wie die Zutaten auf Russisch heißen.

в Welches Gericht magst du am liebsten? Schreibe die Zutaten deines Lieblingsgerichtes auf Russisch auf. Benutze das Wörterbuch.

Вме́сте всего́ дости́гнем.

Ура́! День рожде́ния!

1 **Bereitet eine russische Geburtstagsparty vor.**

- Wer hat als nächste/r Geburtstag? Organisiert eine Geburtstagsparty für sie/ihn.
- Verteilt die folgenden Aufgaben:
  - Zeichnet Einladungskarten für die Gäste.
  - Gestaltet ein Plakat mit den Glückwünschen der Klasse.
  - Erstellt ein Geburtstagsmenü mit russischen Speisen und Getränken.
  - Jede/r schreibt ihre/seine persönliche Geschenkewunschliste, die beim Lehrer abgegeben wird.
  - Die Organisatorengruppe bekommt vom Lehrer die Geschenkeliste ihres Geburtstagskindes ausgehändigt.
  - Die Wunschgeschenke werden gemalt oder gebastelt.

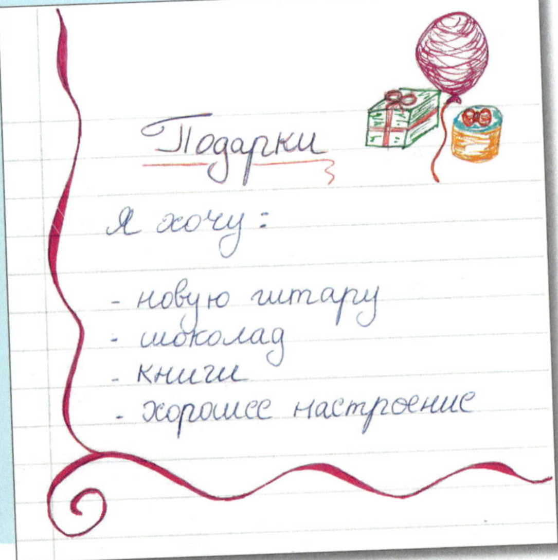

Идём в рестора́н.

2 **Ihr seid zum Schüleraustausch in Moskau. Zu Mittag geht ihr ins Restaurant *Теремо́к* oder *Ёлки-Па́лки* typisch russisch essen.**

- Informiert euch im Internet im Voraus, was ihr dort bestellen könnt.
- Jeder Restaurantgast sollte mindestens ein warmes Gericht mit Beilage (oder ein Menü) und ein Getränk bestellen.
- Teilt die Rollen auf: z. B. eine/r ist Kellner/in, zwei sind „russische Schüler“ und zwei sind ihre „deutschen Austauschpartner“.
- Erstellt gemeinsam die Speisekarte, die an diesem Tag gilt.
- Die Speisekarte soll in so vielen Exemplaren vorhanden sein, dass jeder Gast eine bekommt.
- Die „russischen Schüler“ helfen ihren „Austauschpartnern“ beim Bestellen. Die „deutschen Austauschpartner“ bestellen danach selbst.
- Spielt die Situation im Restaurant vor.

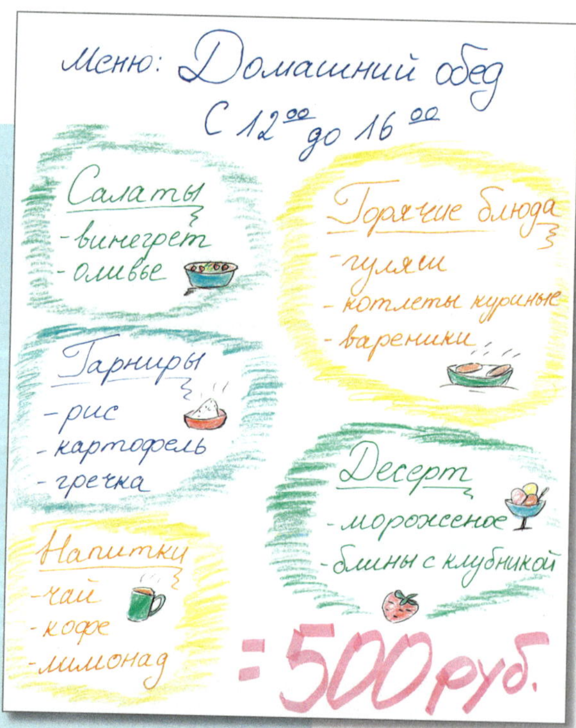

Прове́рь себя́. по вы́бору

Занима́емся языко́м.

ТРКИ **1** Что пра́вильно? Прове́рь свои́ отве́ты на стр. 213.
Überprüfe deine Lösungen auf S. 213.

1. Све́та, ты ??? в кино́? 2. Я не зна́ю, куда́ ??? Ко́ля. 3. Сего́дня я ??? на вечери́нку.	(А) иду́ (Б) идёшь (В) идёт	10. Ма́ма, поздравля́ем ??? с пра́здником 8-го Ма́рта! 11. Са́ша, ты хо́чешь со ??? игра́ть в волейбо́л? 12. Дай ??? лимона́д.	(А) мной (Б) тебя́ (В) мне
4. Ребя́та, что вы ??? пить? 5. Я не ??? идти́ пешко́м. 6. Я не зна́ю, что они́ ??? пить.	(А) хочу́ (Б) хоти́те (В) хотя́т	13. Же́ня идёт с ??? в кино́. 14. Я о ??? ча́сто ду́маю. 15. Он ??? о́чень лю́бит.	(А) на́ми (Б) их (В) них
7. Зи́на ??? весно́й, в ма́е. 8. Мари́я и Макси́м ??? зимо́й. 9. Когда́ ??? Ко́стя?	(А) роди́лся (Б) родила́сь (В) роди́лись	16. С ??? Ве́ра идёт в галере́ю? 17. Для ??? пода́рок? 18. К ??? ты идёшь в го́сти?	(А) кого́ (Б) кому́ (В) кем

1

Дава́йте послу́шаем.

ТРКИ **2** Что пра́вильно? Lies zunächst die Aussagen.
Höre dir dann den Dialog an.
Прочита́й предложе́ния.
Пото́м послу́шай диало́г.
Прове́рь свои́ отве́ты на стр. 213.

1. Ребя́та жела́ют Макси́му
   (А) здоро́вья. (Б) сча́стья. (В) успе́хов в учёбе.
2. Ребя́та подари́ли Макси́му
   (А) мяч. (Б) кни́гу. (В) игру́.
3. Макси́м приглаша́ет ребя́т
   (А) на вечери́нку. (Б) в го́сти. (В) в игрово́й центр.
4. Макси́м и ребя́та пра́зднуют день рожде́ния
   (А) в пя́тницу. (Б) в суббо́ту. (В) ве́чером.
5. Ребя́та снача́ла иду́т
   (А) в кафе́. (Б) в игрово́й центр, а пото́м в кафе́. (В) в кафе́, а пото́м в центр.
6. В кафе́ есть
   (А) блины́. (Б) карто́фель фри. (В) торт.

Вот э́то я!

1 Посмотри́ на фотогра́фии. Скажи́, где нахо́дятся ребя́та. Како́е вре́мя го́да на фо́то?

2 Wo bzw. zu welchen Anlässen würdest du folgende Kleidungsstücke tragen?

ле́гинсы | костю́м | блу́зка | санда́лии | джи́нсы | шо́рты

Am Ende der Lektion kannst du …

- eine Modenschau mitgestalten.
- ein Zukunftsbild von dir erstellen.

Профе́ссия: моделье́р

Вопро́с: Скажи́те, как вас зову́т и отку́да вы?

О́льга: Меня́ зову́т О́льга Рижи́нская. Я из Москвы́, но сейча́с я живу́ в Герма́нии.

Вопро́с: А где вы учи́лись?

О́льга: В шко́ле я учи́лась в Москве́. Там же я учи́лась на модельера[1]. Пото́м я учи́лась в Берли́не, занима́лась костю́мом для теа́тра.

Вопро́с: А где вы живёте и **рабо́таете** сейча́с?

О́льга: Сейча́с я живу́ и рабо́таю в Кёльне. Там у меня́ есть ателье́.

Вопро́с: **Расскажи́те** о ва́шей ма́рке *ОЛРИ*.

О́льга: **Оде́жда** ма́рки *ОЛРИ* – э́то совреме́нная оде́жда для молодёжи[2].

Вопро́с: Где мо́жно **купи́ть** ва́шу оде́жду?

О́льга: В Пари́же, Брюссе́ле, Нью-Йо́рке, Ло́ндоне и Амстерда́ме.

Вопро́с: Большо́е вам спаси́бо!

О́льга: Не́ за что. До свида́ния!

Вопро́с: До свида́ния!

1 machte eine Ausbildung zur Modedesignerin
2 junge Leute, die Jugend

2

8 **3** **Слу́шай и чита́й. Отве́ть на вопро́сы.**

1. Где родила́сь О́льга?
2. Где она́ учи́лась?
3. Где она́ сейча́с живёт?
4. Чем она́ занима́ется?
5. Каку́ю оде́жду она́ де́лает?
6. Где мо́жно купи́ть оде́жду О́льги?

↗ S. 121

4 **Кто э́то?**
Lies die Berufsbezeichnungen. Vergleiche sie mit den deutschen Bezeichnungen.

инжене́р · журнали́ст · парикма́хер · программи́ст · секрета́рь · хиру́рг · моде́ль · тре́нер · арти́ст

A Моя́ люби́мая оде́жда

In diesem Abschnitt lernst du …
- über Kleidung zu sprechen,
- in Russland einzukaufen.

Ма́ма: Макси́м, мы **получи́ли** приглаше́ние от **тёти** Све́ты на юбиле́й. Что ты хо́чешь **наде́ть**?

Макси́м: Мои́ люби́мые **джи́нсы**, **сви́тер** и **кроссо́вки**.

Ма́ма: Каки́е джи́нсы? **Си́ние**? Како́й сви́тер? **Зелёный**? А кроссо́вки? Ты же их всегда́ **но́сишь**.

Макси́м: Но сейча́с так **мо́дно**!

Ма́ма: Но э́то же юбиле́й! … Ты не хо́чешь наде́ть вот **э́тот чёрный костю́м** с э́той **бе́лой руба́шкой** и э́ти чёрные **боти́нки**? Вот, пожа́луйста.

Макси́м: Ма́ма, но костю́м о́чень **коро́ткий**. Посмотри́!

В магази́не «Оде́жда» …

Продаве́ц: Здра́вствуйте! **Чем вам помо́чь**?

Ма́ма: **Мы хоте́ли бы** купи́ть костю́м.

Продаве́ц: Како́й у вас **разме́р**?

Макси́м: S.

Продаве́ц: Вот, посмотри́те, у нас есть костю́мы си́него и́ли чёрного **цве́та.** Како́й цвет вам нра́вится?

Ма́ма: Покажи́те нам, пожа́луйста, вот э́тот си́ний костю́м.

Продаве́ц: Вот, пожа́луйста.

Макси́м: Спаси́бо. Э́тот костю́м мне **как раз**.

Продаве́ц: Он тебе́ о́чень **идёт**!

Ма́ма: Да. Мне он то́же о́чень нра́вится. А **ско́лько сто́ит** э́тот костю́м?

Продаве́ц: У нас в магази́не сейча́с а́кция. Он сто́ит 2 549 **рубле́й**.

Мама: Да, э́то **недо́рого**. Мы **возьмём** его́. А где у вас ка́сса?

Продаве́ц: На пе́рвом этаже́.

Дава́йте почита́ем.

S. 102

1 Слу́шай и чита́й текст. Отве́ть на вопро́сы.

1. Куда́ пригласи́ла тётя Све́та Макси́ма и его́ ма́му?
2. Каку́ю оде́жду лю́бит носи́ть Макси́м?
3. Что с костю́мом Макси́ма?
4. Где мо́жно купи́ть но́вый костю́м?
5. Како́й разме́р оде́жды у Макси́ма?
6. Каки́е костю́мы есть в **магази́не**?
7. Ско́лько сто́ит си́ний костю́м?
8. Где ка́сса в магази́не?

2 Что непра́вильно?
Sieh dir die Bilder an und vergleiche sie mit dem Text (S. 28). Benenne die Fehler.

3 Прочита́йте текст по роля́м.

2 А
2 Б
2 В

Слова́ – на́ше бога́тство.

4 Ein Modedesigner gibt den Lesern einer russischen Jugendzeitung Ratschläge. Sieh dir die Bilder an. Sage, welche Kleidungsstücke auf den Bildern dir (nicht) gefallen. ▶Wortnester S. 167, 168

M Мне нра́вятся кроссо́вки, а джи́нсы не нра́вятся.

Must have в гардеро́бе

1. Кроссо́вки – комфо́ртная **о́бувь** на **ка́ждый** день.
2. **Футбо́лки** и **то́пы ра́зного** цве́та для гардеро́ба – э́то класс!
3. **Тёмные** и **све́тлые** джи́нсы всегда́ **в мо́де**.
4. В шко́лу: **ю́бка** и бе́лая **блу́зка** и́ли **брю́ки** и бе́лая руба́шка. А зимо́й ещё сви́тер.
5. Сти́льный аксессуа́р: **шарф**

Занима́емся языко́м.

5 Прочита́й и переведи́ предложе́ния.

1. «Гардеро́б» – э́то магази́н оде́жды в Москве́.
2. Джи́нсы и футбо́лка – э́то всегда́ мо́дно!
3. Топ сто́ит 500 рубле́й. Э́то недо́рого.

S. 103

S. 131

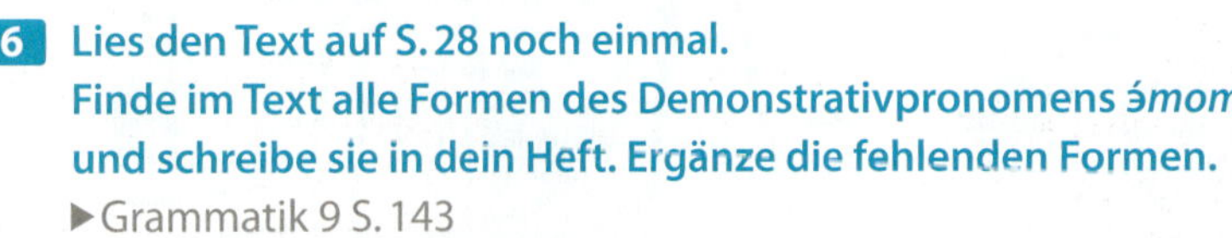

6 Lies den Text auf S. 28 noch einmal.
Finde im Text alle Formen des Demonstrativpronomens *э́тот* und schreibe sie in dein Heft. Ergänze die fehlenden Formen.
▶Grammatik 9 S. 143

M Мы возьмём э́тот костю́м.

S. 121

7 Setze in die Sätze die passende Form des Demonstrativpronomens *э́тот* ein.

1. ??? костю́м мне о́чень нра́вится.
2. Ско́лько сто́ит ??? **пла́тье**?
3. Я возьму́ ??? джи́нсы.
4. Я хочу́ наде́ть ??? чёрную ю́бку.
5. В ??? сре́ду Све́та купи́ла блу́зку.
6. Я учу́сь в ??? шко́ле.
7. Мой брат роди́лся в ??? году́.
8. Како́й но́мер у ??? до́ма?
9. Мы уже́ бы́ли в ??? магази́не.
10. ??? **ма́льчику** 16 лет.

8a Прочита́й предложе́ния.
Das Fragepronomen *како́й* kennst du bereits. ▶Grammatik 10 S. 144

1. Како́й цвет тебе́ нра́вится?
2. Каки́е предме́ты в шко́ле ты не лю́бишь?
3. Для како́го пра́здника э́тот костю́м?
4. Каку́ю блу́зку ты хо́чешь наде́ть?
5. В како́м до́ме ты живёшь?
6. На како́й у́лице э́та гимна́зия?

S. 103

S. 121
S. 131

б Formuliere Fragesätze mit dem Fragepronomen *како́й* zu den unterstrichenen Wörtern.
Bestimme den Kasus des Fragepronomens.

1. У меня́ <u>38-й</u> разме́р.
2. Мой люби́мый цвет – **<u>кра́сный</u>**.
3. Сего́дня Ви́тя наде́л <u>чёрный</u> костю́м.
4. Я учу́ в шко́ле <u>францу́зский</u> язы́к.
5. По́сле <u>4-го</u> уро́ка больша́я переме́на.
6. Вчера́ мы бы́ли в <u>италья́нском</u> рестора́не.
7. На <u>пе́рвом</u> уро́ке у Са́ши тест.
8. И́ра у́чится в шко́ле <u>№ 2</u>.

Дава́йте послу́шаем.

9 Ни́на, Макси́м und Са́ша bereiten eine Modenschau in der Klasse vor. Sieh dir das Video an und fertige dabei Notizen an. Beschreibe anschließend, was Ни́на, Макси́м und Са́ша anziehen werden.

Помоги́ други́м.

10 **Са́ша ist in Deutschland zu Besuch. Sie möchte in einem Geschäft eine Bluse kaufen. Hilf ihr bei der Verständigung.** ▶Wortnest S. 168

Verkäuferin: Guten Tag. Wie kann ich Ihnen helfen?
Са́ша: Здра́вствуйте. Скажи́те, пожа́луйста, у вас есть блу́зки?
Verkäuferin: Ja. Wir haben Blusen in verschiedenen Farben.
Са́ша: Я хоте́ла бы бе́лую блу́зку.
Verkäuferin: Hier, bitte, nehmen Sie diese Bluse.
Са́ша: Спаси́бо. Но э́та блу́зка о́чень коро́ткая.
Verkäufer: Das war leider die letzte weiße Bluse.
Са́ша: А у вас есть си́ние блу́зки?
Verkäuferin: Selbstverständlich. Einen Moment bitte! … Hier bitte.
Са́ша: Спаси́бо … Э́та блу́зка мне о́чень нра́вится. Она́ мне как раз. А ско́лько она́ сто́ит?
Verkäuferin: Diese Bluse kostet 30 Euro.
Са́ша: Хоро́шо. Э́то недо́рого. Я возьму́ э́ту блу́зку. А где у вас ка́сса?
Verkäuferin: Sie befindet sich im Erdgeschoss.
Са́ша: Большо́е спаси́бо. До свида́ния.
Verkäuferin: Auf Wiedersehen.

> Wenn man auf Russisch um etwas sehr höflich bittet, sagt man:
> *Я хоте́л бы* (m.) …
> *Я хоте́ла бы* (f.) …
> *Мы хоте́ли бы* (Pl.) …

Дава́йте поговори́м.

S. 103

11 **Geht nun selbst einkaufen. А möchte etwas zum Anziehen kaufen. Б berät А dabei.**

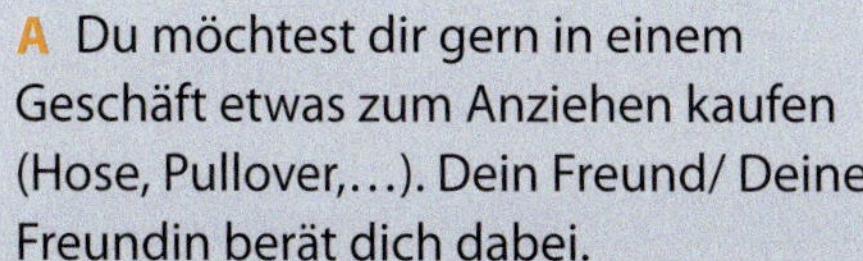

А Du möchtest dir gern in einem Geschäft etwas zum Anziehen kaufen (Hose, Pullover,…). Dein Freund/ Deine Freundin berät dich dabei.
- Du findest ein Kleidungsstück, das dir gefällt. Du fragst deinen Freund/ deine Freundin, ob es ihm/ihr auch gefällt.
- Du wählst eine Farbe aus. Frage deinen Freund/ deine Freundin, ob sie dir steht.
- Du fragst deinen Freund/ deine Freundin, ob er/sie dir eine andere Größe (S, M, L) geben könnte.
- Du probierst das Kleidungsstück an und fragst deinen Freund/ deine Freundin, ob dir das Kleidungsstück steht. Du möchtest das Kleidungsstück kaufen.

Не зна́ю …
Тебе́ … нра́вится/ нра́вятся?

Б Dein Freund/ Deine Freundin möchte sich etwas zum Anziehen kaufen. Du berätst ihn/ sie dabei.
- Das Kleidungsstück gefällt dir. Die Farbe gefällt dir aber nicht.
- Du sagst, dass das Kleidungsstück nicht passt. Du fragst nach der Größe des Kleidungsstückes.
- Du gibst deinem Freund/ deiner Freundin das Kleidungsstück in der anderen Größe.
- Du sagst, dass das Kleidungsstück deinem Freund/ deiner Freundin jetzt passt und gut steht.

S. 121

12 **Fertige eine Collage mit deinen Lieblingskleidungsstücken an. Stelle sie in der Klasse vor. Benutze dabei auch die Farbbezeichnungen.** ▶Wortnester S. 167, 168 ▶Methode S. 162

Б Э́то я с головы́ до ног.

In diesem Abschnitt lernst du …
- eine Person zu beschreiben,
- über deine Gesundheit/ dein Befinden zu sprechen.

Же́ня: Ой, О́лечка, мне оди́н ма́льчик здесь так нра́вится!
О́ля: А как его́ зову́т?
Же́ня: Он о́чень **симпати́чный**. **Глаза́** у него́ как мо́ре: **голубы́е**-голубы́е и о́чень больши́е.
О́ля: Ну, скажи́, кто э́то?
Же́ня: У него́ све́тлые коро́ткие **во́лосы**. Он о́чень **стро́йный**. Он лю́бит занима́ться спо́ртом.
О́ля: А, я зна́ю, кто э́то. Э́то ма́льчик в бе́лой футбо́лке и си́них джи́нсах. Пра́вильно?
Же́ня: Да, **то́чно**. Э́то Дени́с из 8 Б.

Па́вел: Дени́с, ты зна́ешь, в како́м кла́ссе э́та **де́вочка** у́чится?
Дени́с: Кака́я? Как она́ **вы́глядит**?
Па́вел: У неё **дли́нные** во́лосы.
Дени́с: **Блонди́нка** в ю́бке и **жёлтой** блу́зке? Э́то О́ля, моя́ **однокла́ссница**.
Па́вел: Нет, нет. У неё **кашта́новые** во́лосы. **На** ней голубы́е джи́нсы и кра́сный сви́тер.
Дени́с: А, э́то Же́ня. Она́ тебе́ нра́вится?
Па́вел: Да, она́ мне о́чень нра́вится. А ты меня́ с ней **познако́мишь**?

Aufgepasst! *Симпати́чный* kann im Russischen auch die Bedeutung „attraktiv“ haben.

Дава́йте почита́ем.

1a Слу́шай и чита́й текст. Прочита́й предложе́ния и скажи́, кто э́то.

1. Он занима́ется спо́ртом. У него́ коро́ткие во́лосы.
2. Она́ о́чень нра́вится Па́влу. У неё кашта́новые во́лосы.
3. У неё дли́нные во́лосы. Она́ блонди́нка. Она́ у́чится с Дени́сом.

б Пра́вильно и́ли непра́вильно? Испра́вь непра́вильные предложе́ния.

1. Же́ня с подру́гой Ка́тей на вечери́нке.
2. О́ля зна́ет, как зову́т ма́льчика из 8 Б.
3. У Же́ни све́тлые дли́нные во́лосы.
4. Дени́с у́чится в 8 кла́ссе.
5. О́ля – однокла́ссница Дени́са.
6. О́ля нра́вится Дени́су.

S. 121

2а Как вы́глядят го́сти на вечери́нке? Beschreibe die Jugendlichen. ▶Wortnest S. 168

M У О́ли дли́нные во́лосы.

б Ordne die beiden Dialoge auf Seite 32 den Jugendlichen zu.

Занима́емся языко́м.

Denke daran, es gibt manchmal einen Betonungswechsel: *каранда́ш – карандаши́*

S. 104

3а Прочита́й и переведи́ предложе́ния. Bestimme den Kasus der Substantive. ▶Grammatik 11 S. 144

1. Ле́на – э́то де́вочка в джи́нс<u>ах</u>.
2. У кроссо́в<u>ок</u> краси́вый цвет.
3. Мне нра́вятся твои́ глаз<u>а́</u>.
4. С брю́к<u>ами</u> мо́жно носи́ть боти́нк<u>и</u>.
5. Ми́ша лю́бит носи́ть футбо́лк<u>и</u>.
6. К шо́рт<u>ам</u> я ча́сто надева́ю то́п<u>ы</u>.

S. 121

S. 131

б Ergänze die Sätze mit den Substantiven im Plural. Welchen Kasus verwendest du hier?

друг – друзья́

1. Возьми́ в шко́лу ??? каранда́ш, флома́стер, уче́бник.
2. В магази́не нет ??? руба́шка, шарф, футбо́лка, брю́ки.
3. Помоги́ ??? де́душка, ба́бушка, тури́ст, учени́к, роди́тели.
4. На вечери́нке Ди́ма был с ??? друг, подру́га, **однокла́ссник**.

S. 104

4а Finde in den Dialogen (S. 32) alle Adjektive. Bestimme anhand der Endungen Kasus und Numerus. ▶Grammatik 12 S. 145

S. 132

б Setze die passenden Adjektive in der richtigen Form (Kasus und Numerus) ein.

1. Макси́м лю́бит носи́ть ??? джи́нсы.
2. У меня́ есть ??? подру́ги.
3. Кто э́тот ма́льчик с ??? волоса́ми.
4. У мои́х ??? друзе́й о́чень ??? роди́тели.
5. В магази́не нет ??? руба́шек моего́ люби́мого цве́та.
6. К мои́м ??? шо́ртам я люблю́ носи́ть ??? то́пы.

коро́ткий | совре́менный | краси́вый | си́ний | но́вый | бе́лый | люби́мый | симпати́чный

2А
2Б
2В

Слова́ – на́ше бога́тство.

S. 132

5 **Übertrage die folgende Mindmap in dein Heft. Ergänze sie mit den Wörtern aus dem Text auf S. 32 und den dazu passenden Adjektiven, die du schon kennst.**
▶Wortnester S. 167, 168 ▶Methode S. 160

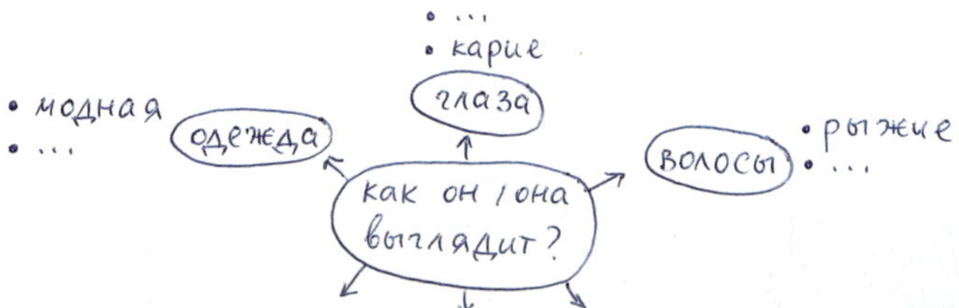

6a **Прочита́й диало́ги.**

– Алло́, Ле́на. Ты не была́ в шко́ле. **Что с тобо́й**?
– У меня́ **высо́кая температу́ра** и **голова́ боли́т**. У меня́ грипп.
– Всего́ хоро́шего тебе́.

У врача́
– Здра́вствуйте, что с ва́ми?
– Здра́вствуйте, до́ктор. У меня́ **рука́** и **нога́** боля́т.
– Вот, пожа́луйста, реце́пт. Всего́ хоро́шего!

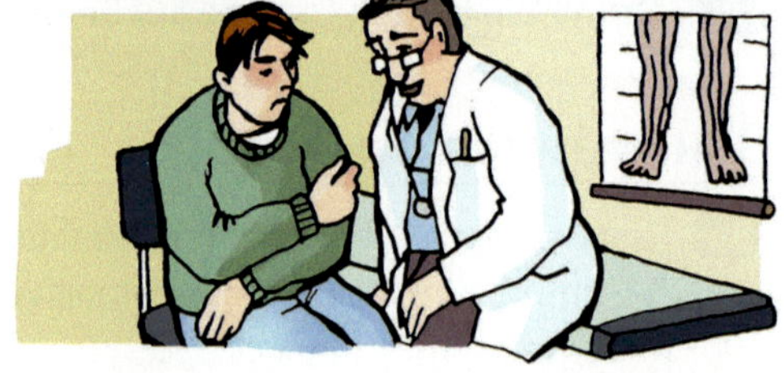

– Здра́вствуйте, чем вам помо́чь?
– Здра́вствуйте. У меня́ **на́сморк** и **ка́шель**.
– Вот, пожа́луйста, **лека́рство**.
– Большо́е спаси́бо.

6 **Како́й рису́нок подхо́дит к како́му диало́гу?**
Ordne die Dialoge den Bildern zu.

S. 104

7 **по-вы́бору** **Pantomime-Spiel.**
Teilt euch in Gruppen auf. Abwechselnd stellt eine Gruppe das Befinden pantomimisch dar und die anderen Gruppen müssen raten.

8 **Что с ва́ми?**

Spielt paarweise kleine Dialoge beim Arzt/ in der Apotheke wie in 6 a. Folgende Satzanfänge können euch dabei helfen.

А: Что с тобо́й/ с ва́ми?
Б: У меня́ на́сморк …

А: Что у тебя́/вас боли́т?
Б: У меня́ боли́т …
А: Вот, пожа́луйста, …

А: Чем тебе́/вам помо́чь?
Б: Да́йте мне, пожа́луйста, …

Дава́йте послу́шаем.

9a **Послу́шай диало́г.**
Höre dir das Gespräch von Ни́на und der Austauschschülerin Laura aufmerksam an.
Notiere in deinem Heft, was du über einen Mitschüler von Ни́на erfährst.

S. 104

б **Пра́вильно и́ли непра́вильно?**
Wenn du dich richtig entscheidest, erfährst du, wie der Mitschüler von Ни́на heißt.
Die Bilder helfen dir dabei.

	пра́вильно	непра́вильно
1. Одноклассник Ни́ны **пригласи́л** Ла́уру на чай.	А	М
2. Ла́ура зна́ет, как его́ зову́т.	Н	Л
3. У ма́льчика си́ние глаза́.	Т	Е
4. У него́ коро́ткие во́лосы.	К	В
5. В кла́ссе ма́льчики то́лько с тёмными волоса́ми.	Е	С
6. У однокла́ссника Ни́ны бе́лая руба́шка и чёрные брю́ки.	Й	Е
7. Он лю́бит носи́ть бейсбо́лку.	Й	К

Дава́йте поговори́м.

S. 105

10 **Stelle dich, jemanden aus deiner Familie oder von deinen Freunden vor.**
Du kannst einen Steckbrief als Hilfe anfertigen. ▶Wortnester S. 167, 168 ▶Methoden S. 160

Erzähle,
– wie diese Person aussieht (Körpergröße, Augen, Haare, besondere Merkmale, etc.),
– was diese Person gerne anzieht.

11 **по-вы́бору** **Игра́: Кто э́то?**
Teilt euch in zwei Mannschaften auf. Jede/r beschreibt auf einem Zettel das Äußere einer Mitschülerin/eines Mitschülers. Die Zettel werden gesammelt und gemischt. Danach zieht jede Mannschaft abwechselnd einen Zettel. Der Zettel wird vorgelesen und die Mannschaft versucht, den Mitschüler/ die Mitschülerin zu erraten. Gelingt es der Mannschaft, bekommt sie einen Punkt. Sonst erhält die gegnerische Mannschaft eine Chance, die Person zu erraten.

B Мой куми́р

In diesem Abschnitt lernst du …
- **über bekannte Persönlichkeiten zu sprechen,**
- **deinen Lebenslauf zu schreiben.**

Оле́г Ша́тов, **молодо́й** тала́нтливый **футболи́ст** из пи́терского клу́ба *Зени́т*, – мой **куми́р**. Я зна́ю о нём **почти́ всё**. В э́том мне помо́г интерне́т.
Оле́г роди́лся 29 ию́ля 1990 го́да в го́роде Ни́жний Таги́л. Занима́ться футбо́лом он **на́чал в** семь лет. **Тренирова́лся** он три **ра́за в** день. В шко́ле Оле́г учи́лся хорошо́. У него́ бы́ли то́лько пятёрки и четвёрки.
Его́ карье́ра **начала́сь** в 16 лет. Он получи́л приглаше́ние от президе́нта футбо́льного клу́ба *Ура́л* и перее́хал[1] в Екатеринбу́рг. Здесь он жил **без** роди́телей.
В а́вгусте 2007 го́да Оле́г **сыгра́л** пе́рвый раз за **кома́нду** *Ура́л*. А 19 ноября́ 2010 го́да он **стал** лу́чшим[2] футболи́стом кома́нды.
В 2014 году́ Оле́г **начина́ет** игра́ть за национа́льную сбо́рную[3] Росси́и. В феврале́ 2014 го́да тала́нтливый футболи́ст заби́л гол в воро́та[4] до́ртмундской *Бору́ссии* на Ли́ге чемпио́нов.
Я люблю́ смотре́ть футбо́льные ма́тчи с мои́м куми́ром! У Оле́га Ша́това о́чень хоро́шая те́хника. Но и как **челове́к** он о́чень симпати́чный. С **таки́м** футболи́стом в кома́нде сбо́рная Росси́и ско́ро **бу́дет** чемпио́ном! Вот тако́й у меня́ куми́р!

Оле́г Ша́тов (*Зени́т*), Чемпиона́т Росси́и по футбо́лу 2013/2014

1 zog um
2 der beste
3 Nationalmannschaft
4 schoss das Tor

Дава́йте почита́ем.

1 Макси́м написа́л текст об Оле́ге Ша́тове. Послу́шай и прочита́й текст. Отве́ть на вопро́сы.

S. 121
S. 105

1. Кто Оле́г Ша́тов для Макси́ма?
2. Чем занима́ется Оле́г Ша́тов?
3. Где и когда́ роди́лся Оле́г?
4. Когда́ он на́чал занима́ться футбо́лом?
5. Что бы́ло у Оле́га в 2007 году́?
6. Что Оле́г начина́ет де́лать в 2014 году́?

Занима́емся языко́м.

2 Вчера́. Сего́дня. За́втра. Прочита́й и переведи́ предложе́ния. ▶Grammatik 13 S. 146

1. Вчера́ у Же́ни был те́ннис. Сего́дня он игра́ет в футбо́л. А за́втра у него́ бу́дет карате́.
2. В понеде́льник я была́ в ки́но. Сего́дня я в библиоте́ке. А в сре́ду я бу́ду в бассе́йне.
3. Сего́дня Но́вый год. А за́втра уже́ бу́дут зи́мние кани́кулы.
4. Са́ша с Макси́мом вчера́ бы́ли в кино́. За́втра они́ бу́дут в теа́тре.

 S. 106

3 Что они́ бу́дут де́лать за́втра? ▶Grammatik 14 S. 146

 За́втра я бу́ду смотре́ть телеви́зор.

Ксе́ния		игра́ть в футбо́л
де́душка и ба́бушка		чита́ть кни́ги
я	быть	игра́ть на пиани́но
мой брат		слу́шать му́зыку
мы		писа́ть письмо́

быть +
unvollendeter Aspekt

 S. 106

4 Lies die Sätze und bestimme den Aspekt der Verben. ▶Grammatik 15 S. 147

1. Ни́на ка́ждый день **получа́ет** име́йлы.
   Сего́дня она́ получи́ла письмо́.
2. Ди́ма чита́л кни́гу всю неде́лю. И тепе́рь он её **прочита́л**.
3. Ко́ля обы́чно **надева́ет** в шко́лу бе́лую руба́шку.
   А вчера́ он наде́л си́нюю.

Signalwörter, an denen du den unvollendeten Aspekt erkennst, sind *обы́чно, ка́ждый день, всегда́.*

2 А
2 Б
2 В

 S. 133

5 Präge dir die Aspektpaare ein.

unvollendeter Aspekt	vollendeter Aspekt
начина́ть	нача́ть
игра́ть	сыгра́ть
чита́ть	прочита́ть
слу́шать	**послу́шать**
смотре́ть	**посмотре́ть**
расска́зывать	**рассказа́ть**
приглаша́ть	пригласи́ть
надева́ть	наде́ть
покупа́ть	купи́ть
помога́ть	помо́чь
посеща́ть	**посети́ть**

Der Aspektpartner zu ***сказа́ть*** ist *говори́ть.*

6 Lies die Sätze und bestimme die Zeit der unterstrichenen Verben. ▶Grammatik 14 S. 146

1. В четве́рг Пе́тя и Ко́ля игра́ют в футбо́л. Роди́тели посмо́трят их игру́.
2. По́сле шко́лы Ви́ка ку́пит но́вое пла́тье. У неё за́втра день рожде́ния.
3. За́втра в кино́ хоро́ший фильм. Андре́й пригласи́т в кино́ Све́ту.
4. За́втра Ни́на идёт на конце́рт. Она́ наде́нет краси́вое пла́тье.

 S. 133

7 Welches Verb passt hier? Vervollständige die Sätze.

1. За́втра Зи́на ??? друзе́й на вечери́нку в суббо́ту.
2. Ка́ждый год Ко́ля ??? друзе́й на день рожде́ния.
3. Макси́м ??? кни́гу о футбо́ле, а пото́м он бу́дет ??? журна́л.
4. Сейча́с Ни́на ??? фильм о мо́де. Вчера́ она́ ??? фильм о спо́рте.
5. За́втра А́ня бу́дет ??? в те́ннис с Во́вой.

приглаша́ет
чита́ть
пригласи́т
посмотре́ла
игра́ть
чита́ет
смо́трит

Слова́ – на́ше бога́тство.

8a Прочита́й ко́микс. Finde heraus, wie diese Berufsbezeichnungen gebildet werden?

Жил-был су́ффикс -ИСТ.
ИСТ
Приве́т, гита́ра! Приве́т, фле́йта!
ИСТ
Э́то гитарИ́СТ и флейтИ́СТ.

б Кто они́?
Von welchen Wörtern werden diese Berufe gebildet? Nenne die Berufe auf Deutsch.
▶Methode S. 156 ▶Grammatik 16 S. 147

учи́тель
писа́тель
пиани́ст
футболи́ст
журнали́ст

пиани́но
писа́ть
журна́л
учи́ть
футбо́л

S. 106

9 Он и́ли она́?
Lies folgende Berufsbezeichnungen. Wie wird die weibliche Form gebildet?

S. 133

M учи́тель – учи́тельница
журнали́ст – журнали́стка

инжене́р, учи́тельница, футболи́стка, модselье́р, журнали́стка, архите́ктор, диплома́т, ме́неджер, арти́стка, фото́граф

Nicht von allen Berufen gibt es eine weibliche Form: z. B. *врач, инжене́р, дире́ктор, ме́неджер, фото́граф, поли́тик.*

S. 122

10 Übertrage folgende Sätze ins Russische.

1. Meine Mutter ist Schuldirektorin.
2. Sein Vater ist Journalist.
3. Polina Gagarina ist eine Sängerin aus Russland.
4. Angela Merkel ist eine deutsche Politikerin.
5. Matthias Schweighöfer ist ein sympathischer Schauspieler.

11 Где они́ рабо́тают? Соста́вь предложе́ния.

учи́тель	теа́тр
тре́нер	дом
арти́ст	бассе́йн
домохозя́йка	компью́тер
программи́ст	шко́ла

Матти́ас Шва́йгхёфер, встре́ча с фана́тами *Der geilste Tag*, Берли́н 24.2.2016

11a **Fragt euch gegenseitig, als was eure Eltern, Geschwister, Großeltern usw. arbeiten.** ▶Wortnest S. 169

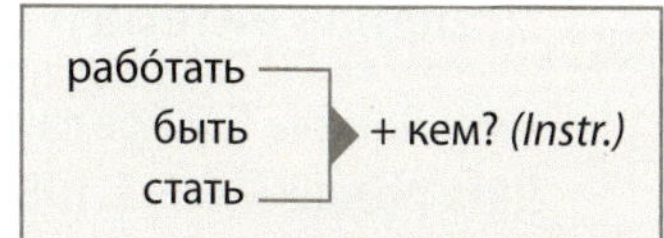

M
– Кем рабо́тает твоя́ ма́ма?
– Моя́ ма́ма рабо́тает учи́тельницей.

б **Кем ты хо́чешь стать/быть?**
Fragt euch gegenseitig, als was ihr später arbeiten möchtet. ▶Wortnest S. 169

M
– Кем ты хо́чешь стать/быть?
– Я хочу́ стать/быть инжене́ром.

Дава́йте поговори́м.

2А
2Б
2В

12 **Fragt euch gegenseitig zu eurer eigenen Person aus. Fertigt dazu einen Zettel mit Stichpunkten an (ohne den Namen zu nennen). Tauscht die Zettel untereinander aus. Versucht herauszufinden, wer auf den Zetteln gemeint ist.**

Stichpunkte:
- Geburtsdatum/-ort
- Wohnort
- Aussehen
- Lieblingsbeschäftigung
- Berufswunsch

Он родился 12 мая 2002 года в Берлине, сейчас живёт в Кёльне.
Любит заниматься музыкой, хочет стать гитаристом.

13 **Кто твой куми́р?**
Bereite dazu einen Vortrag vor und präsentiere ihn in der Klasse. Folgende Fragen können dir dabei helfen. ▶Wortnest S. 169 ▶Methoden S. 160, 162

1. Как его́/её зову́т?
2. Где и когда́ он роди́лся/она́ родила́сь?
3. Где он/она́ живёт?
4. Где он учи́лся/она́ учи́лась?
5. Кака́я у него́/неё профе́ссия?
6. Чем он/она́ лю́бит занима́ться в свобо́дное вре́мя?
7. Что ты ещё зна́ешь о нём/ней?

Хеле́на Фи́шер и Тиль Шва́йгер, премье́ра фи́льма *Tatort: Der Große Schmerz*, Берли́н 16.12.2015

Избá-читáльня

Прóфиль актёра

И́мя: Данúла Валéрьевич Козлóвский
Дáта рождéния: 3. 5. 1985
Мéсто рождéния: Москвá
Рост: 184 см
Знак зодиáка: Телéц
Семья́: отéц – Валéрий Козлóвский (рабóтник культýры); мать – Надéжда Звенигорóдская (актрúса)
Брáтья: Егóр и Ивáн
Образовáние: Кадéтский кóрпус в Санкт-Петербýрге; Санкт-Петербýргская госудáрственная акадéмия театрáльного искýсства
Профéссия: актёр теáтра и кинó
Жáнры: дрáма, трúллер
Рабóта в Голливýде: фильм Мáрка Уóтерса *Акадéмия вампúров*
Хóбби: игрáет на саксофóне, увлекáется тáнцем

Данúла Козлóвский, пресс-конферéнция по фúльму *Шпиóн*, Москвá 2. 4. 2012

Давáйте почитáем.

1 Прочитáй текст со словарём. Отвéть на вопрóсы.

1. Где родúлся Данúла Козлóвский?
2. Когдá у негó день рождéния?
3. В какóм гóроде учúлся Данúла?
4. Как зовýт егó брáтьев?
5. Кем рабóтает егó мать?
6. Кто Данúла по профéссии?
7. В какóй странé он ещё рабóтал?
8. Чем он увлекáется?

2 Посмотрú на пóстер. Прáвильно úли непрáвильно? Испрáвь непрáвильные предложéния.

1. Э́то плакáт концéрта Данúлы Козлóвского.
2. Концéрт в Большóм теáтре в Санкт-Петербýрге.
3. Концéрт бýдет веснóй.
4. Концéрт начинáется в семь часóв утрá.
5. На концéрте бýдут игрáть рáзные грýппы.

Давáйте поговорúм.

3 Расскажú о Данúле Козлóвском.

4 Erstelle ein Profil eines Künstlers/ einer Künstlerin. Stelle diese Person in der Klasse vor. ▶Methoden S. 160, 162

↗ S. 122

Зага́дки

1. Он, наве́рное, мно́го чита́ет
   И поэ́тому так мно́го зна́ет.
   Объясни́т, и запо́мнить заста́вит,
   И в дневни́к нам оце́нку поста́вит.

2. Мы прихо́дим в де́тский сад.
   Кто всегда́ нам в гру́ппе рад?
   И стихи́, и и́гры зна́ет,
   Кни́жку вслух нам почита́ет.
   Слу́шают внима́тельно
   Де́ти …

3. Как в столо́вой па́хнет вку́сно!
   Он свари́л нам щи с капу́стой,
   Ка́шу с ма́слом и испёк
   И ватру́шки, и пиро́г.

4. Он кастрю́лю нам пока́жет
   И про ча́йники расска́жет,
   Я́блок взве́сит килогра́мм
   И ещё конфе́т сто грамм.

А́втор: Ири́на Асе́ева

Дава́йте почита́ем.

S. 107

1 Прочита́й зага́дки со словарём.

2 Ordne die Tätigkeiten aus den Rätseln den Bildern zu. Löse die Rätsel. ▸Wortnest S. 169

Дава́йте поговори́м.

S. 107

3 Finde im Text alle Tätigkeiten, die den gesuchten Beruf beschreiben.

4 Како́го цве́та профе́ссия?
Finde zu den Berufen aus den Gedichten eine Farbe, die dazu passt. Begründe deine Entscheidung.

5 Findet zu anderen euch bekannten Berufen die passende Farbe.

У́чимся писа́ть.

6 Versuche nun selbst ein Rätsel zu einem Beruf zu schreiben.

7 Tauscht eure Rätsel untereinander. Versucht die Berufe zu erraten, um die es in euren Rätseln geht.

S. 122

Вме́сте всего́ дости́гнем.

Мы за́втра

1 Die Zukunftsvision eurer Klasse

- Teilt euch in Paare auf.
- Jedes Paar gestaltet jeweils zwei Zettel mit der eigenen Zukunftsvision. Dabei gestaltet ein/e Partner/in den Zettel für den anderen/die andere.
- Überlegt gemeinsam und schreibt auf die Zettel, wie jede/jeder von euch in 5–10 Jahren aussehen wird und womit jede/jeder von euch sich beschäftigen wird. Versucht dabei so ausführlich wie möglich zu beschreiben: das Aussehen, die Kleidung, den Beruf, die Familie, das Hobby.
- Schreibt in der Ich-Form.
- Legt die Zettel zusammen und mischt sie gut durch.
- Nun nimmt sich jedes Paar zwei Zettel aus dem Pool, liest die Zettel genau und stellt die Person auf dem Zettel in der Klasse vor. Alle anderen versuchen die Person zu erraten.

> Мне 25 лет. У меня тёмные короткие волосы. Я высокий и стройный. Я очень люблю заниматься спортом. Я часто ношу костюм. Я работаю в ...

Пока́з мод

2 Veranstaltet in der Klasse eine Modenschau.

- Teilt euch zunächst in Gruppen auf. Jede Gruppe wählt einen Moderator, 2–3 Models (1–2 Modedesigner und einen Manager für den Backstagebereich).
- Wählt gemeinsam das Thema eurer Modekollektion (z. B. Berufsbekleidung, Mode von Morgen, etc.).
- Entwerft ein Plakat/eine Einladung für eure Modenschau (mit Termin, Ort, Motto, etc.).
- Schreibt eine Begrüßungsrede für den Moderator und die Beschreibung der Outfits. Ihr könnt eure Outfits auch zeichnen.
- Fertigt einen Flyer/Katalog mit eurer Kollektion, Tickets für die Zuschauer und Visitenkarten für die Modedesigner an.
- Überlegt gemeinsam den Ablauf der Modenschau. (Wie laufen die Models – einzeln oder gemeinsam, in welcher Reihenfolge etc.?)
- Dann stellt eure Kollektion auf der Modenschau vor.
- Im Anschluss könnt ihr den schönsten Auftritt oder das schönste Outfit wählen.

Занима́емся языко́м.

ТРКИ **1** **Вы́бери пра́вильный отве́т и прове́рь его́ на стр. 213.**

1. Ри́те о́чень нра́вятся ??? джи́нсы. 2. Мой брат у́чится вме́сте с ??? де́вочкой. 3. Твоя́ ба́бушка живёт в ??? до́ме?	(А) э́той (Б) э́том (В) э́ти	7. Како́го разме́ра э́ти ??? 8. Я ча́сто надева́ю топ к ??? 9. Све́та сего́дня в ???	(А) джи́нсах. (Б) кроссо́вки? (В) шо́ртам.
4. ??? язы́к ты у́чишь в шко́ле? 5. ??? цве́та его́ руба́шка? 6. ??? кни́гу ты сейча́с чита́ешь?	(А) Како́го (Б) Како́й (В) Каку́ю	10. Кто э́та де́вочка с ??? волоса́ми? 11. У То́ли нет ??? джи́нсов. 12. У мое́й подру́ги ??? глаза́.	(А) си́них (Б) чёрные (В) дли́нными

Дава́йте послу́шаем.

2 **Послу́шай диало́г.**
Что с Ли́зой? Вы́бери пра́вильный отве́т. Прове́рь его́ на стр. 213.

1. У Ли́зы о́чень боли́т
(А) нога́.
(Б) голова́.
(В) рука́.
(Г) голова́ и нога́.

2. У неё
(А) температу́ра и ка́шель.
(Б) ка́шель и на́сморк.
(В) нет температу́ры и на́сморка.
(Г) нет ка́шля и температу́ры.

3. У Ли́зы начина́ется
(А) ка́шель.
(Б) грипп.
(В) на́сморк.
(Г) температу́ра.

4. Э́то лека́рство
(А) сто́ит до́рого.
(Б) есть в апте́ке.
(В) хорошо́ помога́ет.
(Г) сто́ит недо́рого.

2

Слова́ – на́ше бога́тство.

3 **Прочита́й предложе́ния. Найди́ продолже́ние. Прове́рь отве́т на страни́це 213.**

1. Моя́ ма́ма рабо́тает в теа́тре.
   (А) Там она́ игра́ет в те́ннис. (Б) Там она́ игра́ет на компью́тере. (В) Там она́ танцу́ет.

2. Брат Макси́ма – фото́граф.
   (А) Он говори́т на англи́йском языке́. (Б) Он пи́шет приглаше́ния. (В) Он фотографи́рует для журна́ла.

3. Ко́ля лю́бит му́зыку.
   (А) Он хо́чет стать учи́телем му́зыки. (Б) Он хо́чет рабо́тать в кино́. (В) Он хо́чет быть врачо́м.

4. В свобо́дное вре́мя Ка́тя всегда́ игра́ет в футбо́л.
   (А) Она́ лю́бит смотре́ть гандбо́л. (Б) Она́ хо́чет быть футболи́сткой. (В) Она́ интересу́ется му́зыкой.

УРО́К 3

Росси́я вчера́ и сего́дня

Портре́т Петра́ I, Поль Деларо́ш (1838)

1 Ordne das passende Datum dem richtigen Ereignis aus dem Leben von Peter dem Großen zu. Wiederhole die Datumsangabe in Уро́к 1 S. 12.

В 1721 г.	на́чал строи́тельство[1] го́рода Санкт-Петербу́рг
8 февраля́ 1725 г.	роди́лся в Москве́
27 ма́я 1703 г.	стал импера́тором Росси́и
9 ию́ня 1672 г.	**у́мер** в Санкт-Петербу́рге

1 Bau

2 Lies die Datumsangaben und die Namen dieser Stadt. Recherchiere, warum die Stadt so oft umbenannt wurde.

1703 г.	Санкт-Петербу́рг
1914 г.	Петрогра́д
1924 г.	Ленингра́д
1991 г.	Санкт-Петербу́рг

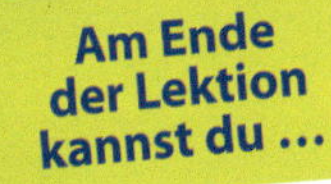

- einen Veranstaltungskalender gestalten.
- ein Quartettspiel zu einer Stadt erstellen.

Ната́лья Водя́нова, *Cosmoscow* 2015: Я́рмарка совреме́нного иску́сства, Москва́ (10. 9. 2015)

Ю́рий Гага́рин, 1934 – 1968

Дании́л Квят, Гран-при Абу́-Да́би (29. 11. 2015)

Андре́й Арша́вин, това́рищеский матч Росси́я-Уругва́й (25. 5. 2012)

А́нна Нетре́бко, Санкт-Петербу́ргская консервато́рия и́мени Н. А. Ри́мского-Ко́рсакова (12. 12. 2010)

3

3 **Отве́ть на вопро́сы.**

1. Welche dieser Persönlichkeiten kennst du? Wo hast du sie schon einmal gesehen?
2. Welche dieser Personen sind aus der Vergangenheit, welche aus der heutigen Zeit?
3. Welche Berufe üben diese Personen deiner Meinung nach aus?
4. Welche Persönlichkeiten aus Russland kennst du noch?

10–12 июля
начало в **19:00**

Интернациональный музыкальный фестиваль

«Белые ночи Санкт-Петербурга»

Концертно-спортивный комплекс
«Сибур Арена»

(Футбольная аллея 8,
МЕТРО Крестовский остров)

4 **Пра́вильно и́ли непра́вильно?**

1. В Санкт-Петербу́рге бу́дет ле́тний пра́здник.
2. Он **называ́ется** *Но́чи Санкт-Петербу́рга*.
3. Фестива́ль начина́ется в 7 часо́в.
4. Фестива́ль конча́ется 11 ию́ля.
5. На фестива́ле мо́жно послу́шать то́лько ру́сскую му́зыку.
6. Фестива́ль бу́дет в *Сибу́р Аре́не*.
7. Туда́ мо́жно дое́хать на метро́ и на авто́бусе.

A Изве́стные ли́чности Росси́и

In diesem Abschnitt lernst du …
- über eine historische Persönlichkeit zu sprechen/schreiben,
- ein Interview vorzubereiten.

Дорого́й **гость** го́рода, **пе́ред** ва́ми Сена́тская **пло́щадь**. Здесь нахо́дится **изве́стная достопримеча́тельность** Санкт-Петербу́рга – *Ме́дный вса́дник*[1] – **па́мятник** Петру́ I.
Пётр I был росси́йским **царём** и импера́тором. Царём он стал в 1682 г. Петру́ бы́ло то́лько 10 лет. В **ю́ности** он жил под[2] Москво́й. Пётр I учи́лся в **Евро́пе**: в Герма́нии, Голла́ндии и получи́л ра́зные профе́ссии.
В 1703 г. Пётр I **постро́ил** пе́рвую **кре́пость** на реке́ Неве́ и так **основа́л** го́род. Он **назва́л** его́ Санкт-Петербу́рг.
Пётр I **сде́лал** мно́го для Росси́и. Он **откры́л** пе́рвый **музе́й** и шко́лы в Москве́ и Санкт-Петербу́рге. Пётр I **посвяти́л жизнь** модерниза́ции Росси́и.

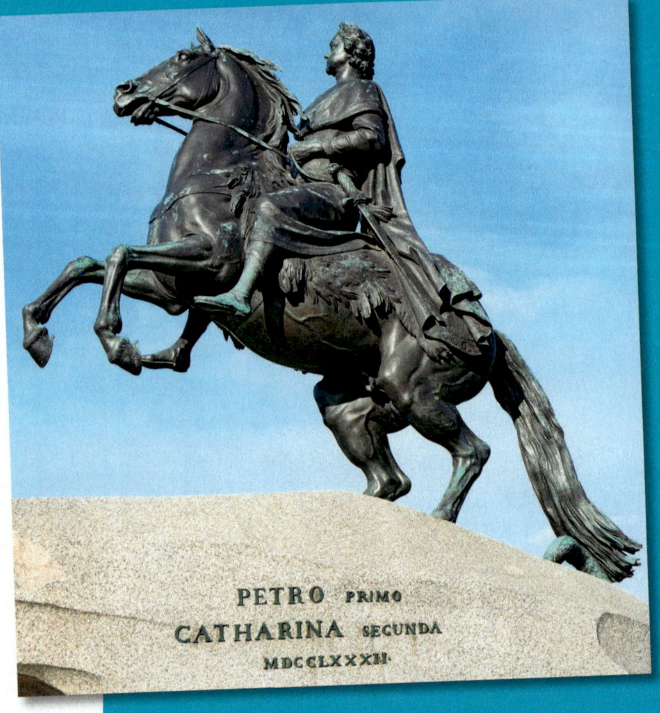

1 *Der eherne Reiter*
2 bei (in der Nähe von)

Дава́йте почита́ем.

1a Слу́шай и чита́й текст.

S. 133

б Допо́лни предложе́ния.

1. Сена́тская пло́щадь нахо́дится в ???.
2. ??? нахо́дится на Сена́тской пло́щади.
3. В 1682 г. ??? стал царём.
4. Пётр был о́чень молоды́м ???.
5. В ю́ности царь жил недалеко́ от ???.
6. Пётр учи́лся в ???.
7. В 1703 г. царь основа́л на Неве́ ???.
8. В Москве́ он откры́л ???.

Занима́емся языко́м.

S. 122

2a Schau dir den Text noch einmal an und finde die Formen dieser Substantive auf *-ь* am Ende.
▸Grammatik 17 S. 148

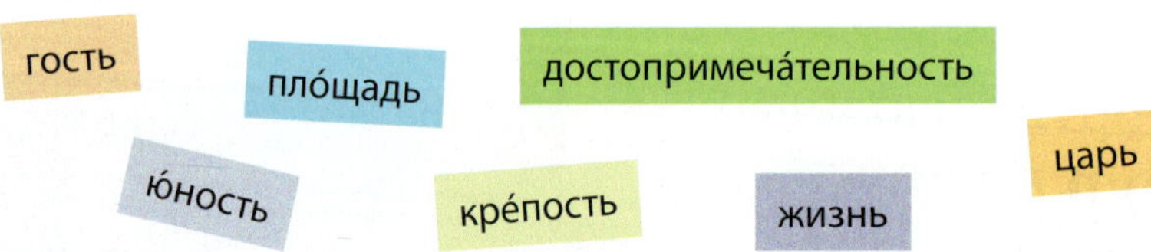

б Bestimme Genus und Kasus dieser Substantive. Die Adjektive können dir dabei helfen.

S. 107

3a **Mit oder ohne Weichheitszeichen?**
Wenn du dir nicht sicher bist, schlage die richtige Schreibweise im Wörterbuch nach.

мяч?, крова́т? москви́ч?, ию́л?, о́сен?, о́був?, врач?, ка́шел?, цар?, жизн?, рубл?, карто́фел?, морко́в?, огуре́ц?, тетра́д?

б **Welche dieser Substantive gehören zur 3. Deklination?**
Lege eine Tabelle mit Maskulina und Feminina auf *-ь* an.
Überprüfe das Genus im Wörterbuch.

Feminine Substantive auf *-ь* gehören der III. Deklination an!

S. 122
S. 133

4 **Допо́лни предложе́ния.**

1. Та́ня, ты взяла́ мою́ ??? по матема́тике?
2. В моéй ко́мнате стол ря́дом с ???.
3. Скажи́те, как дойти́ до ??? Петра́ и Па́вла?
4. ??? – э́то краси́вое вре́мя го́да.
5. На Сена́тской ??? нахо́дится па́мятник Петру́ I.

кре́пость, крова́ть, пло́щадь, о́сень, тетра́дь

3 А
3 Б
3 В

5 **Прочита́й, о чём говоря́т Макси́м и его́ па́па. Bestimme den Kasus von *что*.**
▸Grammatik 18 S. 149

Макси́м: Па́па, мо́жно с тобо́й поговори́ть[1]?
Па́па: А о чём ты хо́чешь со мной поговори́ть?
Макси́м: Об э́том.
Па́па: А что э́то?
Макси́м: Э́то мой тест.
Па́па: Ну, и с чем тебя́ мо́жно **поздра́вить**?
Макси́м: С дво́йкой по англи́йскому языку́.
Па́па: Ну, и что ты не знал?
Макси́м: Но́вые слова́.

1 *vgl.* говори́ть

S. 108
S. 133

6 **Stellt euch gegenseitig Fragen mit *что* und *кто* und beantwortet sie.**
Соста́вьте вопро́сы по образцу́ и отве́тьте на них.

M Чем ты интересу́ешься? – Я интересу́юсь литерату́рой.
Кем ты интересу́ешься? – Я интересу́юсь э́той но́вой де́вочкой.

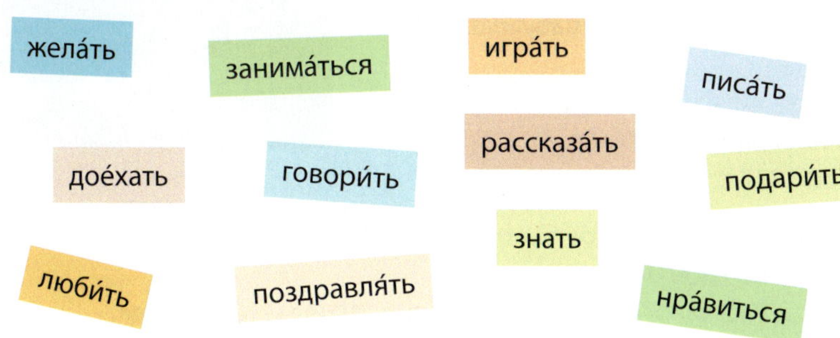

кто?	что?
кого́?	чего́?
кому́?	чему́?
кого́?	что?
кем?	чем?
о ком?	о чём?

Слова́ – на́ше бога́тство.

7а Прочита́й текст о жи́зни космона́вта Ю́рия Гага́рина.

Ю́рий Гага́рин

9.3.1934	роди́лся в дере́вне Клу́шино
1941	на́чал учи́ться в шко́ле
1945	**перее́хал** с роди́телями в го́род Гжатск
1951	**око́нчил** шко́лу
1955–1957	учи́лся в авиацио́нном учи́лище
1960	стал космона́втом
12.4.1961	пе́рвый полёт[1] в ко́смос
27.3.1968	поги́б[2] во вре́мя полёта

1 Flug 2 kam um

б Зада́йте вопро́сы к те́ксту. Wechselt euch dabei ab.

М Когда́ роди́лся Ю́рий Гага́рин?

Дава́йте поговори́м.

8 по-вы́бору Расскажи́ о жи́зни Ю́рия Гага́рина.

9 по-вы́бору Suche dir eine andere historische Persönlichkeit und recherchiere 10 Daten ihres Lebens. Präsentiere diese Persönlichkeit in der Klasse. ▶Methoden S. 161–162

На́выки

Mache dir zunächst Notizen als Gerüst für deine Erzählung.

Дава́йте послу́шаем.

S. 108

15

10а Послу́шай, о чём говоря́т Са́ша и Ники́та. Mache dir dabei Notizen. Сде́лай заме́тки.

б Пра́вильно и́ли непра́вильно?

1. У Са́ши за́втра тест по исто́рии.
2. Са́ша зна́ет, о чём бу́дет тест.
3. Ники́та расска́зывает, что он зна́ет о Пу́шкине.
4. Пу́шкин роди́лся в Москве́.
5. Его́ отца́ **зва́ли** Серге́й, а ма́му – О́льга.
6. У Пу́шкина был брат Лев.
7. Пу́шкин говори́л до́ма на ру́сском, а с ба́бушкой на францу́зском языке́.
8. В 1817 г. Пу́шкин на́чал писа́ть.
9. По́сле шко́лы он жил и рабо́тал в Москве́.
10. Пу́шкин у́мер зимо́й 1837 г.

Портре́т А. С. Пу́шкина, О. Кипре́нский (1827)

S. 123

в Höre dir den Text noch einmal an. Erzähle den Lebenslauf von А. Пу́шкин nach. Benutze dabei deine Notizen. Прослу́шай текст ещё раз. Расскажи́ о жи́зни А. Пу́шкина. Испо́льзуй заме́тки.

Помоги́ други́м.

S. 123

11 **Интервью́ для шко́льной газе́ты.**
Ein bekanntes russisches Model kommt in eure Stadt. Die Redaktion der Schülerzeitung führt mit ihr ein Interview. Hilf bei der Verständigung.

Корреспонде́нт: Guten Tag. Irina, wann und wo sind Sie geboren?

Ири́на: Я родила́сь 6 января́ 1986 г. в го́роде Еманжели́нске.

Корреспонде́нт: Erzählen Sie bitte über Ihre Familie.

Ири́на: У меня́ есть сестра́ Татья́на. Мой оте́ц у́мер, когда́ я ещё учи́лась в шко́ле. Ма́ма была́ учи́телем му́зыки. Она́ всегда́ мно́го рабо́тала. Сейча́с она́ меня́ ча́сто посеща́ет в Пари́же и́ли Нью-Йо́рке.

Корреспонде́нт: Wofür haben Sie sich in Ihrer Jugend interessiert?

Ири́на: В ю́ности я интересова́лась и занима́лась му́зыкой. Я люби́ла **петь** и игра́ть на пиани́но.

Корреспонде́нт: Heute sind Sie ein bekanntes russisches Supermodel. Sie arbeiten aber nicht nur in Russland.

Ири́на: Да, пра́вильно. В 2005 г. я начала́ рабо́тать моде́лью в Евро́пе и США[1].

Корреспонде́нт: Welche Sprache – Russisch oder Englisch – sprechen Sie bei Ihrer Arbeit?

Ири́на: На рабо́те[2] я всегда́ говорю́ на англи́йском языке́. А по-ру́сски – с семьёй.

Корреспонде́нт: Was machen Sie in Ihrer Freizeit?

Ири́на: Я о́чень люблю́ посеща́ть ра́зные стра́ны, люблю́ смотре́ть фи́льмы и чита́ть Достое́вского и кни́ги об исто́рии Росси́и.

Корреспонде́нт: Besten Dank für das Interview.

Ири́на: Не за что.

1 = Соединённые Шта́ты Аме́рики – USA 2 *vgl.* рабо́тать

Дава́йте поговори́м.

S. 108

12 **Suche dir eine bekannte russische Persönlichkeit aus der Vergangenheit oder Gegenwart aus. Verfasse einen kurzen Lebenslauf dieser Persönlichkeit. Nutze dazu das Internet. Folgende Stichpunkte können dir dabei helfen. Präsentiere deine Ergebnisse in der Klasse.**
▶ Methoden S. 160–162

- Geburtstag und Geburtsort
- Eltern, Geschwister
- Kindheit
- Schulzeit
- Beruf, Arbeit
- Karriere
- evtl. Todestag

На́выки

- Übe deine Präsentation zuerst mit deinem Freund/deiner Freundin.
- Sieh deine Zuhörer an, wenn du sprichst.
- Sprich langsam, laut und deutlich.
- Wenn du den Faden verloren hast, beginne noch einmal von vorne.

13 **по-вы́бору** **Versuche nun deinen eigenen Lebenslauf oder den deiner Eltern/Geschwister zu verfassen. Stichpunkte aus Übung 12 können dir dabei behilflich sein.**

Б Го́род на Неве́

In diesem Abschnitt lernst du …
- **über historische Ereignisse zu sprechen,**
- **deine Stadt zu beschreiben.**

Санкт-Петербу́рг был **осно́ван** Петро́м I в 1703 г. Э́то ме́сто у мо́ря, в де́льте реки́ Невы́, бы́ло **вы́брано** Петро́м не случа́йно[1]. Санкт-Петербу́рг был **заду́ман** как **го́род-порт**. Но Пётр хоте́л основа́ть и но́вую столи́цу. **Поэ́тому** го́род был **постро́ен** в **европе́йском** сти́ле.
За свою́[2] дли́нную исто́рию го́род три ра́за **меня́л назва́ние**. В 1914 г. го́род получи́л назва́ние Петрогра́д. В 1924 г. он был **на́зван** Ленингра́дом. А в 1991 г. ему́ **сно́ва да́ли** его́ **истори́ческое** назва́ние – Санкт-Петербу́рг, что **означа́ет** го́род *свято́го*[3] *Петра́*.
Река́ Нева́ игра́ет большу́ю роль в жи́зни го́рода. Ей посвяща́ют пе́сни и **стихи́**. Санкт-Петербу́рг ещё ча́сто называ́ют Се́верной Вене́цией[4]. В Санкт-Петербу́рге, на **берега́х** Невы́, нахо́дятся изве́стные достопримеча́тельности: кре́йсер *Авро́ра*[5], до́мик[6] Петра́ I, Ле́тний сад, Зи́мний **дворе́ц**, Петропа́вловская кре́пость и Эрмита́ж.

1 zufällig
2 ihre
3 heilig
4 Venedig
5 Panzerkreuzer *Aurora*
6 kleines Haus, *vgl.* дом

Дава́йте почита́ем.

1a Послу́шай и прочита́й текст.

↗ S. 108

б Помоги́ экскурсово́ду отве́тить на воро́сы тури́стов.

Когда́ был осно́ван Санкт-Петербу́рг?
Како́й го́род хоте́л постро́ить Пётр I?
Что мо́жно посмотре́ть на берега́х Невы́?
Как ещё называ́лся го́род?
Кака́я река́ есть в Санкт-Петербу́рге?
Как ещё называ́ют сейча́с Санкт-Петербу́рг?

Занима́емся языко́м.

2a **Finde im Text S. 50 Partizipien, die von den folgenden Verben gebildet wurden.**
▶Grammatik 19 S. 149

M был осно́ван (wurde gegründet) → основа́ть

основа́ть | вы́брать | заду́мать | постро́ить | назва́ть

б **Übersetze die Sätze im Text, in denen die Partizipien vorkommen.**

↗ S. 123
↗ S. 134

3a **Прочита́й и перепиши́ предложе́ния в тетра́дь. Unterstreiche alle Partizipien.**

1. Петропа́вловская кре́пость была́ постро́ена на реке́ Неве́.
2. Го́род был осно́ван в 1703 г.
3. Па́мятник Петру́ I был откры́т на Сена́тской пло́щади в 1782 г.
4. В 1914 г. Санкт-Петербу́рг был на́зван Петрогра́дом.

б **Переведи́ предложе́ния на неме́цкий язы́к.**

4 **Прочита́й предложе́ния и сравни́. Was fällt dir bei diesen Sätzen auf?** ▶Grammatik 20 S. 149

1. Мы да́ли коту́ и́мя Му́рзик. → У́лице да́ли но́вое назва́ние.
2. Мои́ друзья́ называ́ют меня́ Ми́тя. → Петра́ I называ́ют реформа́тором.
3. Ребя́та пригласи́ли Ка́тю на вечери́нку. → Све́ту пригласи́ли в теа́тр.

5 **Прочита́й текст на страни́це 50 ещё раз. Finde unpersönliche Sätze und übersetze sie.**

S. 109

6 **Прочита́й и переведи́ текст. Bestimme die grammatische Form der Verben.**

Ми́ше на день рожде́ния подари́ли **биле́т** в Эрмита́ж. Эрмита́ж – э́то музе́й в Санкт-Петербу́рге. Его́ основа́ли в 1764 г. Здесь **пока́зывают** карти́ны Тициа́на, Мати́сса, Ре́мбрандта и **други́х** изве́стных **худо́жников**. В Эрмита́же **прохо́дят** вы́ставки на ра́зные те́мы. Здесь **продаю́т** **сувени́ры**.

S. 124

S. 134

7 **Что подхо́дит?**
Setze die passenden Verben ein. Вставь слова́.

1. Ле́не ??? но́вый ноутбу́к.
2. Музе́й ??? в 10 часо́в.
3. Э́ту **экску́рсию** ча́сто ???.
4. Ки́ру ??? на вечери́нку.

откры́ли | **зака́зывают** | купи́ли | пригласи́ли

Слова́ – на́ше бога́тство.

8a Прочита́й диало́г *В туристи́ческом бюро́.*

Тури́ст: Здра́вствуйте.
Аге́нт: Здра́вствуйте. Чем вам помо́чь?
Тури́ст: Я хоте́л бы заказа́ть биле́т на экску́рсию в Петерго́ф.
Аге́нт: Там мо́жно посети́ть Большо́й и Ма́лый[1] дворцы́ и парк с **фонта́нами**.
Тури́ст: Я хочу́ посети́ть то́лько Большо́й дворе́ц и парк.
Аге́нт: Как вы хоти́те дое́хать до Петерго́фа: на авто́бусе и́ли на теплохо́де[2] *Метео́р*?
Тури́ст: Я хоте́л бы на теплохо́де.
Аге́нт: Хорошо́. Э́та экску́рсия прохо́дит ка́ждый день, **кро́ме** понеде́льника. Она́ начина́ется в 10 часо́в.
Тури́ст: А ско́лько сто́ит э́та экску́рсия?
Аге́нт: Оди́н биле́т сто́ит 1550 рубле́й.
Тури́ст: Ну, хорошо́, я возьму́ оди́н биле́т на э́ту экску́рсию.

1 = ма́ленький 2 Motorschiff

↗ S. 134

6 Wähle den richtigen Satz und notiere den richtigen Buchstaben. Nenne das Lösungswort.

1. Тури́ст хо́чет посети́ть Санкт-Петербу́рг. (П)
   Тури́ст хо́чет посети́ть Петерго́ф. (Ф)
2. Он хо́чет посмотре́ть Большо́й дворе́ц и парк. (О)
   Он хо́чет посмотре́ть то́лько Большо́й дворе́ц. (А)
3. До Петерго́фа мо́жно дое́хать на авто́бусе. (Н)
   До Петерго́фа мо́жно дое́хать на метро́. (Р)
4. В сре́ду э́той экску́рсии нет. (К)
   В понеде́льник э́той экску́рсии нет. (Т)
5. Экску́рсия начина́ется у́тром. (А)
   Экску́рсия конча́ется в 10 часо́в. (У)
6. Тури́ст хо́чет купи́ть биле́т на э́ту экску́рсию. (Н)
   Тури́ст хо́чет купи́ть биле́т на другу́ю экску́рсию. (С)

Дава́йте поговори́м.

↗ S. 124

9 Вы хоти́те заказа́ть экску́рсию по Санкт-Петербу́ргу. Разыгра́йте диало́ги.

экску́рсия **по** го́роду/ по Неве́/ по Петерго́фу …

А
Я хоте́л/а бы заказа́ть …
Я интересу́юсь …
Когда́ начина́ется/конча́ется …?
В како́й день …?
Ско́лько сто́ит …?

Б
Чем вам помо́чь?
У нас есть …
Экску́рсия начина́ется/конча́ется …
Экску́рсия прохо́дит …
Оди́н биле́т на экску́рсию сто́ит …

Давáйте послýшаем.

17 **10a** Послýшай текст. Worum geht es in dem Text?

Казáнский собóр

Дом кни́ги

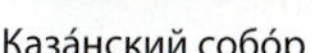

Москóвский вокзáл в Санкт-Петербýрге

Немéцкая цéрковь

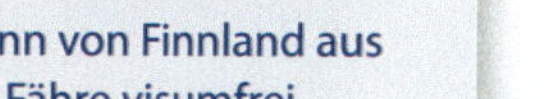

А как в Росси́и?

Man kann von Finnland aus mit der Fähre visumfrei für 72 Stunden nach Sankt Petersburg reisen.

3 А
3 Б
3 В

S. 124
S. 134

6 Прочитáй предложéния. Прослýшай текст ещё раз и допóлни предложéния.

1. Тури́сты посещáют ???.
2. Нéвский проспéкт – э́то ???.
4. Пётр I задýмал[1] ???.
5. В 1918 г. у э́той ýлицы ???.
6. Нéвский проспéкт начинáется ???.
7. На Дворцóвой плóщади нахóдится ???.
8. На Нéвском проспéкте есть ???.
9. Здесь прохóдят ???.

1 vgl. задýманный, задýман

11 Посмотри́ ви́део. Прáвильно и́ли неправильно?

1. Э́то фильм о Санкт-Петербýрге и о Москвé.
2. На берегáх Невы́ мóжно уви́деть мнóго достопримечáтельностей, напримéр глáвный **вокзáл** и Исáакиевский собóр.
3. Зи́мний дворéц – э́то музéй.
4. Петергóф нахóдится недалекó от Москвы́.
5. В Петерегóфе есть 150 дворцóв.
6. В Петергóф приезжáют óчень мнóго тури́стов.

Давáйте поговори́м.

S. 109

12 Bereitet eine Führung durch euren Heimatort oder eine andere Stadt vor und tragt sie vor.
▶Wortnest S. 169

- Geschichte der Stadt
- bekannte Persönlichkeiten der Stadt
- Sehenswürdigkeiten der Stadt
- dein Lieblingsort in der Stadt

В Что но́вого?

In diesem Abschnitt lernst du …
- zu sagen, welche Nachrichten du gerne hörst,
- über Medien zu sprechen, die du nutzt.

Интерне́т-газе́та Санкт-Петербу́рга	21 ма́рта	+5°	По́иск по са́йту[1]

Но́вости	Го́род	Поли́тика	Культу́ра	Спорт	Би́знес	Блог

Спекта́кли	Конце́рты	Вы́ставки	**Фестива́ли**
Пра́здники	Кино́	Цирк	Де́тям

	Храм *Спас на Крови́*[2] счита́ют одни́м из лу́чших[3] архитекту́рных па́мятников Евро́пы.
	Ру́сский музе́й – э́то ещё оди́н музе́й в Санкт-Петербу́рге, в **кото́ром**, как и в Эрмита́же, тепе́рь мо́жно фотографи́ровать **беспла́тно**. чита́ть **да́льше**
фестиваль кино	В Петербу́рге прохо́дит фестива́ль кино́ *Исто́рия и культу́ра*, на кото́ром мо́жно **це́лую неде́лю** смотре́ть фи́льмы в кинотеа́трах го́рода беспла́тно.
«Живой!»	В понеде́льник начина́ется музыка́льный фестива́ль *Живо́й!*[4], кото́рый явля́ется[5] некомме́рческим фестива́лем.
–90 %	**Внима́ние**: а́кция! 30 ма́рта – э́то день, в кото́рый биле́ты в теа́тры Петербу́рга продаю́т со **ски́дкой**: 90 %, 70 %, 50 %.

1 Suchfenster
2 Auferstehungskirche, Blutkirche
3 eines der schönsten (Denkmäler)
4 Der Lebende
5 gilt

Дава́йте почита́ем.

1а **Прочита́й страни́цу интерне́т-газе́ты.**

б **Прочита́й, что говоря́т ребя́та. Скажи́, где они́ бы́ли?**

Я танцева́ла, пе́ла, слу́шала му́зыку.
Я был на экску́рсии по го́роду.
Я смотре́л фильм об исто́рии Росси́и. Фильм был о́чень интере́сный.
Я сде́лала краси́вые фотогра́фии карти́н.
Я купи́л биле́т в теа́тр со ски́дкой.

Занима́емся языко́м.

2 **Finde im Text Sätze mit dem Relativpronomen *кото́рый*. Was fällt dir bei dem Pronomen auf?**
▶Grammatik 21 S. 150

Das Relativpronomen *кото́рый* wird wie ein Adjektiv mit hartem Stammauslaut dekliniert.

3 **Lies die Sätze. Bestimme Genus und Kasus des Relativpronomens *кото́рый*.**

1. Эрмита́ж – э́то музе́й, до кото́рого мо́жно дое́хать на метро́.
2. Журна́л, кото́рый лю́бит чита́ть Све́та, называ́ется *Мару́ся*.
3. Но́вости, кото́рые па́па рассказа́л ма́ме, бы́ли хоро́шие.
4. Дени́с – э́то мой друг, кото́рому я хочу́ подари́ть э́ту кни́гу.
5. Кинотеа́тр, в кото́ром я был вчера́, нахо́дится ря́дом с магази́ном.
6. Кири́лл и Алёша – э́то мои́ одноклá́ссники, с кото́рыми я по́сле шко́лы ча́сто игра́ю в футбо́л.

3 А
3 Б
3 В

S. 109

4 **Finde passende Ergänzungen mit dem Relativpronomen *кото́рый*. Übertrage ins Deutsche.**
▶Grammatik 21 S. 150

1. друг	а) в кото́рый перее́хал мой друг
2. дом	б) кото́рый основа́л го́род
3. год	в) на кото́рой моя́ семья́ была́ вчера́
4. царь	г) кото́рой посвяща́ют пе́сни
5. вы́ставка	д) в кото́ром роди́лся мой брат
6. река́	е) кото́рого Ко́ля приглаша́ет на день рожде́ния

5 **Bilde zusammengesetzte Sätze (oder Satzgefüge). Verwende im Nebensatz das Relativpronomen *кото́рый*.**

M В понеде́льник наш класс был на экску́рсии. ??? была́ о́чень интере́сная.
В понеде́льник наш класс был на экску́рсии, <u>кото́рая</u> была́ о́чень интере́сная.

1. У меня́ есть но́вый друг,	кото́рую	с ??? меня́ познако́мил Ми́ша.
2. Где кни́га,	кото́рые	??? Дени́с купи́л вчера́?
3. Ле́том Ли́на была́ в дере́вне,	кото́рой	в ??? родила́сь её ма́ма.
4. Вот авто́бус,	кото́рым	на ??? мо́жно дое́хать до библиоте́ки.
5. Во́ве подари́ли гита́ру,	кото́ром	на ??? он бу́дет учи́ться игра́ть.
6. Здесь есть достопримеча́тельности,	кото́рой	??? мо́жно посети́ть.

S. 125

S. 134

6 **Ergänze die Sätze mit der passenden Form des Relativpronomens *кото́рый*.**

1. Све́та живёт в до́ме, ??? нахо́дится ря́дом с теа́тром.
2. Серёжа игра́ет на смартфо́не, ??? ему́ подари́ли на Но́вый год.
3. За́втра я иду́ к дру́гу, с ??? мы вме́сте учи́лись в шко́ле.
4. На Ди́ме руба́шка, ??? он купи́л вчера́.
5. На пло́щади Пу́шкина есть рестора́н, в ??? мы ча́сто обе́даем.
6. У меня́ есть но́мер телефо́на Ве́ры, с ??? меня́ познако́мил вчера́ Серге́й.
7. Вот авто́бус, на ??? мо́жно дое́хать до вокза́ла.

Слова́ – на́ше бога́тство.

7а Прочита́й, что ребя́та написа́ли в интерне́т-бло́ге о СМИ.

Те́ма бло́га: **СМИ**[1] росси́йской **молодёжи**

Андре́й: Приве́т, ребя́та! У меня́ ско́ро **презента́ция** по обществове́дению[2]. Напиши́те, каки́е СМИ вы **предпочита́ете**.

нра́вится ?   комменти́ровать

Коммента́рии:

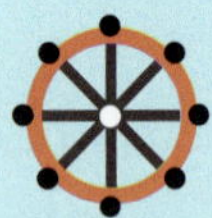
Михаи́л

У меня́ есть смартфо́н и э́то всё, что мне **ну́жно**. Там после́дние но́вости, му́зыка, кото́рую я люблю́ слу́шать. Мо́жно с друзья́ми **обща́ться**. Газе́ты и журна́лы я не чита́ю.

нра́вится ?   комменти́ровать

Ка́тя

Мои́ роди́тели чита́ют газе́ты ка́ждый день. Я то́же **иногда́** их чита́ю. Но **актуа́льные** но́вости я **узна́ю** из интерне́та. Я ка́ждый ве́чер **сижу́** в интерне́те. А там есть всё: гороско́п, но́вости мо́ды, шоу-би́знеса, му́зыки. Люблю́ чита́ть **молодёжные** журна́лы.

нра́вится ?   комменти́ровать

Пётр

электро́нные СМИ: компью́тер, смартфо́н, телеви́зор, ра́дио.
печа́тные СМИ: журна́лы, газе́ты, кни́ги.

нра́вится ?   комменти́ровать

О́ленька

Я **реда́ктор** шко́льной газе́ты. Я и **сама́** пишу́ для на́шей газе́ты. Поэ́тому я люблю́ все печа́тные СМИ: газе́ты, журна́лы, кни́ги. Но смотре́ть телеви́зор, слу́шать ра́дио и сиде́ть в интерне́те я то́же люблю́.

нра́вится ?   комменти́ровать

1 = сре́дства ма́ссовой информа́ции   2 Gesellschaftskunde

S. 125

б Кто э́то? Lies die Aussagen und ordne sie den Blog-Besuchern zu.

1. Молодёжные журна́лы – э́то интере́сно!
2. В интерне́те есть всё.
3. Я не люблю́ газе́ты и журна́лы.
4. Я рабо́таю в газе́те.
5. Но́вости я чита́ю на смартфо́не.
6. Компью́тер и телеви́зор – э́то для меня́.
7. Иногда́ я чита́ю но́вости в газе́те.
8. Я люблю́ кни́ги и телеви́зор.

У́чимся писа́ть.

S. 110

8а Каки́е СМИ ты предпочита́ешь? Schreibe deinen Kommentar in diesen Blog.

S. 110

б **по вы́бору** Führt in eurer Klasse eine Befragung zum Thema *Welche Massenmedien nutze ich im Alltag* durch. Wertet die Ergebnisse in der Klasse aus. Ihr könnt eure Ergebnisse in Form einer Statistik oder eines Diagramms darstellen.

Дава́йте поговори́м.

9 Разыгра́йте ми́ни-диало́ги. Benutzt dabei folgende Wörter. Испо́льзуйте э́ти слова́.

S. 125

Каки́ми новостя́ми ты (не) интересу́ешься? – Я (не) интересу́юсь новостя́ми спо́рта.

А	Б
интересова́ться предпочита́ть люби́ть нра́виться слу́шать/чита́ть/смотре́ть	актуа́льный/после́дний но́вости поли́тика/теа́тр/кино́/му́зыка/спорт/мо́да/ гороско́п/журна́л/газе́та

S. 125

10 Посмотри́ на карти́нку. Erzähle, wie Са́ша ihr Smartphone nutzt.

S. 134

Что я де́лаю со смартфо́ном:

- фотографи́рую
- слу́шаю му́зыку
- обща́юсь с друзья́ми
- игра́ю
- пишу́
- чита́ю кни́ги
- смотрю́ ви́део
- сижу́ в интерне́те

11 Разыгра́йте ми́ни-диало́ги.

А: Приве́т, Серёжа. Смотри́, у меня́ но́вый телефо́н.
Б: А но́мер телефо́на у тебя́ то́же но́вый?
А: Да. У тебя́ его́ ещё нет.
Б: Дай мне его́, пожа́луйста.
А: Вот, пожа́луйста: 8910751364.

У меня́ нет …
Дай мне …
Напиши́ мне…
Позвони́ мне …
Вот мой …
Я (не) получи́л/а…

но́мер телефо́на
име́йл
СМС
письмо́

S. 110

12a Erzähle, wie du deinen Computer/ deinen Laptop/ dein Smartphone und das Internet in deinem Alltag nutzt. Folgende Verben können dir dabei helfen.

S. 125

писа́ть | покупа́ть | поздравля́ть | нра́виться | получи́ть | посеща́ть | занима́ться | люби́ть | помога́ть | обща́ться | учи́ть | игра́ть | фотографи́ровать | приглаша́ть | смотре́ть | слу́шать | чита́ть | рабо́тать

S. 111

б Расскажи́, как ты обща́ешься с друзья́ми/роди́телями.

Изба́-чита́льня

Граф Толсто́й

Портре́т Л. Н. Толсто́го, М. Не́стеров (1907)

Лев Никола́евич Толсто́й – о́чень изве́стный ру́сский писа́тель. Он говори́л на англи́йском, неме́цком и францу́зском языка́х. Он знал латы́нь, гре́ческий, украи́нский, тата́рский, болга́рский, туре́цкий, голла́ндский и други́е языки́. Ри́льке, Манн, Цвейг, Бёлль и други́е изве́стные неме́цкие писа́тели преклоня́лись[1] пе́ред Толсты́м. Толсто́й был в Герма́нии, хорошо́ знал её и люби́л.

Та́кже есть мно́го материа́лов о свя́зях[2] Л. Толсто́го с де́ятелями[3] И́ндии, Кита́я, Япо́нии, Ту́рции, Ира́на и Ара́бского Восто́ка. Ему́ писа́л пи́сьма Маха́тма Га́нди, кото́рый боро́лся с ра́совой дискримина́цией[4]. Га́нди говори́л о при́нципе «ненаси́лия»[5] (Passive Resistance), Толсто́й – об «уче́нии любви́». Для Толсто́го любо́вь – э́то зако́н жи́зни и на наси́лие нельзя́ отвеча́ть злом.

Лев Толсто́й откры́л шко́лу для крестья́нских дете́й и стал а́втором «А́збуки» и други́х уче́бников для дете́й. Он написа́л бо́льше 300 произведе́ний и 10 000 пи́сем.

Лев Толсто́й был гра́фом. Но он о́чень люби́л физи́ческий труд[6] и рабо́тал в по́ле вме́сте с крестья́нами. Он спал на полу́ и ходи́л босико́м до са́мых холодо́в[7]. Лев Никола́евич до ста́рости[8] занима́лся спо́ртом: ка́ждое у́тро начина́л с гимна́стики, люби́л ходи́ть пешко́м, ката́лся на конька́х, пла́вал, е́здил на велосипе́де и верхо́м.

Лев Толсто́й роди́лся и жил в Я́сной Поля́не. Здесь нахо́дится и его́ моги́ла. Сейча́с в Я́сной Поля́не нахо́дится дом-музе́й Л. Н. Толсто́го. Там прово́дятся ку́рсы ру́сского языка́ как иностра́нного.

1 verehrten
2 Beziehungen
3 Persönlichkeiten
4 kämpfte gegen Rassismus
5 Gewaltlosigkeit
6 körperliche Arbeit
7 schlief auf dem Fußboden und lief barfuß bis zum Frost
8 bis ins hohe Alter

Дава́йте почита́ем.

1 Прочита́й текст со словарём.

S. 125

2 Trage zusammen, was du über *Лев Толсто́й* erfahren hast. Notiere dir wichtig erscheinende Momente aus seinem Leben.

3 Расскажи́ о жи́зни Льва Толсто́го на ру́сском и́ли неме́цком языке́.

4 Recherchiere im Internet über *Лев Толсто́й* und seine Werke. Benenne die wichtigsten seiner Werke.

У́чимся писа́ть.

5 Verfasse einen Steckbrief über *Лев Толсто́й*.

Во́рон и лиси́ца

(Ба́сня)

Во́рон добы́л мя́са кусо́к и сел на де́рево. Захоте́лось лиси́це мя́са, она́ подошла́ и говори́т:
– Эх, во́рон, как посмотрю́ на тебя́, - по твоему́ ро́сту да красоте́ то́лько бы тебе́ царём быть! И, ве́рно, был бы царём, е́сли бы у тебя́ го́лос был.
Во́рон рази́нул рот и заора́л что бы́ло мо́чи[1]. Мя́со упа́ло. Лиси́ца подхвати́ла[2] и говори́т:
– Ах, во́рон, ко́ли бы ещё у тебя́ и ум был, быть бы тебе́ царём.

Лев Толсто́й

1 aus ganzer Kraft
2 schnappte

Der Rabe und der Fuchs

Ein Rabe trug ein Stück vergiftetes Fleisch, das der erzürnte Gärtner für die Katzen seines Nachbarn hingeworfen hatte, in seinen Klauen fort. Und eben wollte er es auf einer alten Eiche verzehren, als sich ein Fuchs herbeischlich und ihm zurief: „Sei mir gesegnet, Vogel des Jupiters!"
„Für wen siehst du mich an?" fragte der Rabe. „Für wen ich dich ansehe?" erwiderte der Fuchs. „Bist du nicht der rüstige Adler, der täglich von der Rechten des Zeus auf diese Eiche herabkommt, mich Armen zu speisen? Warum verstellst du dich? Sehe ich denn nicht in der siegreichen Klaue die erflehte Gabe, die mir dein Gott durch dich zu schicken noch fortfährt?"
Der Rabe erstaunte und freute sich innig, für einen Adler gehalten zu werden. Ich muss, dachte er, den Fuchs aus diesem Irrtum nicht bringen. – Großmütig dumm ließ er ihm also seinen Raub herabfallen und flog stolz davon.
Der Fuchs fing das Fleisch lachend auf und fraß es mit boshafter Freude. Doch bald verkehrte sich die Freude in ein schmerzhaftes Gefühl; das Gift fing an zu wirken, und er verreckte.
Möchtet ihr euch nie etwas anders als Gift erloben, verdammte Schmeichler!

Gotthold E. Lessing

Дава́йте почита́ем.

1 Посмотри́ на карти́нку. Worüber könnte die Fabel erzählen? О чём э́та ба́сня?

S. 111

2 Прочита́й ба́сню *Во́рон и лиси́ца* со словарём. Welche der sechs Sätze geben den Inhalt der Fabel wieder?

1. Лиси́ца хоте́ла мя́са и поэ́тому заговори́ла с во́роном.
2. Лиси́це нра́вится во́рон и поэ́тому она́ заговори́ла с ним.
3. Лиси́ца сказа́ла: «Ты о́чень краси́вый. Ты мо́жешь стать царём. Но у тебя́ нет го́лоса».
4. Во́рон хоте́л показа́ть, что у него́ хоро́ший го́лос.
5. Во́рону понра́вилась лиси́ца, поэ́тому он хоте́л отда́ть ей мя́со.
6. Лиси́ца убежа́ла с мя́сом.

3 Прочита́й ба́сню Г. Ле́ссинга и сравни́ её с ба́сней Толсто́го. Was ist gleich und was ist anders? Welche Fabel gefällt dir besser? Warum?

Вме́сте всего́ дости́гнем.

Города́

  **1** **Gestaltet ein Quartett-Spiel zum Thema *Города́*.**

- Teilt euch in fünf Gruppen auf.
- Wählt fünf russische und fünf europäische Städte und deren Sehenswürdigkeiten aus.
- Sucht im Internet oder in anderen Medien Bilder der Städte und deren Sehenswürdigkeiten. Recherchiert das Gründungsjahr der Städte.
- Jede Gruppe gestaltet Quartett-Karten zu je zwei Städten (eine russische und eine europäische).

- Gestaltet eure vier Karten so:
  1. Bild der Stadt (Sehenswürdigkeit),
  2. Name der Stadt und das Jahr der Gründung,
  3. eine bekannte Persönlichkeit aus der Stadt und deren Name,
  4. eine interessante zusätzliche Information (Umbenennung, Lage, Fluss usw.).

- Spielt das Quartett-Spiel in der Klasse.
- Ihr könnt natürlich mehr als fünf Städte auswählen und auch außerhalb Europas. ☺

Царь Пётр I,
П. Деларо́ш (1838)

Что бу́дет за́втра?

 **2** **In eure Klasse kommen zwei russische Austauschschüler. Ihr möchtet die freie Zeit für sie interessant gestalten. Fertigt einen Veranstaltungskalender an.**

- Teilt euch in Gruppen auf.
- Recherchiert im Internet oder erkundigt euch bei der Touristeninformation, im Kino, Theater, in Museen etc. über die bevorstehenden Veranstaltungen bei euch in der Nähe.
- Tragt die Informationen über die Veranstaltungen zusammen.
- Sortiert die Informationen nach Datum und Veranstaltungsort.
- Gestaltet einen Veranstaltungskalender mit den vorhandenen Informationen.
- Stellt eure Ergebnisse in der Klasse vor.

Сентябрь

КИНО:
ТЕАТР:
ВЫСТАВКИ:
МУЗЕИ:
ПРАЗДНИКИ:

Прове́рь себя́. по вы́бору

Занима́емся языко́м.

ТРКИ **1** **Вы́бери пра́вильный отве́т. Прове́рь отве́ты на стр. 213. Иногда́ пра́вильны не́сколько отве́тов. Bei einigen Aussagen sind mehrere Antworten möglich.**

1. Э́то Кра́сная ??? в Москве́. 2. То́ля уже́ был на Кра́сной ???. 3. Ря́дом с Кра́сной ??? нахо́дится метро́.	(А) пло́щади (Б) пло́щадью (В) пло́щадь	7. Го́род был ??? в 1703 г. 8. Наш дом был ??? в э́том году́. 9. Э́тот музе́й бу́дет ??? в но́вом году́.	(А) откры́т (Б) осно́ван (В) постро́ен
4. ??? ты подари́л Ка́те? 5. ??? интересу́ется Ми́ша? 6. ??? говоря́т па́па и ма́ма?	(А) О чём (Б) Чем (В) Что	10. Же́не ??? интере́сную кни́гу. 11. Теа́тр ??? в э́том году́. 12. Дени́са ??? в кино́.	(А) пригласи́ли (Б) подари́ли (В) откры́ли

2 **Соста́вь предложе́ния. Прове́рь отве́ты на стр. 213.**

1. Дом, в …	кото́рый	я живу́, нахо́дится ря́дом с па́рком.
2. Мою́ подру́гу, …	кото́рые	я пишу́ письмо́, зову́т Та́ня.
3. Ко́ле подари́ли кни́ги, …	кото́рой	ему́ о́чень нра́вятся.
4. Де́вочку, у …	кото́рых	есть брат Дени́с, зову́т Ка́тя.
5. Ребя́та, …	кото́ром	Ко́ля пригласи́т домо́й, у́чатся вме́сте с ним.
6. Журна́л, …	кото́рой	чита́ет Са́ша, называ́ется *Мару́ся*.

Дава́йте почита́ем.

ТРКИ **3** **Прочита́й предложе́ния. Найди́ продолже́ние. Прове́рь отве́ты на стр. 213.**

1.
(А) Меня́ пригласи́ли на вечери́нку.
(Б) Мне подари́ли но́вый смартфо́н.
(В) Мне рассказа́ли о но́вой кни́ге.

2.
(А) – Экску́рсия начина́ется в 10 часо́в.
(Б) – Экску́рсия прохо́дит на авто́бусе.
(В) – Каки́ми экску́рсиями вы интересу́етесь?

3.
(А) Я ча́сто смотрю́ но́вости по телеви́зору.
(Б) Я люблю́ сиде́ть в интерне́те.
(В) Я не люблю́ чита́ть газе́ты.

3

Приглаша́ем в го́сти!

1 **Ordne die Souvenirs ihren russischen Bezeichnungen zu. Welche davon hast du schon mal in Deutschland gesehen? Wo?**

матрёшка | самова́р | гже́льская кера́мика | яйцо́ Фаберже́ | ру́сский плато́к | берестяна́я шкату́лка | конфе́ты / шокола́д

2 **Что ты уже́ зна́ешь о Москве́? Расскажи́.**

3 **по вы́бору** **Прочита́й фа́кты о Москве́. Что тебе́ осо́бенно интере́сно?**

Москва́ … как мно́го в э́том зву́ке …
А. С. Пу́шкин

Зна́ете ли вы, что …
- пе́рвое стихотворе́ние о Москве́ написа́л неме́цкий поэ́т Па́уль Фле́минг в 1634 г.?
- в Москве́ есть трамва́й *А́ннушка*? В нём есть кафе́.
- пе́рвую апте́ку в Москве́ откры́л не́мец Карл Ферре́йн?
- в Москве́ есть райо́н[1], кото́рый называ́ется Кита́й-го́род? Но он не свя́зан[2] с кита́йцами и Кита́ем.
- в 1851 г. Теодо́р Фердина́нд фон Э́йнем на́чал де́лать в Москве́ шокола́д и конфе́ты? Сего́дня конфе́ты *Э́йнемъ* о́чень изве́стны.

1 (Stadt)Viertel, Bezirk 2 (hat) keine Verbindung, keinen Zusammenhang

Am Ende der Lektion kannst du …

- eine Stadtrallye für den Besuch der Partnerschule erstellen.
- für deine Mitschüler ein Länderquiz entwerfen.

Национа́льная библиоте́ка в Ми́нске

4

Пло́щадь Регистáн в Самаркáнде

Пло́щадь Респу́блики в го́роде Ерева́не

Байтере́к – монуме́нт в го́роде Астане́

4a **Russland ist Mitglied der GUS. Finde heraus, wofür diese Abkürzung steht.**

б **Ordne die Bilder auf dieser Seite den Ländern der GUS zu. Nutze dafür das Internet und die Karte im Buchumschlag.**
– Welche Länder gehören noch dazu?
– Wo befinden sie sich?

A Отку́да мы?

In diesem Abschnitt lernst du …
- **zu sagen, woher jemand kommt,**
- **zu beschreiben, wie international deine Umgebung ist.**

Учи́тель: Здра́вствуйте, ребя́та. Сего́дня у нас гость. Э́то Ви́ка из Москвы́, из на́шей шко́лы-партнёра. **Дава́йте познако́мимся**!

Финн: Приве́т! Меня́ зову́т Финн. Я учу́ ру́сский язы́к уже́ два го́да.

Софи́я: Меня́ зову́т Софи́я. Я родила́сь в Казахста́не, мы до́ма говори́м по-ру́сски. Мы ру́сские **не́мцы**.

Ви́ка: Я зна́ю, в Берли́не **мно́го люде́й** говоря́т по-ру́сски. А в суперма́ркете мо́жно купи́ть **да́же** ру́сские **проду́кты**.

Софи́я: Да. В Берли́не говоря́т на ра́зных языка́х. Вот, **наприме́р**, Су́на зна́ет **не́сколько** языко́в. Она́ говори́т **по-неме́цки**, по-туре́цки и по-ру́сски. Её ба́бушка и де́душка из Ту́рции, но её семья́ уже́ **давно́** живёт в Герма́нии. А Са́йд …

Ви́ка: Са́йд? Э́то то́же не неме́цкое и́мя. Отку́да ты, Са́йд?

Са́йд: Я из Си́рии. Я ещё пло́хо говорю́ по-неме́цки, а ру́сский язы́к я уже́ учи́л в Си́рии. До́ма мы говори́м по-ара́бски.

Учи́тель: **Ви́дишь**, Ви́ка, у нас в кла́ссе, как и в го́роде, мно́го **национа́льностей** и мно́го языко́в. А кто ещё расска́жет о Берли́не? Финн, дава́й.

Финн: Берли́н – столи́ца Герма́нии. Здесь живёт 4 **миллио́на** люде́й. В Берли́не всегда́ мно́го тури́стов. Они́ ча́сто ду́мают, в Берли́не **ма́ло** па́рков, но э́то не так: наша́ столи́ца о́чень зелёный го́род.

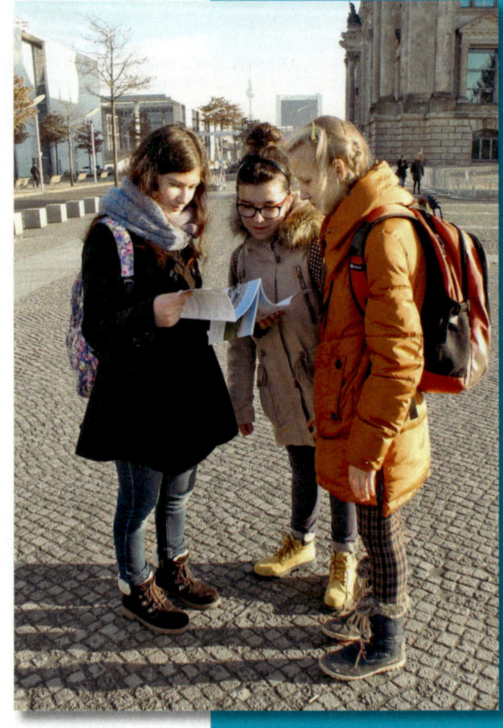

1 bemerken, feststellen

Дава́йте почита́ем.

1 Прочита́й, как Ви́ка знако́мится с берли́нскими ученика́ми. О чём они́ говоря́т?

А как в Росси́и?

Als Russlanddeutsche (*росси́йские и́ли ру́сские не́мцы*) bezeichnet man die deutschstämmigen Bewohner Russlands, deren Vorfahren im 18. Jahrhundert zu Zeiten von Katharina der Großen und später von Deutschland nach Russland auswanderten. Nach dem Ende der Sowjetunion in den 1990er Jahren emigrierten viele Russlanddeutsche nach Deutschland.

Екатери́на II (1729–1796)

S. 135

2 **Finde zu den Personen so viele zutreffende Aussagen wie möglich. Begründe deine Entscheidung.**

Ви́ка | Сайд | Финн | Софи́я | Су́на

- Он/а́ ви́дел/а ру́сские проду́кты в магази́нах.
- Он/а́ не из Герма́нии.
- Он/а́ до́ма говори́т на ра́зных языка́х.
- Он/а́ уже́ хорошо́ зна́ет ру́сский язы́к.
- Он/а́ зна́ет ра́зные языки́.
- Он/а́ гость в Берли́не.

Занима́емся языко́м.

S. 135

3а **Suche aus dem Text alle Wortgruppen mit *мно́го, ма́ло* und *не́сколько* heraus. Was fällt dir bei den nachfolgenden Substantiven auf?** ▶Grammatik 22 S. 150

S. 126

б **Расскажи́ о твоём го́роде/ твое́й дере́вне. Nutze dabei *мно́го, ма́ло* und *не́сколько*.**

В Берли́не <u>мно́го</u> музе́<u>ев</u>.

музе́й – бассе́йн – у́лица – рестора́н – **университе́т** – пло́щадь – теа́тр – кварти́ра – магази́н – дом – река́ – вокза́л – па́мятник – парк – достопримеча́тельность – шко́ла

Beachte! *достопримеча́тельность, национа́льность* und *пло́щадь* bilden den Genitiv Plural auf *-ей* → *достопримеча́тельност<u>ей</u>, национа́льност<u>ей</u>, площад<u>е́й</u>*.

4а **Прочита́й предложе́ния. Vergleiche den Gebrauch der Adjektive und Adverbien.** ▶Grammatik 24 S. 151

1. Сайд <u>хоро́ший учени́к</u>.
   Он <u>хорошо́ говори́т</u> по-ру́сски.
2. Берли́н <u>интере́сный го́род</u>.
   Финн <u>интере́сно расска́зывает</u> о Берли́не.

как<u>о́й</u>?	хоро́ший	+	*Substantiv*
как?	хорошо́	+	*Verb*

S. 126
S. 111

б **Како́е сло́во подхо́дит? Допо́лни предложе́ния. Achte auf die Verwendung der Adverbien und Adjektive und den richtigen Kasus.**

(не)плохо́й/(не)пло́хо
прекра́сный/прекра́сно
весёлый/ве́село
интере́сный/интере́сно
отли́чный/отли́чно

Макси́м ??? учени́к, но он ещё ??? зна́ет Берли́н.
Поэ́тому неме́цкие ученики́ пока́зывают ему́ э́тот ??? го́род. В Берли́не мо́жно ??? **гуля́ть**. На у́лицах мно́го ??? музыка́нтов, кото́рые ??? игра́ют для тури́стов.
Неме́цкие ученики́ ??? **ги́ды**. Они́ ??? расска́зывают Макси́му о Берли́не.

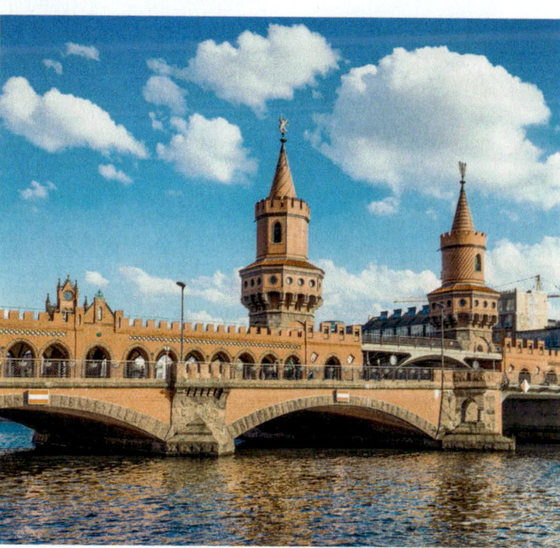

Слова́ – на́ше бога́тство.

5a **Welche Wörter gehören zusammen? Übertrage die Tabelle in dein Heft und ordne die Wörter aus der Wortschatzbox richtig zu. Erkläre, woran du die Zusammengehörigkeit der Wörter erkannt hast?** ▶Methode S. 155

сири́йский – поля́к – по-туре́цки – англича́нин – Че́хия – ту́рок – по́льский – Си́рия – англи́йский – туре́цкий – по-че́шски – По́льша – сири́йка – по-англи́йски – турча́нка

Land	Bewohner	Bewohnerin	Adjektiv	Adverb
А́нглия	???	англича́нка	???	???
???	сири́ец	???	???	–
Ту́рция	???	???	???	???
???	???	по́лька	???	по-по́льски
???	чех	че́шка	че́шский	???

б **Соста́вь предложе́ния.**

М Ма́рек из По́льши. Ма́рек поля́к. Он говори́т по-по́льски. Он лю́бит по́льскую ку́хню.

в **по вы́бору** **Ergänze die Tabelle in deinem Heft durch weitere dir bekannte Beispiele.**

Дава́йте послу́шаем.

6a **Höre, was Ви́ка von ihrer Reise nach Berlin erzählt. Was hat sie dort überrascht?**

S. 112

S. 126

б **Höre den Text noch einmal. Finde zu den Fotos Bildüberschriften.**

Помоги́ други́м.

7a **Отку́да э́ти тури́сты? Die Ausdrücke in den Kästchen können dir helfen.**
▶Grammatik 23 S. 151 ▶Wortnest S. 170

мно́го/ма́ло/не́сколько
большинство́[1]
больша́я **часть**
ма́ленькая часть

1 проце́нт
2, 3, 4 проце́нта
5 проце́нтов
→ чего́? кого́?

1 *vgl. большо́й*

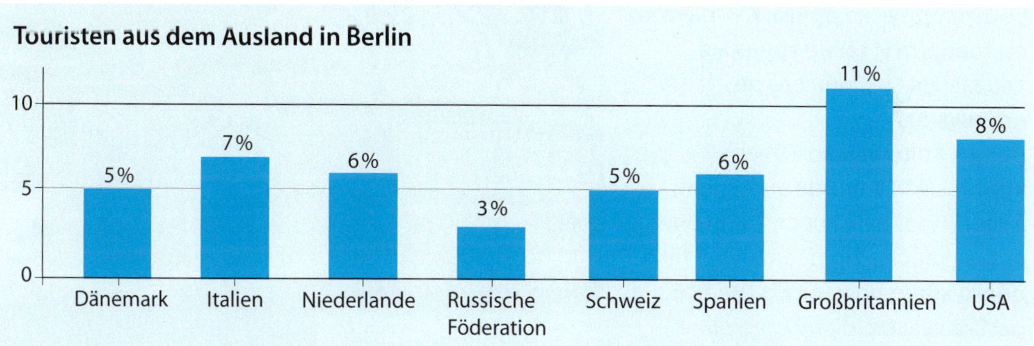

б **по вы́бору** **Recherchiere: Woher kommen die Touristen in deiner Region?**

Дава́йте поговори́м.

8 **по вы́бору** **Auf den Einstiegsseiten hast du einige deutsche Spuren in Moskau kennengelernt. Recherchiere im Internet nach weiteren Spuren und präsentiere sie in der Klasse.**

135 S. 112
9 **Wie international ist eure Klasse/ Schule/ euer Wohnort? Erstellt eine Präsentation und berichtet.**

S. 127
10 **Erzähle, welche russischen Spuren man in deiner Region entdecken kann.**

Б Москва́, как мно́го в э́том сло́ве …

In diesem Abschnitt lernst du …
- **Moskauer Sehenswürdigkeiten kennen,**
- **dich nach dem Weg zu erkundigen und zu beschreiben, wie man an ein Ziel kommt.**

Коло́менское – бы́вшая ца́рская резиде́нция[1] недалеко́ от Москвы́. Сего́дня там нахо́дится музе́й и прекра́сный парк. Ученики́ из Берли́на **хо́дят** по па́рку с ги́дом. *«Коло́менское – госуда́рственный худо́жественный исто́рико-архитекту́рный и приро́дно-ландша́фтный музе́й-запове́дник …»* Финн и Лу́ка смо́трят **друг на дру́га**. Как **бы́стро** он говори́т! И таки́е **тру́дные** слова́! Лу́ка и Финн его́ не **понима́ют**.
Парк в Коло́менском о́чень краси́вый. А в **конце́** экску́рсии бу́дет музе́йный квест. Финн о́чень лю́бит кве́сты. Но ребя́та уже́ так **до́лго** хо́дят по па́рку, а гид **всё** расска́зывает: *«При Екатери́не*

Второ́й но́вый четырёхэта́жный дворе́ц был постро́ен в 1766–67 года́х кня́зем …»
Ми́мо е́дет прогу́лочный паровóзик[2]. Ой, как кла́ссно! На нём мо́жно **е́здить** по па́рку и слу́шать аудиоги́д на ра́зных языка́х, да́же на неме́цком! *«Вот дворе́ц Алексе́я Миха́йловича, – говори́т гид – В нём есть сувени́рный магази́н и кафе́. Там вас* ***ждёт*** *музе́йный квест. Но снача́ла …»* Но Лу́ка и Финн его́ уже́ не слу́шают. Они́ иду́т к кафе́.
В кафе́ они́ до́лго ждут гру́ппу. Пото́м они́ иду́т в сувени́рный магази́н. Они́ хо́дят по магази́ну и смо́трят сувени́ры. Финн покупа́ет ма́ленькую матрёшку для ма́мы. Но где **же** други́е? Лу́ка смо́трит на **часы́**. Уже́ четы́ре часа́! В четы́ре часа́ они́ **встреча́ются** с ру́сскими друзья́ми у шко́лы. **Наве́рное**, их гру́ппа уже́ давно́ там. Что же им де́лать?

1 ehemalige Zarenresidenz
2 Sightseeingzug

Дава́йте почита́ем.

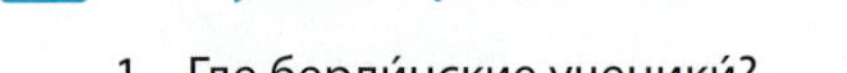

1 Послу́шай и прочита́й текст. Отве́ть на вопро́сы.

S. 112

1. Где берли́нские ученики́?
2. Почему́ Финн и Лу́ка не хотя́т ходи́ть с гру́ппой?
3. Где Финн и Лу́ка ждут гру́ппу? Что они́ там де́лают?
4. Кака́я у ма́льчиков **пробле́ма**?

Занимáемся языкóм.

2а **Übertrage die Sätze ins Deutsche.**
Erkläre den Gebrauch der Verben der Fortbewegung. ▶Grammatik 25 S. 152

Зи́на идёт в библиоте́ку.

Же́ня хо́дит в шко́лу.

Ребя́та хо́дят по па́рку.

S. 112

б **Suche alle Sätze mit Verben der Fortbewegung aus dem Text S. 68 heraus.**
Übertrage die Tabelle in dein Heft und schreibe die Verben in die entsprechende Spalte.

Zielgerichtete Bewegungen		Nicht zielgerichtete Bewegungen	
→		⟲ / ⇆	
идти́	е́хать	ходи́ть	е́здить
???	???	???	???

S. 136

в **Setze die Verben der Fortbewegung in der richtigen Form ein.**
Dann übersetze die Sätze und erläutere die Bedeutung der Verben.

1. Ви́ка ??? (→) в библиоте́ку.
2. А куда́ ты ??? (→) на метро́?
3. Тури́сты ??? (→) в Кремль.
4. Я ??? (⇆) в седьмо́й класс.
5. Ко́ля ??? (⇆) в Со́чи ка́ждый год.
6. Тури́сты ??? (⟲) по Кремлю́.

S. 127
S. 136

3 **Вы́бери пра́вильное сло́во.**

Ходи́ть и́ли идти́?

Ни́на: Приве́т, Макси́м! Куда́ ты ???
Макси́м: Я ??? в кино́. Я всегда́ ??? в кино́ пешко́м. Э́то недалеко́ от до́ма.
Ни́на: А что ты де́лаешь в суббо́ту?
Макси́м: Не зна́ю. Обы́чно я ка́ждую суббо́ту ??? в клуб.

Е́здить и́ли е́хать?

Ди́ма: Вы сего́дня ??? в парк?
Ри́та и Ма́ша: Да. Мы **ре́дко** ??? в парк.
Ди́ма: А куда́ вы ??? за́втра?
Ри́та и Ма́ша: На трениро́вку. Ка́ждую сре́ду мы обы́чно ??? на трениро́вку.

Tipp: Häufigkeitsadverbien (z. B. *всегда́, ча́сто, обы́чно, иногда́* und *ре́дко*) zeigen meist an, dass eine Bewegung (wiederholt) hin und zurück erfolgt ist. Sie stehen deshalb meist mit Verben der nicht zielgerichteten Bewegung.

Слова́ – на́ше бога́тство.

S. 136

4 **Weil Finn und Luca den Weg zurück nicht kennen, rufen sie Макси́м an und bitten ihn um Hilfe. Lies die Sätze und bringe sie in die richtige Reihenfolge. Die Skizze hilft dir dabei.**

а) Макси́м: Ста́нция метро́ там недалеко́.
б) Макси́м: Пото́м нале́во.
в) Макси́м: Жела́ю уда́чи!
г) Финн: Приве́т, Макси́м! Мы с Лу́кой ещё в Коло́менском. Мы не зна́ем, как дое́хать до шко́лы. Скажи́, где здесь ста́нция метро́.
д) Макси́м: Ага́. Иди́те пря́мо.
е) Финн: Во дворце́ Алексе́я Миха́йловича.
ж) Финн: Хорошо́. Спаси́бо тебе́.
з) Макси́м: Хмм … А вы зна́ете, где вы?
и) Макси́м: И сно́ва иди́те пря́мо до ста́нции метро́.

S. 112

5 **Ordne die Bilder den Ortsadverbien aus der Lexikbox zu und bilde Sätze.**

Па́мятник нахо́дится пе́ред **це́рковью**.

недалеко́ от
сле́ва от
пе́ред
спра́ва от

S. 113 S. 127

6 **Sucht euch auf dem Moskauer Stadtplan auf der hinteren Umschlagseite einen Startpunkt und fragt euren Partner, wie ihr zu den einzelnen Sehenswürdigkeiten kommt. Tauscht dann die Rollen.**

Помоги́ други́м.

↗ S. 127

7 **Nach dem Telefonat suchen Finn und Luca den Weg zur Metrostation. Nun müssen sie Passanten fragen. Übernehmt die Rollen der beiden.** ▶Methode S. 164

Luca: Hier ist der Ausgang, aber wo ist denn die Metro? Maxim hat doch gesagt, die Metro ist in der Nähe vom Ausgang. Frag doch nochmal.

Finn: Oh Mann, immer ich. Извини́те, пожа́луйста, ???

Passantin: До ста́нции метро́ ещё идти́ пять мину́т.

Finn: Sie sagt, ???. Frag du doch jetzt mal, wie wir dorthin kommen.

Luca: Äh, ???

Passantin: Иди́те пря́мо по па́рку. На второ́м перекрёстке[1] нале́во и пото́м напра́во. Там недалеко́ от перекрёстка – ста́нция метро́.

Luca: Das habe ich nicht verstanden. Was hat sie gesagt?

Finn: Sie meinte, ???

kurze Zeit später …

Luca: War das jetzt die zweite Kreuzung links oder rechts? Kannst du nicht nochmal fragen, ob wir hier nach rechts und dann nach links müssen?

Finn: Ja, okay. Ich frage den Mann dort drüben. ???

Passant: Иди́те нале́во. Там сле́ва от перекрёстка – ста́нция метро́.

Finn: Alles klar, ???

1 Kreuzung

Дава́йте послу́шаем.

8 **Посмотри́ фильм о Коло́менском и отве́ть на вопро́сы.**

1. Каки́е достопримеча́тельности там есть?
2. Где нахо́дится Коло́менское?
3. Кто там жил?
4. Что расска́зывают об э́тих достопримеча́тельностях?

Дава́йте поговори́м.

↗ S. 113

9 **Präsentiert Sehenswürdigkeiten eurer Region für den Besuch einer russischen Partnerschule.**

▶Wortnest S. 169 ▶Methode S. 161

Расскажи́те.

- Каки́е у вас есть достопримеча́тельности?
- Когда́ их постро́или?
- Где они́ нахо́дятся?
- Ско́лько сто́ит биле́т?

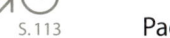

10 **по вы́бору** **Recherchiere nach weiteren Sehenswürdigkeiten in Moskau oder Russland. Präsentiere sie in der Klasse.** ▶Methoden S. 157, 161

B Что тако́е СНГ?

In diesem Abschnitt lernst du …
- **verschiedene Regionen der GUS kennen,**
- **über Besonderheiten deiner Region zu sprechen,**
- **Souvenirs zu kaufen.**

Учи́тельница: Ребя́та, не забу́дьте[1] **рабо́ту над** на́шим прое́ктом *Стра́ны СНГ*. Презента́ция уже́ в пя́тницу.

Финн: Ой, Макси́м, мы с Лу́кой получи́ли те́му *Молда́вия*. Я об э́той стране́ **ничего́** не зна́ю. Помо́жешь нам?

Макси́м: Коне́чно. Снача́ла посмо́трим в интерне́те. Ааа … **официа́льный** язы́к – **молда́вский**. Э́то вариа́нт назва́ния румы́нского языка́. 99 % люде́й понима́ет ру́сский язы́к. В **не́которых** частя́х страны́ ру́сский – второ́й официа́льный язы́к.

Финн: А где нахо́дится Молда́вия?

Макси́м: Вот, посмотри́ на ка́рту: Молда́вия – **госуда́рство** в **Ю́го-Восто́чной** Евро́пе. Столи́ца – Кишинёв – недалеко́ от Чёрного мо́ря.

Су́на: Макси́м, а нам помо́жешь? У нас с Ла́урой *Узбекиста́н*, а я то́лько зна́ю про шёлковый путь[2].

Макси́м: Вот энциклопе́дия.

Су́на *(чита́ет)*: …

Узбекиста́н, госуда́рство в **центра́льной** ча́сти Сре́дней А́зии[3]. Столи́ца – го́род Ташке́нт. У Узбекиста́на пять **грани́ц** со стра́нами. На восто́ке Узбекиста́н **грани́чит** с Кирги́зией, на **се́веро-восто́ке**, се́вере и **се́веро-за́паде** – с Казахста́ном; на **ю́го-за́паде** и ю́ге – с Туркме́нией; на ю́ге – с Афганиста́ном и на ю́го-восто́ке – с Таджикиста́ном. Официа́льный язы́к – узбе́кский, но бо́льшая часть люде́й зна́ет ру́сский язы́к.

1 Imperativ von *забы́ть*
2 über die Seidenstraße
3 Zentralasien

Дава́йте почита́ем.

  **Прочита́й и послу́шай текст. Над каки́м прое́ктом рабо́тают ребя́та? Каки́е у них те́мы?**

А как в Росси́и?

Viele Nachfolgestaaten der Sowjetunion haben sich zur GUS, zur Gemeinschaft Unabhängiger Staaten (*СНГ – Содру́жество Незави́симых Госуда́рств*) zusammengeschlossen. Sie kooperieren v. a. in Wirtschafts- und Sicherheitsfragen. Die Mitgliedsstaaten findest du auf S. 170.

↗ S. 136

б Für ihr Projekt erstellen die Kinder Steckbriefe der Länder. Übertrage die Steckbriefe in dein Heft und ergänze sie durch die Informationen aus dem Text auf S. 72.

госуда́рство: Молда́вия *столи́ца:* *язы́к:* *грани́чит:*	*госуда́рство: Узбекиста́н* *столи́ца:* *язы́к:* *грани́чит:*

Слова́ – на́ше бога́тство.

↗ S. 113

2а Weißt du noch, wie die Himmelsrichtungen im Russischen heißen?
Zeichne die Windrose in dein Heft und beschrifte sie.
Ergänze die vollständigen Bezeichnungen mit Hilfe des Textes auf S. 72.

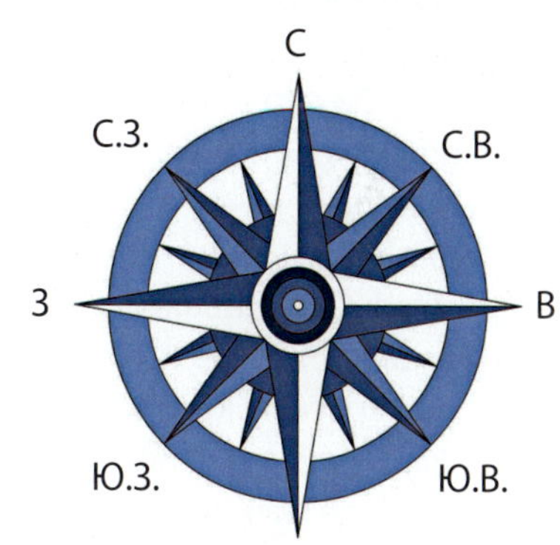

4 А
4 Б
4 В

б Suna und Laura haben für ihr Projekt einen Handzettel geschrieben.
Was erfährst du über die Lage von Taschkent?

Ташкент находится на северо-востоке Узбекистана, недалеко от границы с Казахстаном – на берегу реки Чирчик.

в Beschreibe die Lage deines Heimatortes möglichst genau.

г Nutze die Karte auf der vorderen Umschlagsseite des Buches und beschreibe die Lage weiterer Städte und Länder mit Hilfe von Flüssen, Himmelsrichtungen oder Nachbarländern. Kann dein Partner/ deine Partnerin erraten, um welche Stadt bzw. welches Land es sich handelt? ▶Wortnest S. 170

M Э́та страна́ нахо́дится на ю́го-восто́ке Евро́пы.
Она́ грани́чит с Румы́нией и Украи́ной. (Молда́вия)

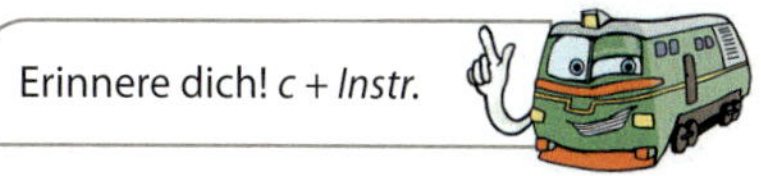

S. 136

22

3a **Прочита́й и прослу́шай разгово́р о сувени́рах из Молда́вии.**

Финн: Макси́м, здесь кла́ссно. Так мно́го сувени́ров!

Ви́ка: Смотри́те, здесь молда́вские сувени́ры!

Финн: Здо́рово! Скажи́те, пожа́луйста, ско́лько сто́ит э́та **ку́кла** в традицио́нном костю́ме?

Продаве́ц: 1700 рубле́й.

Финн: Ой, э́то до́рого!

Продаве́ц: Э́ти ку́клы ручно́й рабо́ты[1].

Макси́м: Ааа, **поня́тно**. А у вас есть ку́клы **подеше́вле**?

Продаве́ц: Нет, но тут у меня́ есть прекра́сные керами́ческие **таре́лки**. И́ли купи́те **магни́ты на холоди́льник**.

Макси́м: А **почём** таре́лки?

Продаве́ц: 850 рубле́й.

Ви́ка: Мо́жно посмотре́ть магни́ты? Почём они́?

Продаве́ц: Да, коне́чно. Они́ сто́ят 300, но вам их прода́м за 270 рубле́й.

Макси́м: А вы таре́лки за 600 рубле́й не продади́те?

Продаве́ц: Дава́йте за 750!

Финн: **Ла́дно**.

Ви́ка: А я ещё возьму́ магни́т.

1 Handarbeit

Ку́клы в традицио́нном молда́вском костю́ме

S. 113

S. 127

6 **Wie kannst du auf Russisch …**

- fragen, ob du etwas anschauen darfst?
- nach dem Preis fragen?
- sagen, dass etwas zu teuer ist?
- dir preiswertere Souvenirs zeigen lassen?
- einen anderen Preis vorschlagen?
- sagen, dass du etwas kaufen möchtest?

Помоги́ други́м.

4a **In einem deutschen Reiseführer haben Suna und Laura interessante Informationen über usbekische Souvenirs gefunden. Für ihr Projekt wollen sie zusammenfassen, welche usbekischen Souvenirs es gibt. Hilf ihnen dabei.**

▶Methode S. 164

Denke daran, bei einer Mediation nur die wesentlichen Inhalte in die andere Sprache zu übertragen.

б **Lies zunächst den Ausgangstext und schreibe heraus, welche usbekischen Souvenirs es gibt.**

Wer exotische Mitbringsel liebt, der wird in Usbekistan mehr als genügend Gelegenheiten haben, Geld auszugeben. Allerdings dürfen Gegenstände, die älter als 50 Jahre sind, offiziell nicht ausgeführt werden.
Die gestickten Teppiche, Suzani, sind in allen Variationen zu bekommen. Besonders schöne Stücke werden in Buchara und in den Geschäften in Samarkand verkauft.
Außerdem locken Schachspiele und farbig glasierte Tonwaren in den zahlreichen Souvenirgeschäften.
Wer alte Bücher liebt, kann diese in Buchara finden – war hier früher doch ein berühmter Buchmarkt. Exklusiv sind auch die Arbeiten der Messerschmiede von Buchara.
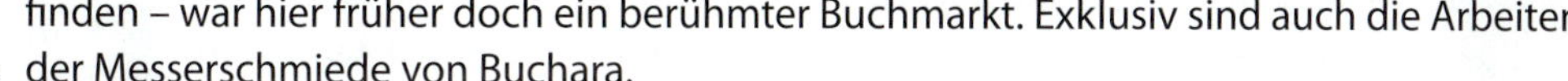
Günstige und dennoch schöne Mitbringsel sind die traditionellen Kopfbedeckungen, die Tjubetejkas. Auch die Töpferwaren, insbesondere die traditionellen bunten Teeschalen erfreuen sich unter den Touristen großer Beliebtheit. Empfehlenswert sind zudem Gewürze, aber auch Naschwaren wie getrocknete Aprikosen, Halwa oder Pistazien, die man auf jedem Basar kaufen kann.

Judith Peltz, Daniel Lepetit: Usbekistan: Entlang der Seidenstraße nach Samarkand, Buchara und Chiwa. (gekürzt und adaptiert)

в **Überlege, wie du die Gegenstände auf deiner Liste ins Russische übertragen kannst. Denke daran, dass es um ein sinngemäßes Übertragen geht.** ▶Methode S. 164

M farbig glasierte Tonwaren → керáмика

36 S. 127

г **Schreibe einen kurzen russischen Text darüber, welche Souvenirs man in Usbekistan kaufen kann.**

Давáйте поговорúм.

5а **Расскажú о Молдáвии úли об Узбекистáне. Nutze dazu als Vorlage den Steckbrief auf S. 73 Aufgabe 1б.**

114 S. 127

б **Beschreibe nun deine eigene Region.**

S. 114

б **Вы хотúте купúть сувенúры. Состáвьте мáленькие диалóги. Вы мóжете испóльзовать словá из тéкстов и фотогрáфии на стр. 62 и 74–75.**

У́чимся писáть.

7 **по вы́бору** **Du hast über russischsprachige Länder und Regionen recherchiert. Schreibe einen russischen Artikel für den Schulblog. Beschreibe die geografische Lage der von dir gewählten Region und ihre Besonderheiten (z.B. Geografie, Lebensmittel, Souvenirs).**

Избá-читáльня

23

Молда́вская ска́зка

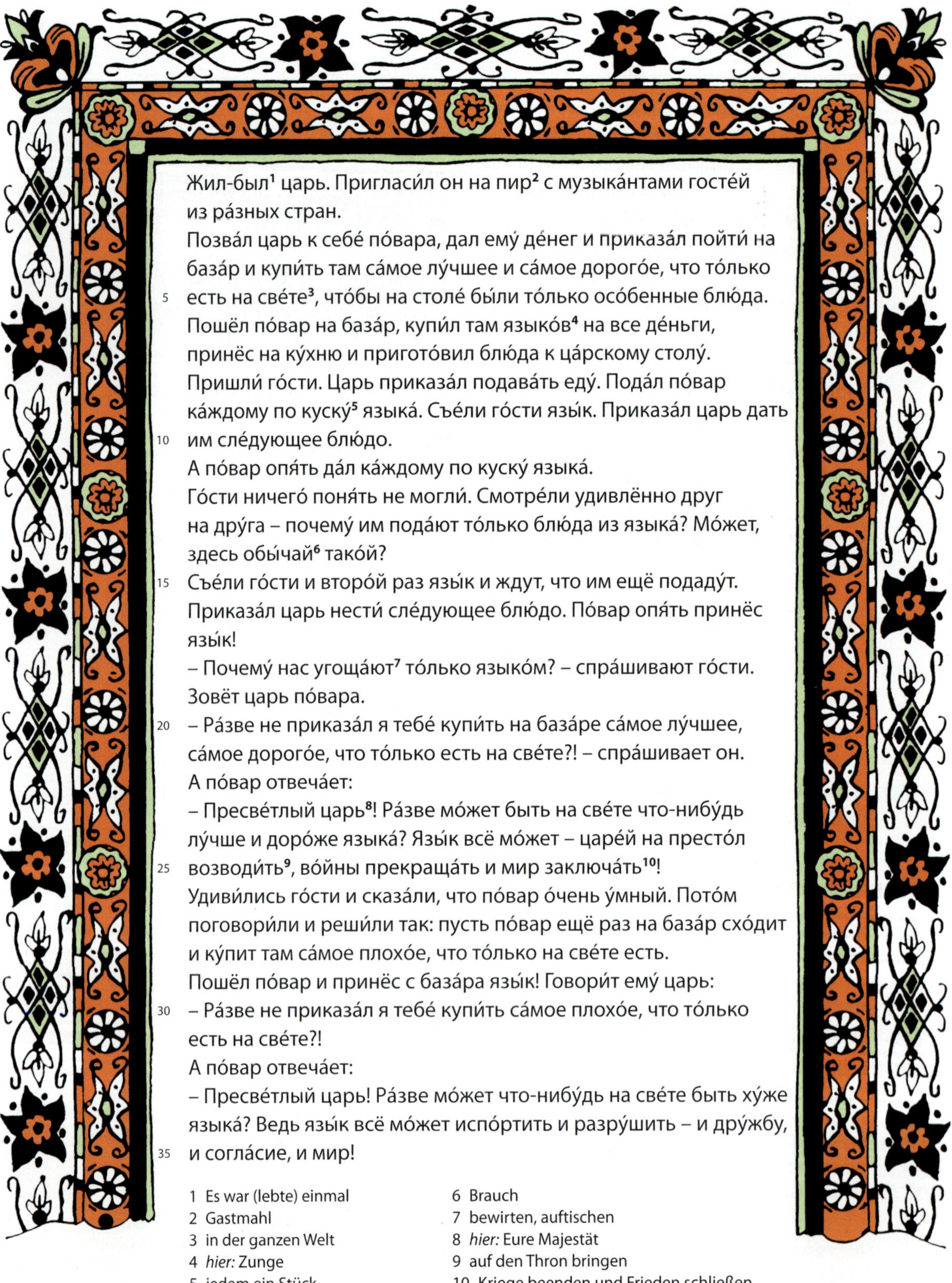

Жил-был[1] царь. Пригласи́л он на пир[2] с музыка́нтами госте́й из ра́зных стран.

Позва́л царь к себе́ по́вара, дал ему́ де́нег и приказа́л пойти́ на база́р и купи́ть там са́мое лу́чшее и са́мое дорого́е, что то́лько есть на све́те[3], что́бы на столе́ бы́ли то́лько осо́бенные блю́да.

Пошёл по́вар на база́р, купи́л там языко́в[4] на все де́ньги, принёс на ку́хню и пригото́вил блю́да к ца́рскому столу́.

Пришли́ го́сти. Царь приказа́л подава́ть еду́. Пода́л по́вар ка́ждому по куску́[5] языка́. Съе́ли го́сти язы́к. Приказа́л царь дать им сле́дующее блю́до.

А по́вар опя́ть да́л ка́ждому по куску́ языка́.

Го́сти ничего́ поня́ть не могли́. Смотре́ли удивлённо друг на дру́га – почему́ им пода́ют то́лько блю́да из языка́? Мо́жет, здесь обы́чай[6] тако́й?

Съе́ли го́сти и второ́й раз язы́к и ждут, что им ещё подаду́т.

Приказа́л царь нести́ сле́дующее блю́до. По́вар опя́ть принёс язы́к!

– Почему́ нас угоща́ют[7] то́лько языко́м? – спра́шивают го́сти.

Зовёт царь по́вара.

– Ра́зве не приказа́л я тебе́ купи́ть на база́ре са́мое лу́чшее, са́мое дорого́е, что то́лько есть на све́те?! – спра́шивает он.

А по́вар отвеча́ет:

– Пресве́тлый царь[8]! Ра́зве мо́жет быть на све́те что-нибу́дь лу́чше и доро́же языка́? Язы́к всё мо́жет – царе́й на престо́л возводи́ть[9], во́йны прекраща́ть и мир заключа́ть[10]!

Удиви́лись го́сти и сказа́ли, что по́вар о́чень у́мный. Пото́м поговори́ли и реши́ли так: пусть по́вар ещё раз на база́р схо́дит и ку́пит там са́мое плохо́е, что то́лько на све́те есть.

Пошёл по́вар и принёс с база́ра язы́к! Говори́т ему́ царь:

– Ра́зве не приказа́л я тебе́ купи́ть са́мое плохо́е, что то́лько есть на све́те?!

А по́вар отвеча́ет:

– Пресве́тлый царь! Ра́зве мо́жет что-нибу́дь на све́те быть ху́же языка́? Ведь язы́к всё мо́жет испо́ртить и разру́шить – и дру́жбу, и согла́сие, и мир!

1 Es war (lebte) einmal
2 Gastmahl
3 in der ganzen Welt
4 *hier:* Zunge
5 jedem ein Stück
6 Brauch
7 bewirten, auftischen
8 *hier:* Eure Majestät
9 auf den Thron bringen
10 Kriege beenden und Frieden schließen

Узбе́кская ска́зка

Е́хал оди́н купе́ц[1] с карава́ном и хва́стался[2] свои́м спу́тникам[3]:

– Коне́чно, Алда́р Куса́[4] мо́жет всех обману́ть[5], но то́лько не меня́. Алда́р Куса́ уме́ет обма́нывать то́лько глупцо́в.

Вдруг смо́трит купе́ц, по доро́ге идёт Алда́р Куса́.

– Здра́вствуйте, – говори́т Алда́р Куса́, – до́брого пути́ вам жела́ю.

Тут купе́ц ещё бо́льше расхва́стался:

– Эй, Алда́р Куса́! – кричи́т он. – Е́сли ты обма́нщик[6], попро́буй обмани́ меня́.

То́лько ничего́ у тебя́ не полу́чится. Меня́ никто́ не обма́нет.

Поклони́лся[7] Алда́р Куса́ ве́жливо купцу́.

– Ах, жаль, уважа́емый[8] купе́ц. Мой мешо́к[9]-обма́нщик оста́лся[10] до́ма. Да́йте, пожа́луйста, мне ва́шу лоша́дку, я бы́стро пое́ду и привезу́ мешо́к. И тогда́ вы убеди́тесь, обману́ я вас и́ли нет?

– Хорошо́, привези́! – сказа́л купе́ц и дал Алда́ру Кусе́ ло́шадь.

Алда́р Куса́ уе́хал. Бо́льше купе́ц его́ и не ви́дел.

1 *vgl.* купи́ть
2 (er) brüstete sich
3 Reisegefährten
4 Held volkstümlicher Geschichten, der den Armen hilft und die Faulpelze, Dummköpfe und Habgierige überlistet.
5 betrügen
6 Betrüger, *vgl.* обману́ть
7 (er) verbeugte sich
8 verehrter
9 Sack
10 ist geblieben

4

Дава́йте почита́ем.

↗ S. 127

1а Прочита́й молда́вскую и узбе́кскую ска́зки со словарём. Найди́ подходя́щие заголо́вки для ска́зок.

б Ordne die Illustrationen den Märchen zu. Wenn du magst, kannst du selbst passende Illustrationen zu den Märchen zeichnen.

в Кака́я ска́зка тебе́ (не) нра́вится? Почему́? Каки́е похо́жие ска́зки и́ли геро́ев ска́зок ты зна́ешь?

Дава́йте поговори́м.

2 Разыгра́йте сце́нки из ска́зок.

Вмéсте всегó достúгнем.

Квест по гóроду

1 **Der Besuch eurer russischen Partnerschule steht an. Bereitet eine Stadtrallye vor, damit eure russischen Gäste eure Heimatstadt besser kennen lernen können.**

- Überlegt, welche Sehenswürdigkeiten oder Plätze eures Heimatortes eure Gäste unbedingt kennen müssen.
- Legt eine Route fest, die diese Punkte miteinander verbindet. Beschreibt, wie man von einem Punkt zum anderen kommt.
- Überlegt euch zu jedem Punkt eurer Stadtrallye Quizaufgaben für eure Gäste, mit denen sie eure Stadt besser kennenlernen können.
- Überprüft, ob diese Aufgaben für eure Gäste auch wirklich lösbar sind.
- Stellt eure Stadtrallye mit allen Wegbeschreibungen und Aufgaben übersichtlich zusammen.
- Präsentiert eure Ergebnisse der Klasse und lasst die anderen Gruppen die Rallye als Test durchführen.

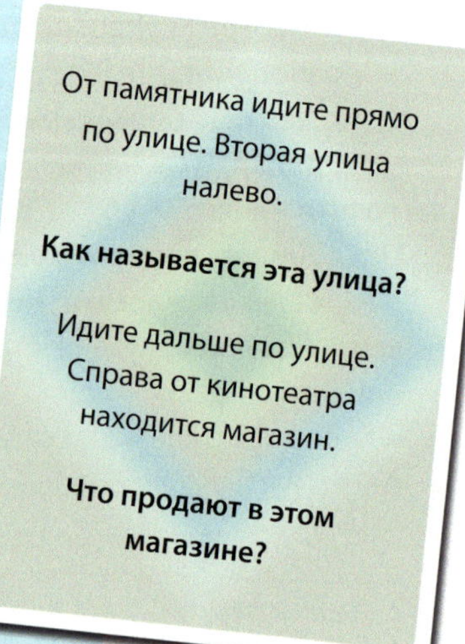

От памятника идите прямо по улице. Вторая улица налево.
Как называется эта улица?
Идите дальше по улице. Справа от кинотеатра находится магазин.
Что продают в этом магазине?

Виктори́на

2 **Ihr habt euch in dieser Lektion viel landeskundliches Wissen über euren Heimatort, Russland und die GUS angeeignet. Wer hat am meisten gelernt? Erstellt ein Quiz und findet es heraus.**

- Überlegt euch, zu welchen Teilbereichen ihr euren Quiz erstellen wollt. Ihr könnt die Kategorien aus dem Beispiel übernehmen oder eigene Kategorien wählen oder ergänzen. Das Spielfeld ist beliebig erweiterbar.
- Sammelt zu jeder Kategorie so viele russische Fragen (und Antworten) wie möglich.
- Dann entscheidet euch für die Fragen, die ihr im Quiz verwenden wollt und ordnet sie den Punkten zu. Achtet darauf, möglichst unterschiedlich schwere Fragen zu wählen. Je höher die Punktzahl, desto schwieriger darf die Frage sein.
- Für zwei Felder im Spiel dürft ihr джóкер-Karten einplanen.
- Erstellt euren Spielplan. Ihr könnt dafür Karteikarten verwenden oder euer Spielfeld am Computer erstellen.
- Versteckt zusätzlich zwei риск-Felder im Spiel.
- Führt das Spiel in eurer Klasse durch. Die Spielregeln könnt ihr von eurem Lehrer bekommen.

Наш город	Москва	Молдавия	Узбекистан
100	100	100	100
200	200	200	200
300	300		
400	400		
500	500	500	500

Какие сувениры можно купить в Молдавии?

Прове́рь себя́. по вы́бору

Занима́емся языко́м.

ТРКИ **1** **Вы́бери пра́вильные отве́ты. Иногда́ пра́вильны не́сколько отве́тов. Прове́рь их на стр. 213.**

1. Ле́том Ди́ма ча́сто ??? на мо́ре. 2. Иногда́ Са́ша ??? в шко́лу пешко́м. 3. Сего́дня Ви́ка ??? на авто́бусе в Москву́.	(А) идёт (Б) е́дет (В) е́здит (Г) хо́дит	7. Музе́й нахо́дится ??? от магази́на. 8. Иди́те ??? по у́лице. 9. По́чта ??? магази́ном.	(А) пря́мо (Б) нале́во (В) спра́ва (Г) ря́дом с
4. Мы вчера́ смотре́ли ??? фильм. 5. Учи́тель о́чень ??? расска́зывает. 6. Он всегда́ ??? объясня́ет[1] но́вую грамма́тику.	(А) интере́сно (Б) хорошо́ (В) хоро́шая (Г) интере́сный	10. Мы е́дем в ??? 11. Росси́я не грани́чит с ??? 12. Чёрное мо́ре недалеко́ от ???	(А) Молда́вия (Б) Молда́вии (В) Молда́вию (Г) Молда́вией

[1] erklärt

4

Помоги́ други́м.

2 **Luca möchte Souvenirs kaufen. Er hat jedoch immer noch Probleme, sich zu verständigen. Finn hilft ihm. Übernimm Finns Rolle. Прове́рь свой отве́т на стр. 213.**

Luca: Frag doch hier mal, ob die Keramik aus Gzhel haben.

Finn: Okay. ???

Продавщи́ца: К сожале́нию, нет. Но смотри́те, вот у меня́ есть о́чень краси́вые матрёшки.

Finn: Also, ???

Luca: Ach schade! Aber sie hat Recht, die Matrjoschkas sind wirklich hübsch. Was kosten die?

Finn: ???

Продавщи́ца: Для вас то́лько ты́сяча шестьсо́т рубле́й.

Finn: Sie sagt, ???

Luca: Puh, das ist ganz schön teuer … Frag sie mal, ob sie die Matrjoschka nicht auch für 1200 Rubel abgeben würde?

Finn: Naja, Fragen kostet ja nichts. ???

Продавщи́ца: Ой, друзья́ мои́, э́то ма́ло. Дава́йте за ты́сячу четы́реста.

Finn: ???

Luca: Ja, okay, Oma wird sich bestimmt freuen. Nur meine Eltern … Frag doch mal, ob sie nicht weiß, wo man Gzhel kaufen kann.

Finn: ???

Продавщи́ца: Так, мину́тку … Иди́те пря́мо. Там спра́ва прила́вок[1] с футбо́лками, а сле́ва мой друг продаёт кера́мику. Переда́йте ему́ приве́т от Ни́ны.

Finn: ???

Luca: Alles klar, das finden wir. Warte, bedanken kann ich mich alleine. ???

[1] Verkaufsstand

УРÓК 5

Урá, у нас кани́кулы!

1 **Ordne die Bildunterschiften den passenden Bildern zu.**

Зимá в Сиби́ри

Оди́н из горóдов Золотóго кольцá Росси́и веснóй

Лéто в Сóчи

Санкт-Петербýрг óсенью

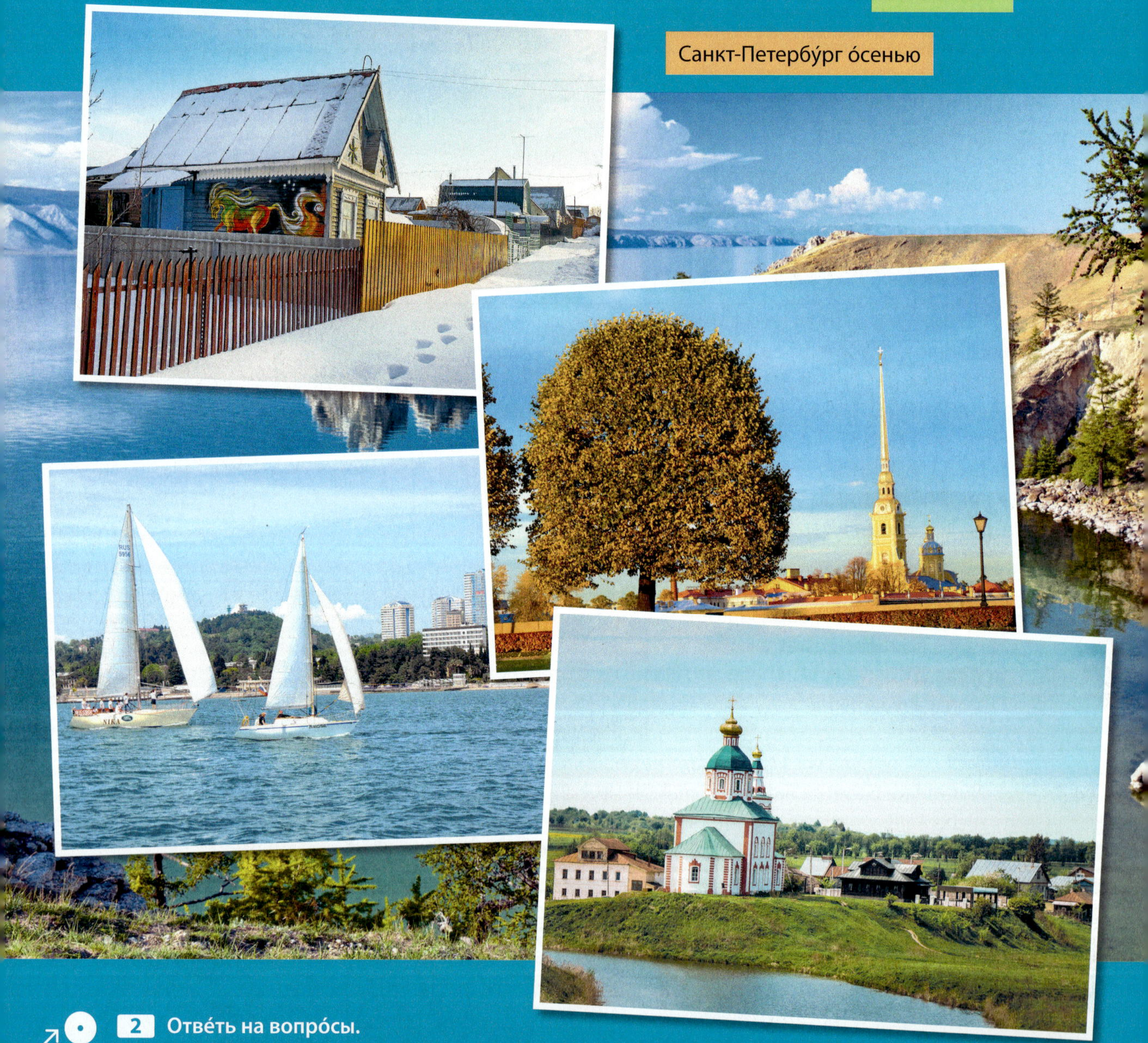

S. 128

2 **Ответь на вопрóсы.**
– Каки́е из э́тих мест ты ужé знáешь? Расскажи́ о них.
– Какóе мéсто тебя́ интересýет? Почемý?

M Меня́ интересýет Сóчи. Я люблю́ мóре.

Am Ende der Lektion kannst du ...

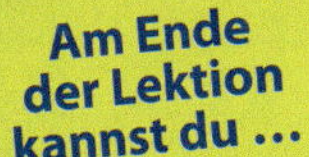

- eine Präsentation zu Reisezielen in Russland erstellen.
- einen Sketch fortsetzen und präsentieren.

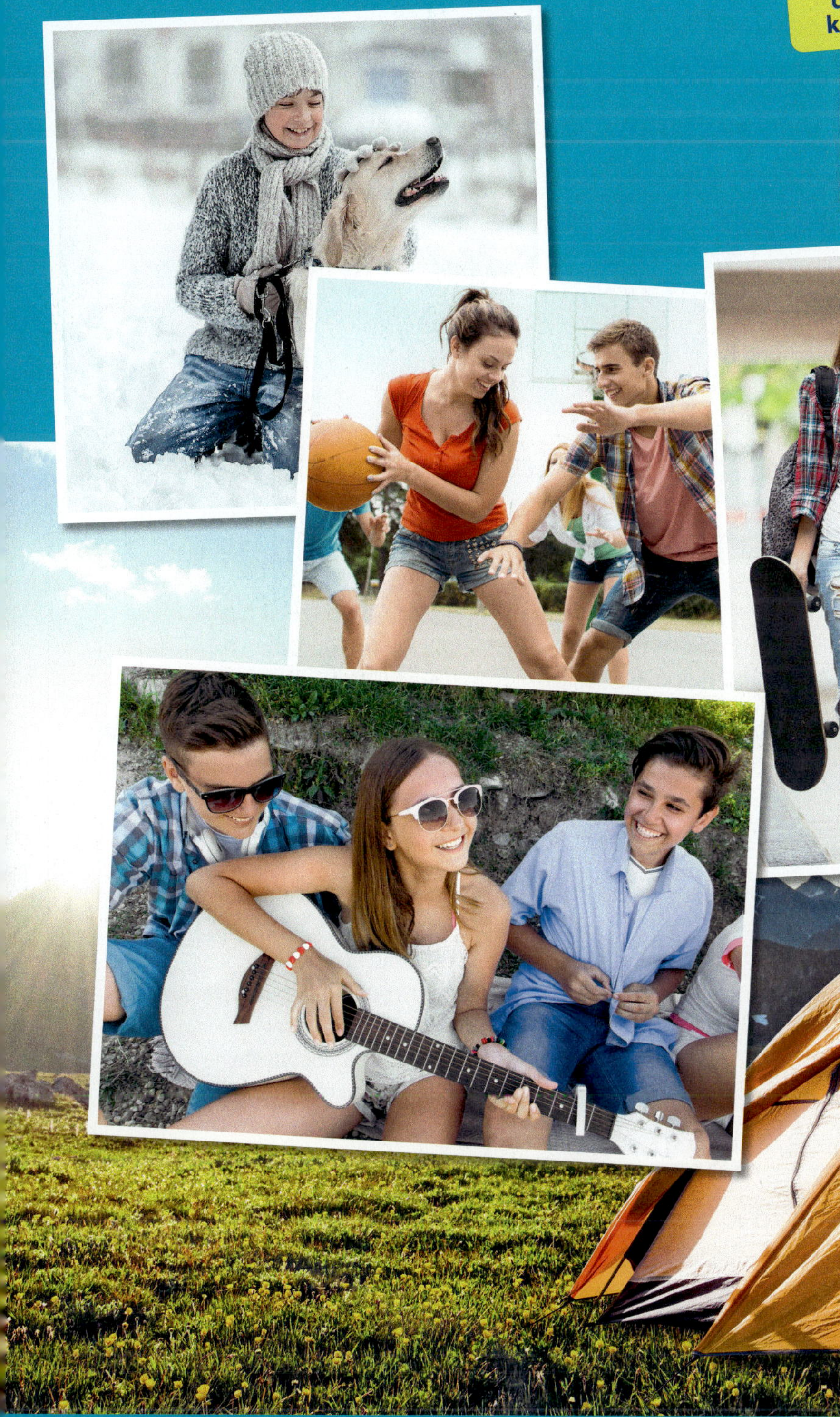

5

3 Опиши́ фотогра́фии. Чем занима́ются ребя́та?

25 **4** Послу́шайте текст. Чем занима́ются Ви́ка и Алёша во вре́мя кани́кул?

5 А чем занима́етесь вы во вре́мя кани́кул? Führt eine Umfrage in eurer Klasse durch und berichtet.

А Что де́лать в таку́ю пого́ду?

In diesem Abschnitt lernst du …
- **über das Wetter zu sprechen,**
- **dich über Freizeitaktivitäten zu äußern,**
- **Äußerungen anderer Menschen wiederzugeben.**

Приве́т, Ма́ша!

Как дела́? Я **отдыха́ю** в Ту́рции. **Пого́да** здесь прекра́сная! **Све́тит** со́лнце, **жа́рко**, температу́ра 32 **гра́дуса**. Я ка́ждый день **купа́юсь** в мо́ре и́ли в бассе́йне, **загора́ю** на **пля́же** и мно́го чита́ю. А вчера́ **дул ве́тер** и мы занима́лись сёрфингом – бы́ло здо́рово! А как у тебя́?

Целу́ю, Ни́на

О́стров Ке́кова, Ту́рция

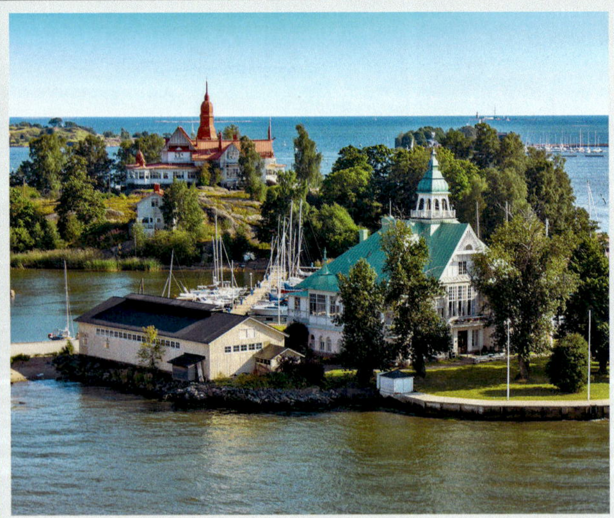

Острова́ в Балти́йском мо́ре, Финля́ндия

Приве́т, Макси́м!

Здесь в Финля́ндии так кла́ссно! Я **слы́шал**, что в Москве́ **идёт дождь**, а на се́вере уже́ идёт **снег**, но у нас пого́да хоро́шая и **тёплая**. Ча́сто све́тит со́лнце. Мы **ката́емся** на **ло́дке**, хо́дим в музе́и и́ли в **похо́ды**. Вчера́ пого́да была́ **о́блачная**. Мы хоте́ли купа́ться, но бы́ло **хо́лодно** и мы ката́лись на **велосипе́де**. До́ма тебе́ покажу́ **фо́тки**, ла́дно?

Пока́, Ко́ля

Дава́йте почита́ем.

1 **Прочита́й откры́тки и отве́ть на вопро́сы.**

S. 137

S. 128

1) Где отдыха́ют Ни́на и Ко́ля?

2) Кака́я пого́да в Финля́ндии и в Ту́рции?
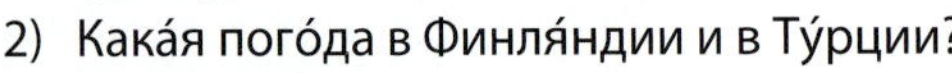
3) Чем ребя́та там занима́ются?

Слова́ – на́ше бога́тство.

2 Übernimm die Symbole in dein Heft und suche die dazugehörigen Wortgruppen aus den Texten auf S. 82 heraus.

S. 114

S. 128

3 Кака́я пого́да сего́дня, в сре́ду, ...? ▶Methode S. 165

сего́дня	ср.	чт.	пт.
27 октября́	**28**	**29**	**30**
со́лнечно	о́блачно	**па́смурно**	дождь
+21 днём	**+15**	**+11**	**+13**
+9 **но́чью**	**+4**	**+3**	**+8**

1 гра́дус
2, 3, 4 гра́дуса
5–20 гра́дусов

5 А
5 Б
5 В

S. 137

S. 115

4 Что де́лать в таку́ю пого́ду? Erstelle eine Mindmap zu Freizeitakitivitäten. Was kann man bei welchem Wetter machen? Die Einstiegsseite (S. 80–81) und die Texte auf S. 82 können dir einige Anregungen bieten. ▶Methode S. 161 ▶Wortnest S. 170

Дава́йте послу́шаем.

5a Послу́шай текст. Welche Art von Text hast du gehört?

б Послу́шай текст ещё раз. Bilde so viele passende Sätze wie möglich.

В Москве́ сего́дня …
В Москве́ за́втра …

ду́ет ве́тер
све́тит со́лнце
хо́лодно
идёт дождь
идёт снег

ката́ться на велосипе́де
занима́ться спо́ртом в па́рке
гуля́ть
посети́ть вы́ставку

Занима́емся языко́м.

6a Прочита́й текст. О чём говоря́т Мари́я и Макси́м? ▶Grammatik 26 S. 153

Макси́м: **Эх**, **опя́ть** така́я плоха́я пого́да. Я хоте́л погуля́ть с друзья́ми! Да́же в Финля́ндии све́тит со́лнце.

Мари́я: Отку́да ты зна́ешь?

Макси́м: Вот **эсэмэ́ска** от Ко́ли. Он пи́шет, что ча́сто ката́ется на ло́дке и хо́дит в **го́ры**.

Мари́я: Здо́рово! От Ни́ны то́же есть эсэмэ́ска. Она́ пи́шет, что в Ту́рции жа́рко и она́ да́же в мо́ре купа́ется!

Макси́м: На ю́ге и на се́вере пого́да хоро́шая, а в Москве́ дождь …

Мари́я: Ничего́! Ба́бушка говори́т, что у приро́ды нет плохо́й пого́ды, вся́кая пого́да – благода́ть[1].

1 Es gibt kein schlechtes Wetter, jedes Wetter ist gut.

S. 128

б Suche aus dem Text alle Sätze in der indirekten Rede heraus. Wie wird die indirekte Rede im Text wiedergegeben?

M Ко́ля пи́шет, что ча́сто ката́ется на ло́дке и хо́дит в похо́ды.

1. Ни́на пи́шет, что …
2. Ба́бушка говори́т, …

S. 115

в Как по-ру́сски? Übertrage die Sätze ins Russische.

1. Jan hat gesagt, dass es in Italien sehr warm war.
2. Lina sagte, dass sie im Sommer bei ihrer Oma sein wird.
3. Philipp erzählte, dass es in den Ferien oft geregnet hat.
4. Sascha sagt, dass sie Winter und Schnee mag.
5. Katja hat uns gestern geschrieben, dass es bei ihnen in Astrachan schneit.

S. 129

7 **Кто что пи́шет? Verwende bei deiner Antwort die indirekte Rede.**

Како́е ва́ше люби́мое вре́мя го́да?

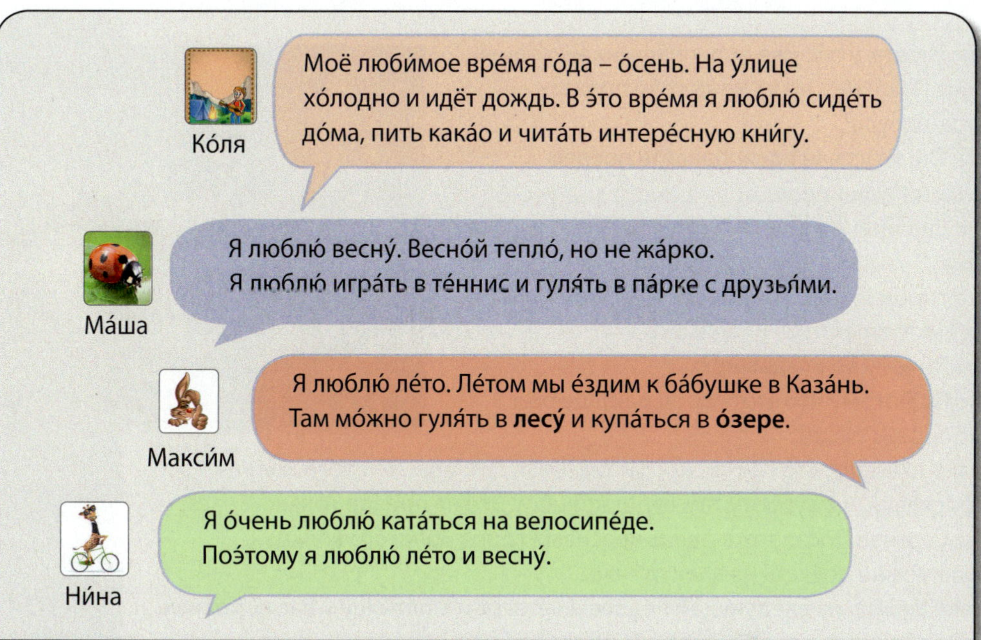

Моё люби́мое вре́мя го́да – о́сень. На у́лице хо́лодно и идёт дождь. В э́то вре́мя я люблю́ сиде́ть до́ма, пить кака́о и чита́ть интере́сную кни́гу.
Ко́ля
Я люблю́ весну́. Весно́й тепло́, но не жа́рко. Я люблю́ игра́ть в те́ннис и гуля́ть в па́рке с друзья́ми.
Ма́ша
Я люблю́ ле́то. Ле́том мы е́здим к ба́бушке в Каза́нь. Там мо́жно гуля́ть в **лесу́** и купа́ться в **о́зере**.
Макси́м
Я о́чень люблю́ ката́ться на велосипе́де. Поэ́тому я люблю́ ле́то и весну́.
Ни́на

8a **А ты? Како́е вре́мя го́да ты лю́бишь? Почему́?**

б **Befrage deinen Partner/ deine Partnerin und erzähle der Klasse, was du erfahren hast.**

У́чимся писа́ть.

9 **по вы́бору Erstelle ein Wettertagebuch und beschreibe möglichst genau, wie das Wetter in der letzten Woche war.** ▶Methode S. 163

S. 115

10 **Dein russischer Freund plant dich zu besuchen und möchte daher wissen, was man bei euch zu welcher Jahreszeit und bei welchem Wetter machen kann. Schreibe ihm eine E-Mail.**
▶Wortnest S. 170

Дава́йте послу́шаем.

28

11 **Höre dir den Wetterbericht an. Erzähle, was der Kommentator über das Wetter sagt.**

S. 129

Начни́ так:
Коммента́тор говори́т, …

Дава́йте поговори́м.

12 **Interviewe Mitschüler/innen, wie sie sich ihren Traumurlaub vorstellen. Berichte dann über den Mitschüler/ die Mitschülerin und lasse die anderen erraten, wessen Traumurlaub du beschrieben hast.**

S. 115

Б Пла́ны на выходны́е

In diesem Abschnitt lernst du …
- **über Ferien- und Reisepläne zu sprechen,**
- **Fahrpläne zu lesen und dich nach Ankunfts- und Abfahrtszeiten zu erkundigen,**
- **ein Hotelzimmer zu reservieren.**

Ни́на: Ребя́та, у вас уже́ есть пла́ны на **выходны́е**?

Мари́я: Пока́[1] нет, но я о́чень хочу́ **пое́хать** куда́-нибудь[2].

Ни́на: Ой, кла́ссная иде́я! Дава́йте пое́дем куда́-нибудь вме́сте.

Ко́ля: Дава́йте! А куда́?

Мари́я: Я уже́ давно́ хочу́ в Су́здаль – э́то го́род-музе́й. Хочу́ посмотре́ть кремль.

Макси́м: А дава́йте во Влади́мир!

Ко́ля: Почему́ во Влади́мир?

Макси́м: **Потому́ что** э́тот го́род **ра́ньше** был столи́цей Росси́и.

Ни́на: А я чита́ла, что сейча́с неофициа́льная столи́ца **Золото́го кольца́** – э́то Яросла́вль. А в суббо́ту там бу́дет конце́рт. Э́то на **по́езде** то́лько 4 часа́.

Ко́ля: Се́ргиев Поса́д то́же о́чень краси́вый го́род Золото́го кольца́. Туда́ мо́жно дое́хать на **электри́чке**.

Мари́я: Ребя́та, на **сле́дующей** неде́ле в че́тверг и в пя́тницу у нас выходны́е. Почему́ нам не посети́ть не́сколько городо́в: Се́ргиев Поса́д, Яросла́вль, Влади́мир и Су́здаль?

Макси́м: Не зна́ю, **мо́жет быть**, четы́ре города́ за четы́ре дня – э́то мно́го?

Ни́на: Да, мо́жет быть, … Дава́йте снача́ла узна́ем, как туда́ дое́хать и ско́лько э́то сто́ит.

Ко́ля: Ла́дно, посмо́трим в интерне́те. Вот …

1 *hier:* noch (nicht)
2 irgendwohin

Дава́йте почита́ем.

1а Прочита́й текст. Wer hat was vorgeschlagen?

1. Wer hat vorgeschlagen, das Wochenende gemeinsam zu verbringen?
2. Wer schlägt vor, nach Susdal zu fahren?
3. Wer möchte nach Wladimir fahren und wer nach Jaroslawl?
4. Wer schlägt vor, alle vier Städte zu besuchen?

б Formuliere Sätze in der indirekten Rede.

М Мари́я сказа́ла, что она́ хо́чет пое́хать в Су́здаль.

А как в Росси́и?

Der Goldene Ring (Золото́е кольцо́) ist ein geographischer Ring altrussischer Städte im Nordosten von Moskau. Der Name ist aufgrund der goldenen Kuppeln entstanden.

Занима́емся языко́м.

2 Прочита́й текст ещё раз. Куда́ хотя́т пое́хать ребя́та? Почему́? ▶Grammatik 27 S. 153

M Мари́я хо́чет пое́хать в Су́здаль, потому́ что там она́ хо́чет посмотре́ть кремль.

	неофициа́льная столи́ца Золото́го кольца́
	посмотре́ть кремль
Су́здаль	го́род-музе́й
Влади́мир	конце́рт
Яросла́вль	на по́езде то́лько 4 часа́
Се́ргиев Поса́д	дое́хать на электри́чке
	краси́вый го́род
	был ра́ньше столи́цей Росси́и

Куда́? → Akkusativ

Vor *потому́ что* steht immer ein Komma.

S. 137

S. 129

3 Что ребя́та бу́дут де́лать на выходны́х? Почему́?

M Ребя́та иду́т в похо́д, потому́ что пого́да о́чень хоро́шая/тёплая и све́тит со́лнце.

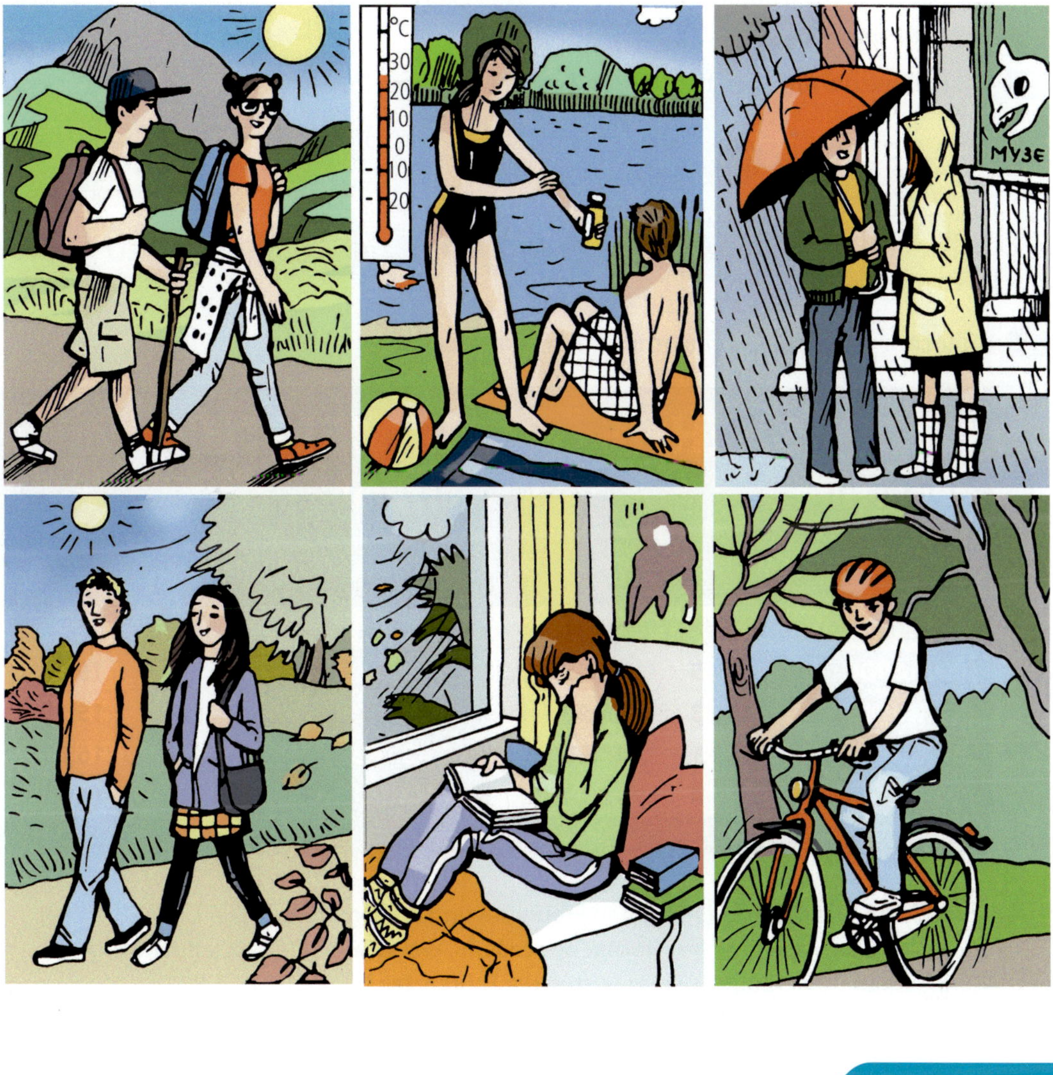

Слова́ – на́ше бога́тство.

4 Für die Reise entlang des Goldenen Rings möchte Макси́м Fahrkarten kaufen. Das Gespräch ist etwas durcheinandergeraten. Schreibe das Gespräch richtig auf.

Макси́м: Здра́вствуйте, я хочу́ купи́ть четы́ре биле́та во Влади́мир.
Касси́р: Вот ва́ша **сда́ча**, 81 рубль.
Макси́м: Нет, то́лько туда́. Ско́лько сто́ят биле́ты?
Касси́р: По́езд во Влади́мир **отправля́ется**, наприме́р, в 7:35 с Яросла́вского вокза́ла.
Макси́м: Вот, 2700 рубле́й.
Касси́р: Здра́вствуйте. Когда́ вы хоти́те е́хать?
Макси́м: Хорошо́.
Касси́р: В 10:51.
Макси́м: А когда́ он **прибыва́ет** во Влади́мир?
Касси́р: 2619 рубле́й.
Макси́м: В сле́дующий четве́рг у́тром. А когда́ отправля́ются поезда́ у́тром?
Касси́р: Вам туда́ и **обра́тно**?
Макси́м: Спаси́бо.

Vor Einstieg in den Zug wird vom Schaffner neben der Fahrkarte auch der Pass verlangt.

5 Wiederhole die Angaben der Uhrzeit. Formuliere Sätze.

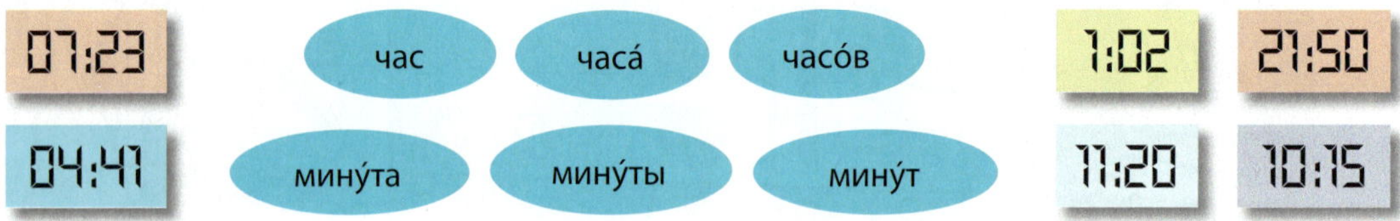

6 Спроси́те и отве́тьте, когда́ отправля́ется по́езд.

ОТПРАВЛЕНИЕ
departure

МОСКОВСКОЕ ВРЕМЯ 14:45

станция	путь	время
ВИЛЬНЮС	**5**	**14:55**
КАЛИНИНГРАД	**3**	**15:20**
ВЛАДИМИР	**1**	**15:35**
СОЧИ	**4**	**16:14**

ПРИБЫТИЕ
arrival

МОСКОВСКОЕ ВРЕМЯ 14:45

станция	путь	время
МИНСК	**7**	**15:00**
СОЧИ	**2**	**15:25**
КАЗАНЬ	**6**	**16:03**
АНАПА	**1**	**16:21**

7 по вы́бору Hilf Макси́м und seinen Freunden und recherchiere. Wie können sie nach Се́ргиев Поса́д, Яросла́вль, Влади́мир und Су́здаль gelangen? Wann fahren Busse/Züge …? Was kosten die Fahrkarten?

8a Lies die unterschiedlichen Übernachtungsangebote. Was bieten die einzelnen Unterkünfte an?

Гости́ница
Со́кол
Заброни́руйте сейча́с и вы полу́чите 15 % ски́дки!
• одноме́стные и двухме́стные номера́
• все номера́ с ду́шем и туале́том
• континента́льный за́втрак
• в ка́ждом но́мере беспла́тный WiFi
• от 2880 до 4500 руб.

Турба́за Уса́дьба
Прекра́сное ме́сто для молодёжного о́тдыха кру́глый год.
О́бщие спа́льни и́ли ма́ленькие апартаме́нты.
О́бщая ва́нная на ка́ждом этаже́.

5 А
5 Б
5 В

S. 116

б Finde Entsprechungen für folgende Wörter und Wortgruppen:

ein Zimmer buchen
Einzelzimmer
Doppelzimmer
Mehrbettzimmer
mit Dusche und Toilette
Gemeinschaftsbad
kontinentales Frühstück
kostenloser Internetzugang

S. 116

в Für welche Unterkunft würdest du dich entscheiden? Warum?

Я предпочита́ю …, потому́ что …

Помоги́ други́м.

9 Ihr wollt ebenfalls ein Hotel in einer Stadt am Goldenen Ring buchen und ruft beim Hotel *Со́кол* an. Hilf deinem Freund bei der Buchung der Hotelzimmer. ▶Methode S. 164

Гости́ница: Гости́ница *Со́кол*, здра́вствуйте.
Freund: Sag, dass wir im Sommer Städte des Goldenen Rings besichtigen und bei ihnen übernachten wollen. Wir sind zu viert.
Гости́ница: Хорошо́. Вы хоти́те одноме́стные и́ли двухме́стные номера́?
Freund: Wir wollen Zweibettzimmer. Mit Dusche und Toilette. Und Frühstück inklusive, wenn das geht.
Гости́ница: Коне́чно. Когда́ и на каку́ю фами́лию заброни́ровать?
Freund: Vom 11. bis zum 15. Juli. Auf den Namen Fischer bitte.
Гости́ница: Хорошо́. До свида́ния.

Дава́йте поговори́м.

S. 116

10 Вы е́дете на выходны́е в Но́вгород/ Росто́в … Купи́те биле́ты и разыгра́йте диало́ги. Orientiert euch an Aufgabe 4 S. 88.

11 по вы́бору Informiert euch über eine der Städte des Goldenen Rings und präsentiert eure Ergebnisse in der Klasse.

B Где мо́жно отли́чно отдохну́ть?

In diesem Abschnitt lernst du …
- Vorschläge zu Reisezielen zu unterbreiten und darauf zu reagieren,
- über eine Reise zu berichten.

На́стя	Ребя́та, есть иде́и на кани́кулы?! Не хочу́ сно́ва к ба́бушке … Мне там **ску́чно** ☹
Макси́м	Мо́жно пое́хать в Каза́нь! Там прекра́сная **приро́да** ✿❀ и вы **мо́жете** посмотре́ть мно́го достопримеча́тельностей.
Ви́ка	На́стя, а ты **уме́ешь пла́вать** на **байда́рке**? Тогда́ мо́жете пое́хать на Байка́л и́ли **путеше́ствовать** по Во́лге.
На́стя	Спаси́бо, Ви́ка, но я не уме́ю пла́вать на байда́рке. ☹ 👎
Ко́ля	Я уже́ да́вно **мечта́ю** о **пое́здке** на Камча́тку. Мой па́па там уже́ был. Там есть вулка́ны!!! 👍 ☺ Вот фо́тка! 
Ви́ка	Я неда́вно была́ в Со́чи. Мне **понра́вилось**.
На́стя	Э́то отли́чная иде́я! Я ещё не была́ в Со́чи. Мо́ре я о́чень люблю́ и о́чень люблю́ купа́ться. **На́до поду́мать** ☺

Дава́йте почита́ем.

1 Lies den Chat und ordne die Satzteile richtig zu.

1. На́стя хо́чет знать,
2. Макси́м **предлага́ет**
3. На́стя не уме́ет
4. Ко́ля мечта́ет
5. Ви́ка пи́шет,
6. На́стя **счита́ет**,

а) посети́ть Каза́нь.
б) что пое́здка в Со́чи – э́то хоро́шая иде́я.
в) куда́ мо́жно пое́хать на кани́кулы.
г) пла́вать на байда́рке.
д) что мо́жно путеше́ствовать по Во́лге.
е) о пое́здке на Камча́тку.

Занимáемся языкóм.

2 **Schreibe alle Sätze mit Formen von *умéть* und *мочь* aus dem Text heraus und übersetze sie. Worin besteht der Unterschied zwischen diesen beiden Verben?** ▶Grammatik 28 S. 153

Вади́м ??? хорошó éздить на велосипéде.

Но сегóдня Вади́м не ??? катáться на велосипéде, потомý что у негó боли́т ногá.

↗ S. 116

3 ***Умéть и́ли мочь?***

↗ S. 137

↗ S. 129

1. Ни́на и Мари́я ??? клáссно танцевáть. К сожалéнию, сегóдня у них нет врéмени и они́ не ??? идти́ на дискотéку.
2. Лéна, ты ??? говори́ть по-францýзски? Ты ??? мне помóчь с переводóм[1]?
3. Зáвтра суббóта и мы вмéсте ??? посмотрéть фильм.
4. Я не ??? с тобóй сейчáс игрáть в кáрты. Мне нáдо в магази́н.

1 mit der Übersetzung (helfen)

↗ S. 129

4 **Прочитáй текст. Wie wird ausgedrückt, dass jemand etwas tun muss?** ▶Grammatik 29 S. 154

Мáма: Тебé ещё нáдо дéлать урóки и **убрáть** кóмнату, Лáра.
Лáра: Да, но сначáла мне нáдо **позвони́ть** Макси́му. Я не знáю, каки́е у нас сегóдня урóки.
Мáма: Тебé нáдо хорошó слýшать учи́теля.

Мне/ Тебé/ Емý/ Ей … + нáдо Макси́му/ Андрéю/ Свéте/ Мари́и … + нáдо

5a **Что им сегóдня нáдо дéлать?**

↗ S. 117

6 **Что вам (не) нáдо дéлать сегóдня пóсле шкóлы? Спроси́те партнёра/партнёршу.**

Слова́ – на́ше бога́тство.

6 Welche Möglichkeiten Vorschläge zu unterbreiten kennst du schon? Schreibe sie in dein Heft und suche weitere Formulierungen, die du für Vorschläge nutzen kannst, aus dem Text auf Seite 90.

7 Куда́ ещё мо́жно пое́хать на кани́кулах в Росси́и? Macht euch gegenseitig Vorschläge und reagiert darauf. Die folgenden Wortgruppen können euch dabei helfen.

Э́то кла́ссная/отли́чная иде́я!
Иде́я – су́пер!
Хоро́шая иде́я, но …
Нет, мне не нра́вится …
Да, мне то́же нра́вится …
Я предпочита́ю …
Я счита́ю/ду́маю, что …
Я предлага́ю …
Я мечта́ю о пое́здке …
Дава́й(те) …
Мне нра́вится …

Anregungen kannst du dir auf der Landkarte auf der Umschlagseite des Buches holen.

Дава́йте послу́шаем.

8a Посмотри́ ви́део. О чём расска́зывает Ни́на?

б Lies dir die folgenden Überschriften genau durch. Sieh dir den Videoclip noch einmal an und bringe die Überschriften in die richtige Reihenfolge. Vorsicht: Drei Überschriften brauchst du nicht! ▶Wortnest S. 170

- Где нахо́дится Моско́вский Кремль?
- Исто́рия го́рода
- Зи́мние кани́кулы Ни́ны
- Что ещё мо́жно де́лать в Москве́?
- Обе́д на теплохо́де[1] Фердина́нд
- Что мо́жно де́лать на Кра́сной пло́щади зимо́й?
- Где нахо́дится го́род?
- Изве́стные лю́ди
- Воробьёвы го́ры[2]

1 Motorschiff
2 назва́ние ме́ста (ме́стности) на ю́го-за́паде Москвы́

в Как тебе́ понра́вилась презента́ция Ни́ны? Was hat sie gut gemacht? Was würdest du anders machen?

9 **по вы́бору** Erstellt eine ähnliche Video-Präsentation über eure Stadt, die ihr gerne vorstellen möchtet.

У́чимся писа́ть.

S. 137

10 Каки́е у Ди́мы кани́кулы? Напиши́ исто́рию к карти́нкам.

S. 117

11a Dein russischer Freund/ deine russische Freundin möchte wissen, wie deine Ferien waren. Напиши́ ему́/ей. ▶Methode S. 163

Напиши́,

- где ты был/а́,
- с кем ты там был/а́,
- кака́я была́ пого́да,
- чем ты занима́лся/занима́лась, что де́лал/а,
- …

Eine Mindmap kann dir helfen, deine Gedanken und Ideen zu strukturieren.

S. 117

б Er/Sie fragt auch, ob du ihm/ihr Tipps für eine Deutschlandreise geben kannst. Schreibe deinen Brief weiter und gib Tipps zu interessanten Städten in Deutschland.

Избá-читáльня

1 Пройди́ тест и узна́й, како́й вид о́тдыха тебе́ подхо́дит. Запиши́ результа́ты в тетра́дь.

Тест: Како́й вид о́тдыха тебе́ подхо́дит?

1. Каку́ю му́зыку ты предпочита́ешь?

А) рок-му́зыку
Б) класси́ческую му́зыку
В) поп-му́зыку
Г) ра́зную

2. Как вы́глядят твои́ кани́кулы?

А) Я уже́ всё заплани́ровал/а.
Б) Не зна́ю. Бу́ду всё де́лать спонта́нно.
В) Заплани́ровал/а то́лько гла́вное[1].
Г) Зна́ю да́ты са́мых круты́х[2] фестива́лей.

3. Кака́я из э́тих карти́н тебе́ нра́вится?

А) 
Б)
В)
Г)

4. Как ты предпочита́ешь познава́ть мир[3]?

А) мне на́до всё ви́деть
Б) мне на́до всё слу́шать
В) мне на́до всё тро́гать[4]
Г) ви́деть, слу́шать, тро́гать

5. Ты до́ма де́лаешь уро́ки?

А) да, всегда́
Б) иногда́
В) никогда́
Г) ча́сто

6. Ты е́дешь 4 часа́ на по́езде. Что ты бу́дешь де́лать?

А) смотре́ть в окно́ и разгля́дывать[5] други́х пассажи́ров
Б) говори́ть с други́ми пассажи́рами
В) чита́ть и́ли спать
Г) игра́ть на смартфо́не

7. Когда́ ты встаёшь во вре́мя кани́кул?

А) с со́лнцем
Б) о́коло 9
В) о́коло 12
Г) ещё по́зже

8. С кем ты лю́бишь путеше́ствовать?

А) с семьёй
Б) с друзья́ми
В) одна́/оди́н
Г) не люблю́ путеше́ствовать

1А✪Б✋В✿Г⌘
2А⌘Б✪В✋Г✿
3А⌘Б✿В✪Г✋
4А⌘Б✋В✿Г✪
5А⌘Б✪В✿Г✋
6А✪Б⌘В✋Г✿
7А⌘Б✪В✋Г✿
8А⌘Б✿В✪Г✋

1 *hier:* das Wichtigste
2 *hier:* cool
3 die Welt erfahren, wahrnehmen
4 anfassen
5 ansehen, genau betrachten

2 Отве́ты отме́чены си́мволами. Каки́х си́мволов ты набра́л/набрала́ бо́льше? Како́й ты тип? Прочита́й результа́ты со словарём.

Результа́ты те́ста:

Авантюри́ст/ка[1] ✪
Ты лю́бишь приключе́ния. Про́сто сиде́ть до́ма и́ли загора́ть на пля́же – э́тот о́тдых не для тебя́. Ску́ууучно! Тебе́ подхо́дит о́тдых с элеме́нтами экстри́ма – парашюти́зм, экску́рсии по пеще́рам, похо́ды в го́ры и ночёвка в пусты́не.

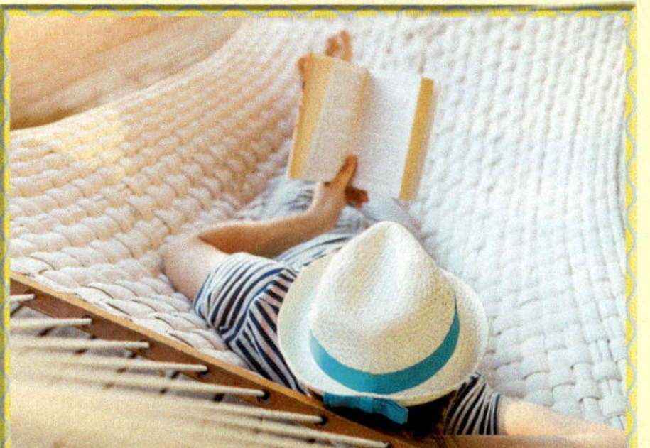

Тип «поко́й и ую́т» ✋
Хоро́шая еда́, поко́й, комфо́рт, ве́лнес – всё э́то о́чень ва́жно для тебя́. Да́же е́сли ты не мо́жешь позво́лить себе́ круи́з, кла́ссы люкс, ты не мо́жешь предста́вить себе́ ке́мпинг с о́бщими ду́шами … У́жас! Тебе́ не на́до уезжа́ть далеко́. И до́ма хорошо́. Предста́вь себе́ споко́йный балко́н на со́лнце, интере́сную кни́гу, вку́сные заку́ски … бо́льше ничего́ и не на́до для о́тдыха!

Люби́тель культу́ры ⌘
Бо́льше всего́ ты лю́бишь культу́ру. Пляж, спорт, вечери́нки – всё э́то не для тебя́. Ты предпочита́ешь посеща́ть вы́ставки, осма́тривать достопримеча́тельности, ходи́ть в теа́тр и так да́лее. Тебе́ не на́до е́здить с туристи́ческой гру́ппой. Ты сам/а́ мо́жешь реши́ть, ско́лько вре́мени на́до, что́бы всё осмотре́ть.

Тусо́вщик/Тусо́вщица[2] ❁
Тебе́ нра́вится, когда́ вокру́г мно́го люде́й, поэ́тому тебе́ подхо́дят шу́мные мо́дные куро́рты и оте́ли с програ́ммой «всё включено́». Музыка́льные фестива́ли под откры́тым не́бом тебе́ то́же идеа́льно подхо́дят. Тебе́ не сто́ит отправля́ться в о́тпуск вдвоём. Лу́чше пое́хать с большо́й компа́нией.

1 Abenteuerer/-in 2 Partylöwe/Partylöwin

3 Что ты ду́маешь о твои́х результа́тах?

4 Прочита́й други́е результа́ты. Подхо́дят они́ тебе́?

5 Расскажи́ о твои́х кани́кулах.

Вме́сте всего́ дости́гнем.

Пое́дем в Росси́ю.

1 **Euer Russischkurs möchte eine Fahrt nach Russland unternehmen, aber ihr seid euch noch nicht sicher, wohin die Reise gehen soll. Sucht nach möglichen Reisezielen und stellt sie der Klasse in einer Präsentation vor.**

- Entscheidet euch für einen Ort oder eine Region in Russland.
- Recherchiert nähere Informationen dazu.
  - Wo genau befindet sich der Ort/ die Region?
  - Wie kann man dorthin gelangen?
  - Wo kann man unterkommen?
  - Welches Wetter kann man dort erwarten?
  - Was kann man dort alles machen?
  - Warum möchtet ihr dorthin fahren?
- Tragt eure Ergebnisse in einer Präsentation zusammen. Sucht euch dafür auch passendes Bildmaterial.

Дворе́ц земледе́льцев, Каза́нь
(Der Palast der Landwirte)

Пое́здка Макси́ма

2 **Прочита́йте текст. В чём пробле́ма Макси́ма?**

Ни́на звони́т Макси́му.

Ни́на: Макси́м, приве́т! Э́то я, Ни́на. Ты уже́ собра́л свои́ ве́щи[1] для пое́здки?

Макси́м: *(смо́трит футбо́л по телеви́зору)* Ещё нет. За́втра у́тром у меня́ бу́дет ещё вре́мя.

Ни́на: Но не о́чень мно́го. По́езд во Влади́мир отправля́ется …

Макси́м: Зна́ю, зна́ю …

Ни́на: … с Ку́рского вокза́ла в 8:07.

Макси́м: Да, да … не пережива́й![2] До за́втра.

На сле́дующее у́тро на Яросла́вском вокза́ле …

Макси́м: Фу! Ещё успе́л во́время[3]. Уже́ ду́мал, что опозда́ю[4] … Семь часо́в … А где же други́е? По́езд отправля́ется че́рез во́семь мину́т!

1 hast du deine Sachen gepackt
2 mach dir keine Sorgen
3 noch rechtzeitig geschafft
4 (werde) zu spät kommen

Schreibt eine Fortsetzung der Geschichte. Was geht an diesem Tag für Макси́м noch alles schief? Oder gibt es doch ein *Happy End*?
Überlegt euch, wie ihr eure Geschichte präsentieren wollt. Ihr könnt sie als Sketch vorspielen, als Comic zeichnen, eine Fotostory machen usw. Euren Ideen sind (fast) keine Grenzen gesetzt. Präsentiert eure Geschichte vor der Klasse. ▸Methode S. 163

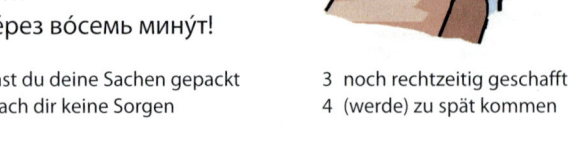

Прове́рь себя́. по вы́бору

Занима́емся языко́м.

ТРКИ **1а** **Вы́бери пра́вильные отве́ты. Прове́рь их на стр. 213.**

1. Ла́ра ??? хорошо́ чита́ть. 2. Коне́чно я ??? тебе́ помо́чь. 3. Я не ??? пла́вать.	(А) уме́ю (Б) могу́ (В) уме́ет (Г) мо́жет	7. Дождь ???. 8. Ве́тер ???. 9. Со́лнце ???.	(А) све́тит (Б) ду́ет (В) идёт (Г) хо́дит
4. ??? Ни́на лю́бит загора́ть. 5. ??? иногда́ уже́ мо́жно купа́ться. 6. ??? в Москве́ ча́сто идёт снег.	(А) ле́том (Б) зимо́й (В) о́сенью (Г) весно́й	10. Све́та лю́бит ??? на пля́же. 11. Ти́на лю́бит ??? в мо́ре. 12. Ва́ня лю́бит ??? в го́ры.	(А) ката́ться на ло́дке (Б) ходи́ть в похо́ды (В) загора́ть (Г) купа́ться

ТРКИ **б** **Вы́бери пра́вильные отве́ты. Прове́рь их на стр. 213. Иногда́ пра́вильны не́сколько отве́тов.**

1. На выходны́х я бу́ду ???.	(А) игра́ть на смартфо́не (Б) прочита́ть кни́гу (В) написа́ть письмо́ (Г) смотре́ть фильм	3. По́езд из Иркутска ??? в 8 часо́в.	(А) отправля́ется (Б) пла́вает (В) прибыва́ет (Г) приглаша́ет
2. Алёша ча́сто ката́ется ???.	(А) велосипе́д (Б) у ло́дки (В) на ло́дке (Г) скейтбо́рд	4.??? на́до идти́ к врачу́.	(А) Ей (Б) Па́пу (В) Тебя́ (Г) Макси́му

У́чимся писа́ть.

2 **На кани́кулах А́нна написа́ла откры́тку «для лени́вых». Напиши́ «пра́вильную» откры́тку. Сравни́ с приме́ром на стр. 213. Vergleiche mit der Musterlösung auf S. 213.**

Пе́сни

А мо́жет быть воро́на

Слова́: Э. Успе́нский *Му́зыка: Гр. Гладко́в*

Одну́ просту́ю ска́зку, а мо́жет и не ска́зку,
А мо́жет, не просту́ю, хоти́м вам рассказа́ть.
Её мы по́мним с де́тства, а мо́жет, и не с де́тства,
А мо́жет, и не по́мним, но бу́дем вспомина́ть.

Нам по́мнится, воро́не, а мо́жет быть, соба́ке,
А мо́жет быть, коро́ве, одна́жды повезло́.
Присла́л ей кто́-то сы́ра, грамм, ду́мается, две́сти,
А мо́жет быть, и три́ста, а мо́жет, полкило́.

На ель она́ взлете́ла, а мо́жет, не взлете́ла,
А мо́жет быть, на па́льму с разбе́га взобрала́сь.
И там она́ поза́втракать, а мо́жет, пообе́дать,
А мо́жет, и поу́жинать споко́йно собрала́сь.

Но тут лиса́ бежа́ла, а мо́жет, не бежа́ла,
А мо́жет, э́то страус злой, а мо́жет, и не злой.
А мо́жет, э́то дво́рник был. Он шёл по се́льской ме́стности
К ближа́йшему оре́шнику за но́вою метло́й.

«Послу́шайте, воро́на, а мо́жет быть, соба́ка,
А мо́жет быть, коро́ва, но то́же хороша́!
У вас таки́е пе́рья, у вас рога́ таки́е,
Копы́та о́чень стро́йные и до́брая душа́.

А е́сли вы споёте, а мо́жет быть, зала́ете.
А мо́жет, замычи́те, – коро́вы ведь мыча́т.
То вам седло́ большо́е, ковёр и телеви́зор,
В пода́рок сра́зу вру́чат, а мо́жет быть, вруча́т.»

И глу́пая воро́на, а мо́жет быть, соба́ка,
А мо́жет быть, коро́ва, как что-то запоёт.
А сыр у той воро́ны, а мо́жет быть, соба́ки
А мо́жет быть, коро́вы, коне́чно же упа́л.
И пря́мо на лиси́цу, а мо́жет, и на стра́уса,
А мо́жет, и на дво́рника неме́дленно попа́л.

Иде́ю э́той ска́зки, а мо́жет, и не ска́зки,
Поймёт не то́лько взро́слый, но да́же карапу́з, –
Не сто́йте и не пры́гайте, не по́йте, не пляши́те
Там, где идёт строи́тельство и́ли подве́шен груз.

Непого́да

Слова́: Н. О́лев *Му́зыка: М. Дунае́вский*

Измене́ния в приро́де происхо́дят год от го́да,
Непого́да ны́нче в мо́де, непого́да, непого́да.
Сло́вно из водопрово́да льёт на нас с небе́с вода́.
Полго́да плоха́я пого́да, полго́да совсе́м никуда́.
(2 ра́за)

Припе́в: Никуда́, никуда́ нельзя́ укры́ться нам,
Но откла́дывать жизнь ника́к нельзя́.
Никуда́, никуда́, но знай, что где-то там
Кто-то и́щет тебя́ среди́ дождя́.

Гро́ма гро́зные раска́ты от зака́та до восхо́да,
За грехи́ людски́е пла́та непого́да, непого́да.
Не анги́на, не просту́да, посерьёзнее беда́.
Полго́да плоха́я пого́да, полго́да совсе́м никуда́.
(2 ра́за)

Припе́в

Жела́ю

Слова́ и му́зыка: Е. Ва́енга

Со́лнце я́рко све́тит и смею́тся де́ти,
А мы рука́ об ру́ку идём с тобо́ю ря́дом,
И говори́ть не на́до – всё и так поня́тно,
И мне прия́тно всем вам говори́ть:

Припе́в:
Жела́ю,
Чтоб вы все бы́ли здоро́вы и чтобы над ва́ми
Сия́ло со́лнце я́рче, чем на Мадагаска́ре,
Чтоб до ста лет жи́ли, чтоб го́ря не зна́ли,
И что́бы ва́ши де́ти вас ра́довали!

Я жела́ю ми́ра, я добра́ жела́ю
И ка́ждому здоро́вья от всей души́ жела́ю,
И мне немно́го на́до – хочу́, чтоб бы́ли ря́дом
Люби́мые и вся моя́ родня́.

Припе́в

Тебé нужнá пóмощь?

Wenn du das Zeichen ⊙ an einer Übung siehst, so findest du auf den folgenden Seiten zu dieser Übung eine Hilfestellung oder eine Variante – eine einfachere Übung als vorn. Damit gelingt es dir, die Aufgaben besser zu lösen. Sicher musst du nicht unbedingt immer hier hinten nachschauen, denn viele Übungen wirst du auch ohne Hinweise bewältigen können. Die Seitenangaben helfen dir, dich richtig zu orientieren.

Урóк 1

Abschnitt A

S. 11 ⊙ **3a** Übertrage die Tabelle in dein Heft und ergänze sie mit Hilfe der Aufgabe 3a auf Seite 11.

врéмя гóда	мéсяц	Monat
???	декáбрь ??? ???	Dezember Januar Februar
веснá	??? ??? ???	März April Mai
???	??? ??? ???	Juni Juli August
???	??? ??? ноябрь	September Oktober November

Bilde drei weitere Sätze im Heft nach dem Muster.

M Зимá – э́то декáбрь, янвáрь и феврáль.

S. 11 ⊙ **4a** Übertrage die Tabelle in dein Heft und vervollständige sie. Dann kannst du sicher sagen, wann die Kinder Geburtstag haben.

M Макси́м роди́лся зимóй, в декабрé.

В какóе врéмя гóда?	В какóм мéсяце? (*когдá?*)
зимóй	в декабрé, в январé, в ???
веснóй	в ???, в мáе, в ???
лéтом	в июле, ???, ???
óсенью	???, ???, ???

роди́лся – m.
родилáсь – w.
роди́лись – Pl.

Д ⊙

4б **Fragt euch gegenseitig, wann ihr Geburtstag habt und antwortet darauf. Schreibt dazu den Kurzdialog mit euren Geburtstagen auf. Übt den Dialog für das Vortragen vor der Klasse.**

М
А: Когда́ у тебя́ день рожде́ния?
Б: У меня́ день рожде́ния весно́й, в апре́ле. А когда́ у тебя́ день рожде́ния?
А: А у меня́ день рожде́ния ле́том, в ию́не.

S. 11 **5б** **Ordne die Ordnungszahlen in der richtigen Reihenfolge im Heft. (Du kannst auch ein Kalenderblatt nach der Vorlage gestalten. Dabei musst du an das Neutrum denken.)**

тре́тий, два́дцать восьмо́й, девя́тый, шестна́дцатый, два́дцать четвёртый, двена́дцатый, пе́рвый, второ́й, четвёртый, шесто́й, восьмо́й, деся́тый, оди́ннадцатый, трина́дцатый, три́дцать пе́рвый, четы́рнадцатый, пятна́дцатый, семна́дцатый, два́дцать пя́тый, восемна́дцатый, девятна́дцатый, два́дцать пе́рвый, два́дцать второ́й, седьмо́й, два́дцать тре́тий, два́дцать шесто́й, два́дцать седьмо́й, два́дцать девя́тый

1 Но́вый год
2 ???
3 ???
4 ???
5 ???
6 ???
7 ???
8 ???
9 ???
10 ???
11 ???
12 ???
13 ???
14 ???
15 ???
16 ???
17 ???
18 ???
19 ???
20 двадца́тое
21 два́дцать пе́рвое
22 ???
23 ???
24 ???
25 ???
26 ???
27 ???
28 ???
29 ???
30 тридца́тое
31 ???

январь

S. 12 **9** **Wenn du dir die Kästchen genau anschaust, kannst du im 3. Kasten selbstständig den Satz formulieren. Anschließend bist du fit, um den Geburtstagskalender von Са́ша richtig vorzustellen.**

Макси́м роди́лся пя́того декабря́ две ты́сячи второ́го го́да.	5. Dezember 2003
Мари́я родила́сь пя́того декабря́ две ты́сячи тре́тьего го́да	5. Dezember 2002
Зи́на родила́сь тр??? м??? две т??? … ???… г???	3. Mai 2004

Achtung Sonderfall!
Das Jahr 2000 heißt *двухты́сячный год* →
11.4.2000 – *оди́ннадцатого апре́ля двухты́сячного го́да.*

Du: Я роди́лся/родила́сь …

S. 13 **12** **Orientiere dich am Muster und gestalte selbst eine Geburtstagskarte für Мари́я oder Макси́м.**

M

Дорого́й Макси́м!
Я поздравля́ю тебя́ с днём рожде́ния!
Я жела́ю тебе́ здоро́вья и…!
Твой друг Степа́н
поздравля́ю (кого́?) с (Instr.)
жела́ю (кому́?) + Gen.

Abschnitt Б

S. 15 **3б** **Übertrage den Hilfekasten in dein Heft und ergänze ihn. Benutze dafür den Grammatikteil 6 auf S. 142.**

1) **Suche im Dialog die entsprechende Antwort und schreibe das Substantiv/ den Namen auf.**
2) **Bestimme den Kasus der Substantivendung.**

Вопро́сы/Fragen	Substantiv	Kasus
Кто?	Э́то Ни́на.	
У кого́?	у …???	
Кому́?	Ве́ре, Макси́му, … ???	
Кого́ (он/она́ лю́бит)?	певи́цу	
С кем?	с … ???	
О ком?	о дру́ге	Präpositiv – 6. Fall

Abschnitt В

S. 19 **2** 1. **Lege eine Folie auf den Text und markiere mit einem Folienstift die entsprechenden Personalpronomen.**
2. **Schreibe sie untereinander in dein Heft.**
3. **Notiere zu jedem Personalpronomen die Grundform.**
4. **Übertrage die Tabelle in dein Heft und trage die fehlenden Personalpronomen ein.**

	Singular				Plural		
	1. Pers.	2. Pers.	3. Pers.		1. Pers.	2. Pers.	3. Pers.
Nom.	???	ты	???	она́	мы	???	они́
Gen.	меня́	???	(н)его́	???	???	вас	(н)их
Dat.	мне	???	(н)ему́	(н)ей	???	???	(н)им
Akk.	???	???	(н)его́	(н)её	нас	вас	(н)их
Instr.	мной	???	(н)им	(ней)/е́ю	на́ми	ва́ми	(н)и́ми
Präp.	(обо) ???	(о) тебе́	???	(о) ней	(о) нас	(о) вас	(о) них

Д

S. 21 (•) **8б** **1. Übertrage die Tabelle in dein Heft und ergänze.**

хо́ч**ет**, хот**и́те**, хоч**у́**, хот**и́м**

хоте́ть **-е-**		хоте́ть **-и-**	
я	???	мы	???
ты	хо́чешь	вы	???
он	???	они́	хотя́т

хоте́ть wird im Singular nach der *e*-Konjugation und im Plural nach der *u*-Konjugation konjugiert.

2. Bilde Sätze. Ergänze dafür das Verb *хоте́ть* in der richtigen Form.

1. Что вы ??? есть?
2. Что ты ??? пить?
3. Он ??? спаге́тти.
4. Мари́я ??? пить ко́лу.
5. Я ??? моро́женое.
6. Макси́м и Са́ша ??? пи́ццу и сала́т.

Уро́к 2

Abschnitt A

S. 28 (•) **1** **Wähle die richtige Antwort aus.**

9

1. Куда́ пригласи́ли Макси́ма и его́ ма́му?
   а) Макси́ма и его́ ма́му пригласи́ли на Рождество́.
   б) Макси́ма и его́ ма́му пригласи́ли к подру́ге Све́те.
   в) Макси́ма и его́ ма́му пригласи́ли к тёте Све́те на юбиле́й.

2. Каку́ю оде́жду лю́бит носи́ть Макси́м?
   а) Макси́м лю́бит носи́ть джи́нсы и руба́шку.
   б) Макси́м лю́бит носи́ть джи́нсы, сви́тер и кроссо́вки.
   в) Макси́м лю́бит носи́ть руба́шку.

3. В како́м магази́не Макси́м и его́ ма́ма?
   а) В магази́не *Спорт*.
   б) В магази́не *Оде́жда*.
   в) В магази́не *Джи́нсы*.

4. Како́й разме́р оде́жды у Макси́ма?
   а) У Макси́ма разме́р оде́жды M.
   б) У Макси́ма разме́р оде́жды L.
   в) У Макси́ма разме́р оде́жды S.

5. Каки́е костю́мы есть в магази́не?
   а) В магази́не есть си́ние и чёрные костю́мы.
   б) В магази́не нет костю́мов.
   в) В магази́не есть бе́лые и чёрные костю́мы.

6. Ско́лько сто́ит си́ний костю́м?
   а) Он сто́ит 2 548 рубле́й.
   б) Он сто́ит 2 549 рубле́й.
   в) Он сто́ит 2 649 рубле́й.

7. Где ка́сса в магази́не?
   а) На пе́рвом этаже́.
   б) На второ́м этаже́.
   в) На четвёртом этаже́.

S. 30 ⊙ **6** **Sortiere die Formen des Demonstrativpronomens *э́тот* richtig in die Tabelle ein und schreibe sie in dein Heft. Der Text auf S. 28 dient dir als Hilfestellung. Ergänze dann die fehlenden Formen.**

(с) э́той   э́тот   э́то   э́ти

	Singular			Plural
	m.	f.	n.	
Nom.	???	???	???	???
???	???	???	???	???

S. 30 ⊙ **8б** **Die vorgegebenen Satzteile helfen dir dabei.**

1. Како́й у тебя́ ???.
2. Како́й твой ???.
3. Како́й костю́м ???.
4. Како́й ???.
5. ??? уро́ка больша́я переме́на? *(Gen.)*
6. ??? рестора́не вы бы́ли вчера́? *(Präp.)*
7. ??? уро́ке у Са́ши тест? *(Präp.)*
8. ??? шко́ле у́чится И́ра? *(Präp.)*

S. 31 ⊙ **11** **1. Meine Lieblingsfarben**

1. Schreibt alle Farbadjektive heraus und notiert die deutsche Bedeutung.

2. Gestaltet jede/r selbst eine Wortschlange mit anderen Farbadjektiven.
3. Tauscht eure Wortschlangen aus und findet die Farbadjektive.

2. Führt ein Verkaufsgespräch in einem Modegeschäft.

– У вас есть … ?
– Покажи́те/Да́йте мне, пожа́луйста, …
– Я хоте́л/а бы э́тот/э́ту/э́то/э́ти …
– Мне́ (не) нра́вится э́тот/э́та/э́то/э́ти …
– Мой люби́мый цвет (чёрный/кра́сный/ зелёный…)
– Мне/Тебе́ (не) идёт э́тот цвет.
– Я (не) люблю́ ходи́ть в … (сви́тере, джи́нсах …)
– Мне как раз э́тот/э́та/э́то/э́ти …
– Ско́лько сто́ит (сто́ят) … ?
– Да, э́то до́рого/недо́рого.
– Я (не) возьму́/ Мы (не) возьмём …
– А где у вас ка́сса?

– Чем тебе́/вам помо́чь?
– У нас есть …
– Како́й у … разме́р?
– Тебе́ (не) нра́вится э́тот/э́та/э́то/э́ти …
– Како́й цвет … нра́вится?
– Тебе́/Вам (не) идёт чёрный/кра́сный/ зелёный … цвет.
– Тебе́ о́чень идёт э́тот/э́та/э́то/э́ти …!
– Вот, пожа́луйста.
– … сто́ит (сто́ят) … рубль (рубле́й).
– Ка́сса на … этаже́.

Д ⊙

Abschnitt Б

S. 33 ⊙ **3a** Ordne den folgenden Sätzen den oben stehenden Kasus zu.
Denke daran! Präpositionen und Verben verlangen einen bestimmten Kasus.

M Мне нра́вятся твои́ глаза́. глаза́ = Nominativ (Pl.)

Nominativ | у + Genitiv | к + Dativ | Akkusativ | в + Präpositiv | с + Instrumental

1. Ле́на – э́то де́вочка в джи́нсах.
2. У кроссо́вок краси́вый цвет.
3. С брю́ками мо́жно носи́ть боти́нки.
4. Ми́ша лю́бит носи́ть футбо́лки.
5. К шо́ртам я ча́сто надева́ю то́пы.

Achtung – Plural!

S. 33 ⊙ **4a** Finde in den Dialogen (S. 32) alle Adjektive. Um ihren Kasus und Numerus zu bestimmen, hilft es dir manchmal, das dazugehörige Substantiv bzw. die dazugehörige Präposition mit zu notieren. Übernimm dafür die Tabelle in dein Heft und ergänze sie.

	Singular			Plural
	m.	n.	f.	
Nom.	симпати́чный (ма́льчик)			голубы́е и больши́е (глаза́)
Gen.				

S. 34 ⊙ **7** по вы́бору Pünktchen, Pünktchen, Komma, Strich …
Lest und übt den Reim. Gestaltet dazu euer eigenes Mondgesicht.

То́чка, то́чка – вот глаза́,
нос и рот и голова́.
У́хо, у́хо, во́лосы,
э́то я, нет э́то ты!

S. 35 ⊙ 11 **9a** Послу́шай диало́г.
Notiere in deinem Heft, was du über einen Mitschüler von Ни́на erfährst auf einem Notizzettel in deutscher Sprache (4 Fakten/Stichpunkte).

Mitschüler von Ни́на?
Augen: ???
Haare:
kurze Haare, ???
Kleidung: dunkel-
blaues Hemd ???

S.35 ⊙ **10** **Stelle dich, jemanden aus deiner Familie oder von deinen Freunden vor. Gestalte dafür eine Freunde-Seite in russischer Sprache auf einem DIN-A4 Blatt. Diese Vorlage hilft dir dabei.**

И́мя/Vorname: ....
Фами́лия/Familienname: ....
Да́та рожде́ния/Geburtsdatum: ....
Рост/Größe: ....
Глаза́/Augen: ....
Во́лосы/Haare: ....
При́знаки/Merkmale: ....
Люби́мый цвет/Lieblingsfarbe: ....
Люби́мая оде́жда/Lieblingskleidung: ....
–: ....

Abschnitt B

S.36 ⊙ **1** **Слу́шай и чита́й текст об Оле́ге Ша́тове. Отве́ть на вопро́сы.**

12

1. Кто Оле́г Ша́тов для Макси́ма?

   а) Э́то кумúр (Макси́ма).
   б) Э́то друг (Макси́ма).

2. Чем занима́ется Оле́г Ша́тов?

   а) Он занима́ется те́ннисом.
   б) Он занима́ется футбо́лом.

3. Где и когда́ роди́лся Оле́г?

   а) Оле́г роди́лся 29 ию́ня 1990 го́да в го́роде Ни́жний Но́вгород.
   б) Оле́г роди́лся 29 ию́ля 1990 го́да в го́роде Ни́жний Таги́л.

4. Когда́ он на́чал занима́ться футбо́лом?

   а) Он на́чал занима́ться футбо́лом в семь лет.
   б) Он на́чал занима́ться футбо́лом в во́семь лет.

5. Что бы́ло у Оле́га в 2007 году́?

   а) В 2007 году́ Оле́г сыгра́л пе́рвый раз за кома́нду *Ура́л*.
   б) В 2007 году́ Оле́г сыгра́л после́дний раз за кома́нду *Ура́л*.

6. Что Оле́г начина́ет де́лать в 2014 году́?

   а) В 2014 году́ Оле́г начина́ет игра́ть за национа́льную сбо́рную Росси́и.
   б) В 2014 году́ Оле́г начина́ет игра́ть за кома́нду *Бору́ссия До́ртмунд*.

Д ⊙

S.37 (•) **3** **Вчера́. Сего́дня. За́втра. Прочита́й и переведи́ предложе́ния.**

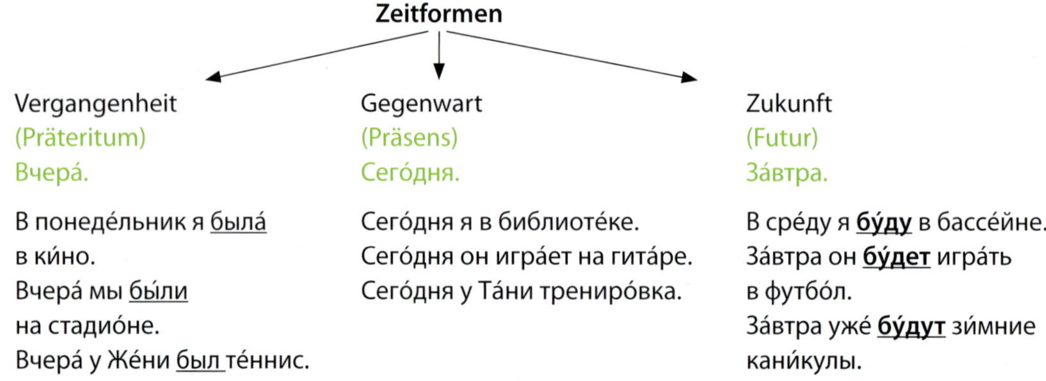

Zeitformen

Vergangenheit (Präteritum) Вчера́.	Gegenwart (Präsens) Сего́дня.	Zukunft (Futur) За́втра.
В понеде́льник я была́ в кино.	Сего́дня я в библиоте́ке.	В сре́ду я **бу́ду** в бассе́йне.
Вчера́ мы бы́ли на стадио́не.	Сего́дня он игра́ет на гита́ре.	За́втра он **бу́дет** игра́ть в футбо́л.
Вчера́ у Же́ни был те́ннис.	Сего́дня у Та́ни трениро́вка.	За́втра уже́ **бу́дут** зи́мние кани́кулы.

S.37 (•) **4** **Erkläre mit Hilfe der markierten Signalwörter den verwendeten Aspekt der Verben.**

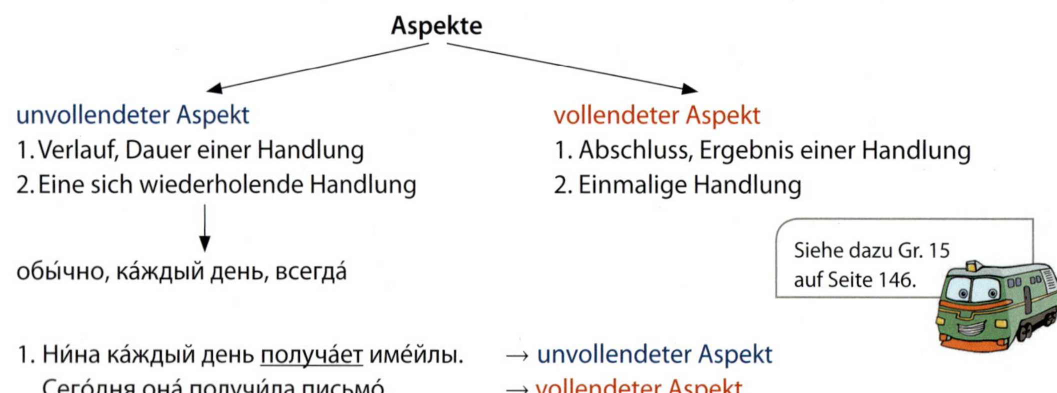

Aspekte

unvollendeter Aspekt	vollendeter Aspekt
1. Verlauf, Dauer einer Handlung	1. Abschluss, Ergebnis einer Handlung
2. Eine sich wiederholende Handlung	2. Einmalige Handlung

↓

обы́чно, ка́ждый день, всегда́

Siehe dazu Gr. 15 auf Seite 146.

1. Ни́на ка́ждый день получа́ет име́йлы. → unvollendeter Aspekt
   Сего́дня она́ получи́ла письмо́. → vollendeter Aspekt
2. Ди́ма чита́л кни́гу три дня.
   И тепе́рь он **прочита́л** кни́гу.
3. Ко́ля обы́чно **надева́ет** в шко́лу бе́лую руба́шку.
   А вчера́ он наде́л си́нюю руба́шку.

S.38 (•) **9** **Он и́ли она́?**
Lies folgende Berufsbezeichnungen. Ordne sie paarweise nach männlichen und weiblichen Formen in eine Tabelle im Heft ein. Wie wird die weibliche Form gebildet? Unterstreiche sie.

журнали́ст, футболи́стка, журнали́стка,

арти́стка, футболи́ст, арти́ст

Berufsbezeichnungen	
он/männlich	она́/weiblich
учи́тель	учи́тельница
???	

Erinnere dich:

учи́ть	писа́ть
учи́ться	писа́тель
учи́тель	
учи́тельница	

Избá-читáльня

S.41 ⊙ **1** **Прочитáйте загáдки со словарём.**

Загáдки

1. Он, навéрное[1], мнóго читáет
И поэ́тому так мнóго знáет.
Объяснúт, и запóмнить застáвит,[2]
И в дневнúк нам оцéнку постáвит[3].

2. Мы прихóдим в дéтский сад[4].
Кто всегдá нам в грýппе рад[5]?
И стихú[6], и úгры знáет,
Кнúжку вслух нам почитáет.[7]
Слýшают внимáтельно
Дéти …

Áвтор: Ирúна Acéева

1 wahrscheinlich
2 er erklärt und fordert zum Einprägen auf
3 gibt eine Zensur

4 in den Kindergarten kommen
5 froh, erfreut
6 Gedichte
7 Bücher liest er laut uns vor.

S.41 ⊙ **3** **1. Finde im Text alle Tätigkeiten, die den gesuchten Beruf beschreiben.**

Ⓜ Rätsel 1

– читáет, знáет, объяснúт
– запóмнить застáвит
– оцéнку постáвит

2. Schreibe einen Rätseltext ab.
Unterstreiche die Tätigkeiten der gesuchten Berufe in deiner Strophe.
Illustriere die Strophe, also stelle sie in Bildern dar.

Урóк 3

Abschnitt A

S.47 ⊙ **3** **Welche dieser Substantive gehören zur 3. Deklination?**
1. Lege dir dafür eine Tabelle mit Maskulina und Feminina im Heft an.
2. Ordne dann alle Substantive auf -ь richtig ein.
3. Wenn du dir nicht sicher bist, kannst du das Genus im Wörterverzeichnis überprüfen.

~~кровáть~~, óбувь, ~~кáшель~~, царь, ~~моркóвь~~, жизнь, ~~óсень~~, рубль, ~~картóфель~~, тетрáдь, ~~ию́ль~~

Maskulina (männlich)	Feminina (weiblich)
ию́ль	кровáт**ь**
кáшель	óсен**ь**
картóфель	моркóв**ь**
???	???

↓ **Substantive der 3. Deklination**

Д ⊙

S.47 6 **Stellt euch gegenseitig Fragen mit *что* und *кто* und beantwortet sie.**
Beachtet die Rektion der Verben.
Notiert die Fragen nach dem vorgegebenen Muster im Heft und beantwortet sie.

интересова́ться *кем? чем? (Instr.)*

M А: <u>Чем</u> ты интересу́ешься?
Б: Я интересу́юсь литерату́р<u>ой</u>.

А: <u>Кем</u> ты интересу́ешься?
Б: Я интересу́юсь но́в<u>ой</u> де́вочк<u>ой</u>.

занима́ться *чем? (Instr.)*

говори́ть *с кем? (Instr.)* *о ком/чём? (Präp.)*

люби́ть *кого́? что? (Akk.)*

жела́ть *кому́? (Dat.)* *чего́? (Gen.)*

кто?	*Nom.*	что?
кого́?	*Gen.*	чего́?
кому́?	*Dat.*	чему́?
кого́?	*Akk.*	что?
кем?	*Instr.*	чем?
о ком?	*Präp.*	о чём?

S.48 **10a** **Höre, worüber Са́ша und Ники́та sprechen. Mache dir dabei Notizen zu den folgenden Punkten.**

15

- и́мя (кто?)
- роди́лся (когда́?)
- роди́лся (где?)
- роди́тели (имена́)
- брат (и́мя)
- сестра́ (и́мя)
- языки́ (каки́е?)
- у́мер/ла́ (когда́?)

S.49 12 **Die folgende Mindmap soll dir dabei helfen.**

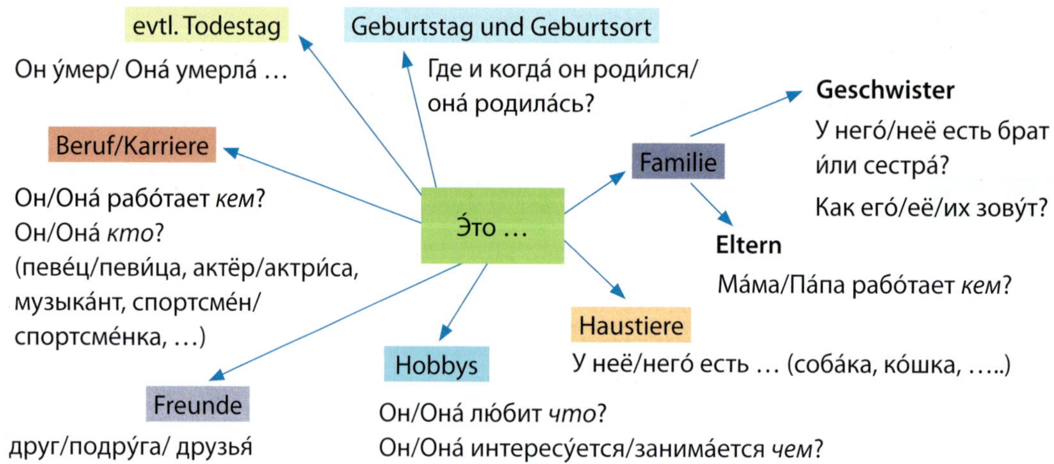

Э́то …
evtl. Todestag
Он у́мер/ Она́ умерла́ …
Geburtstag und Geburtsort
Где и когда́ он роди́лся/ она́ родила́сь?
Beruf/Karriere
Он/Она́ рабо́тает *кем*?
Он/Она́ *кто*?
(пев́ец/певи́ца, актёр/актри́са, музыка́нт, спортсме́н/ спортсме́нка, …)
Familie
Geschwister
У него́/неё есть брат и́ли сестра́?
Как его́/её/их зову́т?
Eltern
Ма́ма/Па́па рабо́тает *кем*?
Haustiere
У неё/него́ есть … (соба́ка, ко́шка, …..)
Hobbys
Он/Она́ лю́бит *что*?
Он/Она́ интересу́ется/занима́ется *чем*?
Freunde
друг/подру́га/ друзья́

Abschnitt Б

S.50 16 **Lege eine Folie auf den Text und markiere mit einem Folienstift die entsprechenden Antworten auf die Fragen der Touristen.**
Denke daran, in jeder Frage gibt es ein Signalwort. Es hilft dir dabei, die richtige Antwort im Text zu finden.

M Когда́ <u>был осно́ван</u> Санкт-Петербу́рг? ☞ Text: Санкт-Петербу́рг <u>был осно́ван</u> в 1703 г.

S.51 ⊙ **6** **Lies und übersetze die Sätze.**
Suche in jedem Satz das Verb und bestimme die grammatische Form des jeweiligen Verbs.

M Ми́ше на день рожде́ния подари́ли биле́т в Эрмита́ж. (Verb – *3. Pers. Pl.*)
Zum Geburtstag wurde (hat man) Mischa eine Eintrittskarte für die Ermitage geschenkt.

1. Эрмита́ж основа́ли в 1764 г.
2. Здесь пока́зывают карти́ны Ре́мбрандта и други́х изве́стных худо́жников.
3. В Эрмита́же прохо́дят вы́ставки на ра́зные те́мы.
4. Здесь продаю́т сувени́ры.

S.53 ⊙ **12** **In Vorbereitung eurer Führung solltet ihr eine Mindmap in russischer Sprache anlegen.**
Ihr könntet beispielsweise folgende Äste einrichten: ▶Wortnest S. 169

Mitte: (мо́й родно́й) го́род/ (моя́ родна́я) дере́вня

- **Geschichte**
– Го́род был осно́ван в …
– ма́ленький, большо́й, но́вый, совреме́нный …

- **Lage**
– Го́род/Дере́вня нахо́дится на … (юг, восто́к, за́пад, се́вер)
– Го́род/Дере́вня нахо́дится в земле́ … (Ге́ссен, Саксо́ния-А́нгальт …)
– … недалеко́ от …
– В го́роде/ дере́вне есть … (река́, парк …)

- **Sehenswürdigkeiten**
– В го́роде/дере́вне есть достопримеча́тельности … (ра́туша, музе́й/музе́и, це́рковь/це́ркви, теа́тр, вокза́л, па́мятник, зоопа́рк …)
– … нахо́дится/нахо́дятся недалеко́ от …

- **Bekannte Persönlichkeiten**
– Здесь жил/жила́ …
– Здесь роди́лся/родила́сь …
– Он/Она́ роди́лся/родила́сь в … году́.

- **Lieblingsort**
– Моё люби́мое ме́сто – … (парк, центр го́рода …)

Abschnitt B

S.55 ⊙ **4** **Finde den jeweils passenden Satzteil zu den Illustrationen. Übertrage anschließend ins Deutsche.**

M Э́то царь, кото́рый основа́л го́род.

Э́то царь, ???

Э́то дом, ???

Э́то друг, ???

2003
Э́то год, ???

в кото́ром роди́лся мой брат | в кото́рый перее́хал мой друг | кото́рый основа́л го́род | кото́рого Ко́ля приглаша́ет на день рожде́ния

Д ⊙

S. 56 **8a** **Welche Massenmedien benutzt du? Schreibe im Heft deinen Kommentar in diesen Blog. Nutze dafür die Aussagen der anderen Blog-Besucher und die vorgegebenen Satzbauteile.**

- Меня́ зову́т …
- У меня́ есть …
- Я (не) люблю́ чита́ть/слу́шать/смотре́ть …
- Я (ча́сто, иногда́, …) чита́ю/слу́шаю/сижу́ в интерне́те …
- Я узнаю но́вости из …
- Я (не) люблю́ сиде́ть/чита́ть в интерне́те.
- Я (не) люблю́ элекро́нные СМИ – смартфо́н, …
- Я (не) люблю́ печа́тные СМИ – газе́ты, …

S. 56 **8б** **по вы́бору** **Führt eure Befragung zu den folgenden Punkten durch. Notiert eure Ergebnisse in eurem Heft.**

S. 57 **12a** **Gestalte in Anlehnung an Aufgabe 10 und mit dem angebotenen Sprachmaterial einen/ deinen Tagesplan im Heft.**

Мой день

- газе́ты: – (у́тром) чита́ть газе́ты
- кни́ги: – (ве́чером/ по́сле шко́лы) чита́ть кни́ги
- компью́тер/ноутбу́к:
  - смотре́ть фи́льмы ...
  - чита́ть но́вости
  - слу́шать му́зыку
  - рабо́тать/занима́ться/учи́ть ...
  - игра́ть в ...
  - писа́ть име́йлы
  - покупа́ть в интерне́те оде́жду/кни́ги ...
- смартфо́н:
  - фотографи́ровать
  - обща́ться с ...
  - писа́ть СМС ...
  - слу́шать ...
  - игра́ть ...

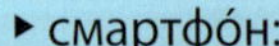

S.57 ⊙ **12б Erzähle, wie du dich deinen Freunden/Eltern mitteilst?**

M Ка́ждый день по́сле шко́лы я пишу́ ма́ме СМС.

– ча́сто, иногда́, ка́ждый день
– у́тром, днём, по́сле шко́лы, ве́чером
– люби́ть обща́ться с друзья́ми/ с роди́телями
– писа́ть/получа́ть СМС, име́йлы

Изба́-чита́льня

S.59 ⊙ **2 Lies die Fabel *Der Fuchs und der Rabe* mit Hilfe des Wörterbuches.**

1. **Bringe die Bilder in die richtige Reihenfolge.**
2. **Ordne dann die Sätze den jeweiligen Bildern zu.**
3. **Schreibe nun eine Inhaltsangabe in russischer Sprache zu der Fabel und gestalte diese.**

Во́рон и лиси́ца

1. Лиси́ца хоте́ла мя́са и поэ́тому заговори́ла с во́роном.
2. Лиси́ца сказа́ла: «Ты о́чень краси́вый. Ты мо́жешь стать царём. Но у тебя́ нет го́лоса».
3. Во́рон хоте́л показа́ть, что у него́ хоро́ший го́лос.
4. Лиси́ца убежа́ла с мя́сом.

Уро́к 4

Abschnitt A

S.65 ⊙ **4б Ergänze die Sätze mit dem richtigen Adjektiv oder Adverb. Beachte den geforderten Kasus.**

M Макси́м хоро́ший учени́к, но он ещё пло́хо зна́ет Берли́н.
Adjektiv (како́й?) + *Subst.* *Adverb* (как?) + *Verb*

Поэ́тому неме́цкие ученики́ пока́зывают ему́ э́тот ??? *(како́й?)* го́род.
В Берли́не мо́жно ??? *(как?)* гуля́ть.
На у́лицах мно́го ??? *(каки́х?)* музыка́нтов, кото́рые ??? *(как?)* игра́ют для тури́стов.
Неме́цкие ученики́ ??? ги́ды. Они́ ??? расска́зывают Макси́му о Берли́не.

Adjektive *како́й? (was für ein?)*	Adverbien *как? (wie?)*
хоро́ший	хорошо́
(не)плохо́й	(не)пло́хо
прекра́сный	прекра́сно
весёлый	ве́село
интере́сный	интере́сно
отли́чный	отли́чно

S.66 **6б** **Höre den Text noch einmal. Ordne die vier vorgegebenen Bildüberschriften den Fotos zu. Eine Überschrift findest du nun selbst.** 19

Алекса́ндерплац | Магази́н *Росси́я* | Ру́сские газе́ты | ??? | Дере́вня *Алекса́ндровка*

S.67 **9** **Wie international ist eure Klasse/Schule/ euer Wohnort? Erstellt eine Präsentation in russischer Sprache und berichtet.**

- У нас в кла́ссе/ в шко́ле/ в го́роде/ в дере́вне есть …
  - мно́го (ма́ло, не́сколько) люде́й ра́зных национа́льностей
  - мно́го (ма́ло, не́сколько) ученико́в (люде́й/друзе́й) из …(Си́рии/Росси́и/Ту́рции)
- Он/Она́/Они́ зна́ет/зна́ют мно́го (ма́ло, не́сколько) языко́в.
- Он/Она́/Они́ хорошо́/пло́хо говори́т/говоря́т по – …
- До́ма он/она́/они́ говори́т/говоря́т (обща́ется/обща́ются)…

Abschnitt Б

S.68 **1** **Послу́шай и прочита́й текст. Lege eine Folie auf den Text und markiere die Antworten auf die Fragen. Отве́ть на вопро́сы.** 20

S.69 **2б** **Die Verben der Fortbewegung benötigst du für die folgenden Übungen. Wiederhole die Konjugation der Verben *идти́ und ходи́ть*. Konjugiere sie in deinem Heft.**
▶Grammatik 5, 25 S. 141, 152

S.70 **5** **1. Ordne die Bilder den Ortsadverbien aus der Lexikbox zu.**

2. Bilde danach Sätze mit Hilfe der beiden Lexikboxen nach dem Muster.

M Па́мятник нахо́дится пе́ред **це́рковью**.

па́мятник
пе́ред
собо́р

???

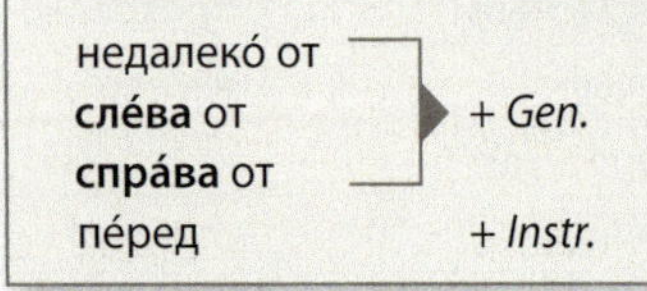

недалеко́ от, **сле́ва** от, **спра́ва** от + *Gen.*
пе́ред + *Instr.*

музе́й – по́чта
ста́нция метро́ – Кремль

S.70 **6** **Sucht euch auf dem Moskauer Stadtplan auf der hinteren Umschlagseite eures Schülerbuches einen Startpunkt und fragt eure/n Partner/in, wie ihr zu den einzelnen Sehenswürdigkeiten kommt. Tauscht dann die Rollen.**

Вопро́сы
- Извини́!
- Скажи́, пожа́луйста, где …
- Как дое́хать/дойти́ до …?
- А ты зна́ешь, где нахо́дится ?
- Э́то недалеко́ от …?
- Спаси́бо тебе́.

Отве́ты
- Иди́ пря́мо до … *(+Gen.)*
- Пото́м нале́во/напра́во …
- недалеко́ от … *(+Gen.)*
- до *+Gen.*
- Жела́ю уда́чи!

S.71 **9** **Präsentiert Sehenswürdigkeiten eurer Region für den Besuch einer russischen Partnerschule. Die Satzanfänge geben euch ein Gerüst für die Präsentation.** ▶Wortnest S. 170

- В на́шем го́роде/ на́шей дере́вне есть …
- Музе́й/Ра́туша … был постро́ен/ была́ постро́ена в … году́.
- Он/Она́ нахо́дится недалеко́ от /сле́ва от/ спра́ва от/ ря́дом с/ пе́ред …
- Биле́т сто́ит … е́вро.

музе́й – бассе́йн – у́лица – рестора́н – теа́тр –университе́т – пло́щадь – дом – кварти́ра – магази́н –река́ – вокза́л – па́мятник – парк – шко́ла – ра́туша – це́рковь …

Abschnitt B

S.73 **2a** **Zeichne die Windrose in dein Heft und beschrifte sie mit den entsprechenden Himmelsrichtungen.**

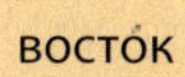
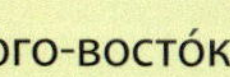

восто́к – се́веро-за́пад – ю́го-восто́к – за́пад – юг – ю́го-за́пад – се́веро-восто́к – се́вер

S.74 **3б** **Wie kannst du auf Russisch …**
Finde die Fragen (Redewendungen) dafür im Text. Hinweis: Lege eine Folie auf und markiere sie.

M – fragen, ob du etwas ansehen darfst? ☞ Darf/Kann man das ansehen?	– Мо́жно посмотре́ть … ?
– dir preiswertere Souvenirs zeigen lassen?	– У … подешéвле?
– nach dem Preis fragen?	
– einen anderen Preis vorschlagen?	– … за … не продади́те?
– sagen, dass etwas zu teuer ist?	– … до́рого!
– sagen, dass du etwas kaufen möchtest?	

S.75 ⊙ **5б** **Beschreibe nun deine eigene Region. Fertige dafür ebenfalls einen Steckbrief nach der Vorlage an.**

- федера́льная земля́: … (Саксо́ния-А́нгальт)
- столи́ца: …
- нахо́дится на … (ю́го-восто́ке Герма́нии)
- больши́е города́: …
- официа́льный язы́к:
- грани́чит: … (на восто́ке/ се́вере/ се́веро-за́паде с …)
- ре́ки: …

S.75 ⊙ **6** **Соста́вьте ма́ленькие диало́ги.**

У вас есть … ?
Покажи́те/Да́йте мне, пожа́луйста, …
Ско́лько сто́ит (сто́ят) … ?
Ой, э́то до́рого/недо́рого.
Мо́жно посмотре́ть …
Я возьму́ …
Чем тебе́/вам помо́чь?
Тебе́/Вам (не) нра́вится, э́тот (э́та, э́то, э́ти) …
Како́й цвет … нра́вится?
Вот, пожа́луйста.
… сто́ит (сто́ят) … рубль/рубля́/рубле́й.

Уро́к 5

Abschnitt A

S.83 ⊙ **3** **Кака́я пого́да сего́дня ?**

Пого́да сего́дня хоро́шая и тёплая.
Со́лнечно. Све́тит со́лнце,
температу́ра днём 21 гра́дус,
а но́чью 9 гра́дусов.

S.83 ⊙ **4** **Что де́лать в таку́ю пого́ду?**
Erstelle deine Mindmap mit Hilfe der angegebenen Wortgruppen.

отдыха́ть | чита́ть | смотре́ть телеви́зор | занима́ться … | игра́ть на …

купа́ться в мо́ре и́ли в бассе́йне | загора́ть на пля́же

ката́ться на ло́дке/велосипе́де/конька́х/ … | ходи́ть в музе́и/похо́ды/кино́ …

S.84 ⊙ **6в** **Übertrage die Sätze ins Russische.**

M Jan hat gesagt, dass es in Italien sehr warm war.
→ Ян сказа́л, что в Ита́лии бы́ло (о́чень тепло́) жа́рко.

2. Lina sagte, dass sie im Sommer bei ihrer Oma sein wird.
3. Philipp erzählte, dass es in den Ferien oft geregnet hat.
4. Sascha sagt, dass sie Winter und Schnee liebt.
5. Katja hat uns gestern geschrieben, dass es bei ihnen in Astrachan[1] schneit.

Denke daran: Bilde die Sätze mit *что* (dass)!

1 А́страхань *f.*

S.85 ⊙ **10** **Gestalte mit Hilfe der Muster-E-Mail nun deine eigene.**

От кого́:	Marinka@yandex.ru
Кому́:	максим@gmx.ru
Те́ма	Что де́лать в таку́ю пого́ду?

Приве́т, … !
Как дела́? У меня́ …
– У нас хоро́шая пого́да. Я ка́ждый день гуля́ю в па́рке и …
– Ещё я люблю́ …
– А что де́лаешь ты …?
Напиши́ мне …. Жду твоего́ отве́та.
Пока́! Мари́на

S.85 ⊙ **12** **Ich war im Urlaub, aber wo?**

Вопро́сы /Fragen	Отве́ты /Antworten	Land/Region
Кака́я там была́ пого́да? Что ты там де́лал/а? ….. Ты был/а́ в Испа́нии?	Пого́да была́ о́блачная. Я купа́лся/купа́лась в мо́ре и́ли в бассе́йне, загора́л/а на пля́же ….	???

Д ⊙

Abschnitt Б

S.88 **6** **Спроси́те и отве́тьте, когда́ отправля́ется по́езд.**

M Когда́ отправля́ется по́езд в Со́чи?
→ По́езд в Со́чи отправля́ется в 16:14.
(шестна́дцать часо́в четы́рнадцать мину́т).

1 час	1 мину́та
2–4 часа́	2–4 мину́ты
5–20 часо́в	5–20 мину́т
21 час	21 мину́та
22–24 часа́	22–24 мину́ты

S.89 **8б** **Ordne richtig zu und notiere die Wörter bzw. Wortgruppen in einer Tabelle im Heft.**

- ein Zimmer buchen
- Mehrbettzimmer
- Einzelzimmer
- kostenloser Internetzugang
- Doppelzimmer
- Gemeinschaftsbad
- mit Dusche und Toilette
- kontinentales Frühstück

- одноме́стные номера́
- номера́ с ду́шем и туале́том
- континента́льный за́втрак
- о́бщая ва́нная на ка́ждом этаже́
- заброни́ровать но́мер
- о́бщие спа́льни
- беспла́тный WiFi
- двухме́стные номера́

S.89 **8в** **Für welche Unterkunft würdest du dich entscheiden? Warum?**

Я предпочита́ю …, потому́ что …

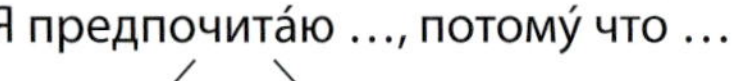

гости́ница   турба́за

есть WIFI/ за́втрак   ???   молоды́е лю́ди   ма́ленькие/больши́е номера́/спа́льни

S.89 **10** **Gestaltet kleine Dialoge. Benutzt dafür das Wortmaterial.**

Ты:
- Здра́вствуйте, я хочу́ купи́ть биле́т в …
- А когда́ отправля́ются …?
- … прибыва́ет в …
- То́лько туда́ / Туда́ и обра́тно.
- Ско́лько …?
- Вот, … рубль/рубля́/рубле́й.

Касси́р:
- Здра́вствуйте. Когда́ вы хоти́те е́хать?
- По́езд отправля́ется, наприме́р, в …
- … прибыва́ет в …
- Туда́ и обра́тно?
- … рубль/рубля́/рубле́й.

Abschnitt В

S.91 **3** ***Уме́ть и́ли мочь?* Entscheide dich für das richtige Verb in der passenden Form und setze es ein.**

уме́ть –
eine Fähigkeit besitzen

мочь –
die Möglichkeit haben, etwas zu tun/nicht zu tun

мо́жешь   уме́ют   могу́   мо́гут   уме́ешь   мо́жем

1. Ни́на и Мари́я ??? кла́ссно танцева́ть. К сожале́нию, сего́дня у них нет вре́мени и они́ не ??? идти́ на дискоте́ку.
2. Ле́на, ты ??? говори́ть по-францу́зски? Ты ??? мне помо́чь с перево́дом[1]?
3. За́втра суббо́та и мы вме́сте ??? посмотре́ть фильм.
4. Я не ??? с тобо́й сейча́с игра́ть в ка́рты. У меня́ трениро́вка.

1 mit der Übersetzung (helfen)

S.91 **5б Спроси́те партнёра/партнёршу.**

Что тебе́ (не) на́до де́лать сего́дня по́сле шко́лы?

Мне (не) на́до
... уро́ки
... в магази́н
занима́ться спо́ртом
игра́ть в/на ...
помога́ть ...
???

S.93 **11а Erstelle deine Mindmap nach dem Muster. Nutze sie dann als Schreibvorlage für deinen Brief.**

S.93 **11б Schreibe deinen Brief weiter und gib Tipps zu interessanten Städten in Deutschland.**

Приве́т, ... !
У меня́ кани́кулы. Я был/á в ... Мне там (не) о́чень понра́вилось.
– где я был/á,
– с кем я там был/á, → siehe Mindmap
– кака́я была́ пого́да,
– чем я занима́лся/занима́лась, что я де́лал/а,
– ..., ты хо́чешь посети́ть Герма́нию.
– Мо́жно поéхать в ...! Там мо́жно посмотре́ть мно́го достопримеча́тельностей.
– А ты ..., тогда́ мо́жно поéхать на/в ...
– Я предпочита́ю ...
– Я счита́ю, ду́маю что ...
– Я предлага́ю
Напиши́ мне! Жду твоего́ отве́та.
Пока́! ...

Ты хо́чешь бо́льше вы́учить?

Dir fallen manche Übungen sehr leicht und du suchst neue Herausforderungen? Wenn du das Zeichen ⊙ an einer Übung siehst, so findest du auf den folgenden Seiten zu dieser Übung ergänzende oder anspruchsvollere Angebote. Probiere dich aus. Du wirst vielleicht nicht alle Aufgaben sofort lösen können, aber Übung macht den Meister. Also schau immer mal wieder hier nach. Die Seitenangaben helfen dir dich richtig zu orientieren.

Уро́к 1

Abschnitt A

S. 11 

3 In den Monatsnamen des 9. bis 12. Monats stecken die lateinischen Zahlwörter *septem* (sieben), *octo* (acht), *novem* (neun), *decem* (zehn).

1. Finde heraus, warum das so ist. Nutze zum Verständnis ein Wörterbuch.

В Дре́внем Ри́ме, бо́льше чем 2000 лет наза́д, год начина́лся в ма́рте. Поэ́тому седьмо́й ме́сяц называ́лся *mensis* September, восьмо́й ме́сяц *mensis* October и т. д. Пото́м ри́мляне перенесли́ нача́ло го́да на янва́рь, но назва́ния ме́сяцев оста́лись ста́рыми.

2. Vergleiche dir bekannte Zahlwörter verschiedener Sprachen. Welche Verwandtschaften findest du?

3. Во мно́гих славя́нских языка́х и сего́дня у ме́сяцев не назва́ния-интернационали́змы, а славя́нские назва́ния. (Ра́ньше и в Росси́и бы́ли «ру́сские» назва́ния.) In vielen slawischen Sprachen sind die Monatsnamen keine Internationalismen, sondern slawische Bezeichnungen.

Вот небольшо́й спи́сок. – Hier eine kleine Liste:

	по-древнеру́сски	по-по́льски	по-че́шски
янва́рь			leden
февра́ль	ветроду́й		
март			březen
апре́ль	березо́л	kwiecień	duben
май	тра́вень		květen
ию́ль	ли́пень	lipiec	
а́вгуст	се́рпень	sierpień	srpen
октя́брь	листопа́д		
ноя́брь		listopad	listopad

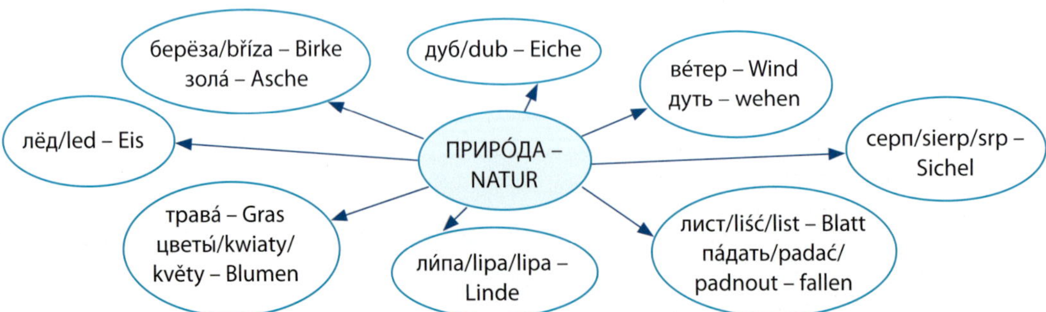

Finde eine treffende Wiedergabe der Monatsnamen. Überlege, warum diese Namen gewählt wurden.

M березóл – Birkenaschemonat (Monat, in dem man Birken fällte, um sie für die Birkenteergewinnung vorzubereiten – Naturheilkunde)
листопáд – Blätterfallmonat

S. 12 **9 Suche dir Fotos von Prominenten und recherchiere deren Geburtstage. Erstelle für deine Mitschüler eine Hörübung mit diesen Geburtsdaten.**

S. 13 **11a Formuliere weitere Glückwünsche. Setze dazu verschiedene Anlässe und Wünsche in den richtigen Kasus.**

Gratulationsanlässe:
интерéсная/хорóшая идéя
нóвая квартúра
отлúчная оцéнка
начáло учéбного гóда/ канúкул

Wünsche:
хорóшее здорóвье
успéх
найтú[1] дрýга/подрýгу
хорóшее лéто

1 finden

Abschnitt Б

S. 14 **2б Formuliere zu den Aussagen passende Fragen sowie zu den Fragen passende Antworten.**

M – Кудá ты сегóдня ??? ?
– Сегóдня я ??? в кинó.

S. 15 **4 Beantworte die Fragen zum Text.**

– О ком ты прочитáл/а в тéксте?
– У когó нет друзéй?
– С кем Гéна дрýжит[1]?

Ты знáешь Чебурáшку и крокодúла Гéну? Онú – фигýры из óчень любúмых мультфúльмов[2]. У крокодúла Гéны нет друзéй. Поэ́тому[3] он óчень грýстный[4]. На день рождéния он хóчет в кинó и мнóго-мнóго moróженого. Гéна нахóдит[5] дрýга – мáленького Чебурáшку. Чебурáшка не знáет, где он родúлся, у негó нет дóма и нет друзéй. Он дáже не знáет, как егó зовýт и кто он. Гéна и Чебурáшка помогáют друг дрýгу[6] и вмéсте нахóдят мнóго друзéй.

1 befreundet sein mit *jmd.*
2 (Zeichen-)Trickfilm
3 deshalb
4 traurig
5 findet
6 helfen einander

Крокодúл Гéна и Чебурáшка из мультфúльма Чебурáшка, Музéй анимáции Союзмультфúльм , Москвá 26.8.2010

S. 16 **7a по вы́бору Erstelle eine gleichartige Mindmap über Feiertage in Deutschland auf Russisch für einen neuen russischsprachigen Mitschüler. Nutze dazu bei Bedarf auch ein Wörterbuch.**
▶Wortnest S. 166

Abschnitt B

S. 20 **7a** Erstelle eine Einladung zu einer Feier mit einer festen Menüfolge. Nutze dazu auch ein Wörterbuch.

S. 21 **9** Stellt euch gegenseitig Fragen und beantwortet sie.

M
А: Что ты хо́чешь на у́жин?
Б: Я хочу́ то́лько бутербро́ды.
А: А что хотя́т Ле́на и Ла́ра на у́жин?
Б: …

Das Wort *бутербро́ды* verstehst du sicher sofort. Allerdings gehört Butter gerade nicht unbedingt zu den typischen Zutaten :-)

Изба́-чита́льня

S. 23 **2a** 1. Прочита́йте реце́пт.

Сала́т натюрмо́рт

помидо́ры – 2 шт.
огурцы́ све́жие – 2 шт.
зелёный горо́шек – 1/3 стака́на
зелёный сала́т – 2–3 листо́чка
морко́вь – 2 шт.
соль – по вку́су

Помидо́ры и огурцы́ наре́зать ло́мтиками, морко́вь натере́ть на кру́пной тёрке. Вы́ложить в сала́тник и́ли другу́ю посу́ду, доба́вить зелёный горо́шек, посоли́ть. Укра́сить листо́чками зелёного сала́та. Возмо́жен и друго́й вариа́нт: о́вощи цело́м вы́ложить в сала́тнике.

Вре́мя приготовле́ния: 10 мину́т

2. Schreibt Wörter auf, die ihr nicht kennt. Überlegt, ob euch ähnliche Wörter schon mal begegnet sind.

3. Schaut euch das Bild mit Wortfamilien an.
Findet im Rezept Wörter, die zu den folgenden Wörtern gehören.

соль
вку́сно
краси́во
пригото́вить

4. Schlagt Wörter, die ihr nicht erschließen könnt, im Wörterbuch nach.

5. Lest das Rezept noch einmal und bereitet es zu.

Уро́к 2

S.27 **4** **1. Vergleiche die Berufsbezeichnungen mit denen aus der deutschen bzw. anderen dir bekannten Sprachen. Begründe Gemeinsamkeiten.**

био́лог, визажи́ст, диза́йнер, дирижёр, зоо́лог, матема́тик, о́птик, па́стор, педаго́г, психо́лог, фи́зик, фото́граф, эле́ктрик

2. Sortiere die Berufe, sofern möglich, unter die Oberbegriffe.

техни́ческие профе́ссии | тво́рческие[1] профе́ссии | экономи́ческие профе́ссии | рабо́та с людьми́[2]

1 schöpferische/kreative 2 Arbeit mit Menschen

3. Vergleiche die Begriffe aus der Modewelt mit denen aus der deutschen bzw. anderen dir bekannten Sprachen. Begründe Gemeinsamkeiten.

кардига́н, туни́ка, пуло́вер, бле́йзер, жаке́т, топ, аксессуа́ры, дресс-код, стиль, сни́керы, бики́ни, ба́зовый гардеро́б, мокаси́ны, свитшо́т, визажи́ст, диза́йнер, фото́граф

Д

Abschnitt А

S.30 **7** **Ergänze in den folgenden Sätzen die passende Form des Demonstrativpronomens *э́тот*.**

1. Мне о́чень нра́вится ??? хо́бби.
2. Мы за́втракаем всегда́ в ??? вре́мя.
3. Ма́ша, дай цветы́ ??? де́душке.
4. Мой па́па лю́бит чита́ть газе́ты в ??? кре́сле.

S.30 **8б** **Ergänze in den folgenden Fragen die richtige Form des Fragepronomens *како́й*. Beantworte danach die Fragen.**

1. На ??? этаже́ вы живёте?
2. А в ??? вре́мя вы у́жинаете?
3. По ??? предме́там у тебя́ хоро́шие оце́нки?
4. ??? кни́ги твои́ люби́мые?

S.31 **12** **Stelle Fragen zu den Collagen deiner Mitschüler/Innen.**

M Како́й цвет тебе́ не нра́вится?

Abschnitt Б

S.33 **2а** **1. Suche ein ähnliches Bild (z. B. aus Zeitschriften o. ä.) und beschreibe die abgebildete Person.**

2. Wähle verschiedene derartige Fotos aus und lasse deine Mitschüler/innen erraten, welche der abgebildeten Personen du beschreibst.

S.33 **3б** **Ergänze die Sätze durch weitere passende Substantive deiner Wahl.**

Abschnitt В

S.36 **1** **Что ты ещё узна́л/а об э́том спортсме́не? Was erfährst du außerdem über diesen Sportler? Möchtest du noch mehr erfahren? Dann recherchiere im Internet nach weiteren Informationen.**

S.38 **10** **Stellt vertiefende Fragen zu den Sätzen. Verwendet hierfür das Fragepronomen *какóй* in der richtigen Form. Beantwortet die Sätze dann mit Hilfe passender Adjektive.**

M В какóй шкóле рабóтает твоя́ мáма? – Онá рабóтает в нóвой шкóле.

Избá-читáльня

S.40 **4** **Entwirf zu deinem Künstlerprofil Kontrollfragen für deine Mitschüler/innen (vgl. Aufgabe 1). Stelle ihnen diese Kontrollfragen vor deiner Präsentation und lasse sie im Anschluss beantworten.**

S.41 **7** **Spielt Beruferaten.**
- Schreibt dazu auf Klebezettel je eine russische Berufsbezeichnung.
- Der Spieler/die Spielerin, der/die seinen/ihren Beruf erraten soll, darf diesen Begriff nicht sehen.
- Heftet ihm/ihr diesen Zettel an die Stirn, sodass alle außer ihm/ihr ihn lesen können.
- Der/Die Ratende muss jetzt bei allen seinen Beruf erfragen.

M Я рабóтаю механиком?

Anspruchsvoller wird dieses Spiel, wenn derjenige/diejenige nicht einfach Berufsnamen erfragt, sondern zunächst erfragt, ob er/sie in diesem oder jenem Berufsfeld arbeitet, in was für einer Einrichtung er/sie arbeitet usw. (vgl. Aufgabe 4, S. 40).

M А: Я рабóтаю с людьми́?
Б: Да.
А: Я рабóтаю в шкóле?
Б: Нет.

Урóк 3

Abschnitt A

S.46 **2a** **Zur 3. Deklination gehören viele Substantive mit dem Suffix *-ость*. Erschließe dir durch Wortverwandtschaft die Bedeutung dieser Substantive. Übertrage sie ins Deutsche.**

прáвильность
стáрость
нóвость
коррéктность

нóвый
коррéктный
прáвильный
стáрый

Das Suffix *-ость* wird im Deutschen oft mit *-heit* oder *-keit* wiedergegeben.

S.47 **4** **Допóлни предложéния.**

1. Извини́те, как доéхать до ??? ?
2. Я óчень люблю́ писáть в ???.
3. Покажи́те мне, пожáлуйста, ???.
4. Что ты знáешь о ??? в Росси́и?

нóвая, óбувь, жизнь, тетрáдь, Крáсная, совремéнная, лéтняя, плóщадь

S.48 **10в** **1. Erschließe dir die Bedeutung dieser Wörter, die im folgenden Text vorkommen und inhaltlich bedeutsam sind. Einige andere Wörter sind Internationalismen, die du sicher auch ohne Hilfe verstehst.**

ня́ня = nanny

ска́зка = fairy tale = Märchen (vgl. сказа́ть; Gen. Pl. ска́зок)

писа́тель vgl. писа́ть: челове́к, кото́рый пи́шет кни́ги

расска́зы vgl. расска́зывать

2. Прочита́й текст о ру́сском поэ́те А. Пу́шкине. Сде́лай заме́тки.

И. Били́бин, *Ска́зка о рыбаке́ и ры́бке* (1933)

Алекса́ндр Серге́евич Пу́шкин – знамени́тый и люби́мый писа́тель и поэ́т не то́лько в Росси́и, но и во всём ми́ре. Он написа́л рома́ны и расска́зы, дра́мы, поэ́мы и ска́зки. Роди́тели А. Пу́шкина говори́ли с ним по-францу́зски. И уже́ в во́семь лет Са́ша написа́л пе́рвые ма́ленькие коме́дии на францу́зском языке́.
Большу́ю роль в жи́зни Пу́шкина сыгра́ла ня́ня Ари́на Родио́новна. Ари́на Родио́новна расска́зывала ма́ленькому Са́ше ска́зки на ру́сском языке́. По-ру́сски с ним говори́ла и его́ ба́бушка. Пу́шкин полюби́л ру́сский язы́к. Пото́м он и сам стал писа́ть ска́зки. Вот э́ти ска́зки, мо́жет быть, зна́ешь и ты: *Ска́зка о царе́ Салта́не* и́ли *Ска́зка о рыбаке́ и ры́бке*.
А. Пу́шкин у́мер, когда́ ему́ бы́ло то́лько 37 лет.
В Росси́и есть у́лицы, пло́щади, музе́и, теа́тры, институ́ты, ста́нции метро́ и библиоте́ки, кото́рые но́сят его́ и́мя.

3. Допо́лни твой расска́з о жи́зни А. Пу́шкина.

S.49 **11** **Nach dem Interview möchte auch Ири́на einiges wissen. Gib ihre Fragen für die Korrespondenten wieder.**

Ири́на
- Каки́е у ва́ших чита́телей люби́мые те́мы?
- Кем вы хоти́те рабо́тать по́сле шко́лы?
- Каки́е больши́е города́ в Евро́пе вы уже́ посеща́ли?

Abschnitt Б

S.51 **3а** **1. Перепиши́ предложе́ния в тетра́дь и допо́лни их.**

достопримеча́тельность | дворцы́ и дома́ | истори́ческое назва́ние | го́род

1. ??? был на́зван и́менем свято́го Петра́.
2. ??? го́рода бы́ли постро́ены в сти́ле баро́кко.
3. В 1991 г. го́роду на Неве́ бы́ло сно́ва дано́ ???.
4. Во дворце́, недалеко́ от Санкт-Петербу́рга, была́ реконструи́рована ??? – Янта́рная ко́мната[1].

1 Bernsteinzimmer

2. Переведи́ предложе́ния на неме́цкий язы́к.

Д

S.51 **7** **1. Formuliere in deinem Heft sinnvolle Sätze aus dem angebotenen Wortmaterial und übertrage sie ins Deutsche.**

2. Formuliere in deinem Heft weitere Sätze aus dem angebotenen Wortmaterial und übertrage sie ins Deutsche.

Ма́ша о́чень лю́бит архитекту́ру. На день рожде́ния …

1) она́ – подари́ть – экску́рсия – в – Ца́рское Село́
2) там – в – дворе́ц – находи́ться – изве́стный – достопримеча́тельность
3) Янта́рная ко́мната – откры́ть – в – 2003 – год (по́сле реконстру́кции)

S.52 **9**  **Recherchiert zu einer Sehenswürdigkeit in oder bei St. Petersburg genauere Informationen und spielt dann einen Dialog zwischen einem wissbegierigen Touristen und dem Reiseleiter. Разыгра́йте диало́г ме́жду тури́стом и экскурсово́дом.**

А	**Б**
Скажи́те, пожа́луйста, …	Чем вы осо́бенно интересу́етесь?
Когда́/Кем был осно́ван/постро́ен …?	В па́рке …
Что ещё мо́жно посмотре́ть …?	Там пока́зывают …
Почему́ …?	Я вам рекоменду́ю[1] …
Как до́лго …?	В музе́е продаю́т …

1 рекомендова́ть (*vgl. engl:* to recommend) empfehlen

S.53 
10б Прослу́шай текст ещё раз и сде́лай заме́тки.

 17

Gib dann für deine Mitschüler/innen die Informationen auf Deutsch wieder. Sie sollten wenigstens fünf verschiedene Fakten enthalten.

Abschnitt B

S.55 **6** **1. Bestimme den Kasus des in den Sätzen 1–4 eingesetzten Relativpronomens. Leite daraus seine Satzgliedfunktion ab.**

2. Übertrage die Sätze ins Russische.

1. Moderne Fotografien der Stadt St. Petersburg sind das Thema der Ausstellung, die wir gestern besucht haben.
2. Ich möchte gern das Buch lesen, über das du mir erzählt hast.

S.56 **7б** **1. Прочитáй ещё оди́н коммента́рий из бло́га с по́мощью словаря́.**

любúтель сло́ва

Телеви́зора и смартфо́на у меня́ нет! Я о́чень люблю́ чита́ть и держа́ть в рука́х газе́ты, журна́лы, кни́ги … Я люблю́ чита́ть на бума́ге, люблю́ представля́ть, как вы́глядят геро́и и геро́ини в мои́х люби́мых рома́нах. По-мо́ему, чте́ние книг развива́ет фанта́зию, даёт челове́ку возмо́жность помечта́ть …

нра́вится ?   комменти́ровать

2. Äußere deine Meinung dazu auf Russisch.

S.57 **9** **Игрá: Что э́то?**
Erkläre einen der Begriffe, ohne die drei darunter stehenden Wörter zu benutzen. Die anderen müssen den Begriff erraten.

ра́дио
слу́шать
но́вости
у́тром
интерне́т
сиде́ть
чита́ть
смотре́ть
смартфо́н
говори́ть
писа́ть
игра́ть
телеви́зор
смотре́ть
фи́льмы
но́вости
телефо́н
говори́ть
звони́ть
обща́ться

S.57 **10** **Frage eine/n Mitschüler/in danach, wie er/sie sein/ihr Smartphone nutzt. Stelle diese Aussagen vor. Alternativ sprich über deine eigene Smartphonenutzung.**

S.57 **12a** **Frage deine Mitschüler, wie sie diese Medien nutzen, und – wenn bereits begonnen – erweitere die Statistik aus Aufgabe 8б). Alternativ kannst du mit einem Mitschüler/ einer Mitschülerin auch einen Dialog zu diesem Thema führen.**

Изба́-чита́льня

S.58 **2** **Fragt euren Russischlehrer nach einem Leseheft oder -text über einen weiteren russischen Schriftsteller/Dichter. Arbeitet dann entsprechend der Aufgabenstellungen 1 bis 5. Statt eines Steckbriefs könnt ihr auch eine Wandzeitung oder eine andere Präsentation anfertigen.**

Д

Урóк 4

Abschnitt A

S.65 **3а** **Vergleiche die Wortgruppen.
Wie werden Mengen-/Größenangaben im Englischen und Deutschen ausgedrückt?
An welche Textsorte erinnert dich das dritte und vierte deutschsprachige Beispiel?**

DE EN

russisch	englisch	deutsch
Здесь óчень мнóго нóвой информáции.	There is a lot of new information.	Das ist eine Menge neuer Informationen.
Вот вы ви́дите бóльшую часть нáшей продýкции.	Here you see the biggest part of our products.	Hier sehen Sie den größten Teil unserer Produkte.
Э́то цéлая горá дéнег.	That is a true mountain of money.	Das ist ein dicker Batzen Geld.
За свою рабóту он получи́л кусóк зóлота.	For his work he got a lump of gold.	Als Lohn erhielt er einen großen Klumpen Gold(es).

S.65 **4б** **Bilde die Adverbien dieser Adjektive und formuliere eine Bildungsregel.
Denke dir Sätze aus, in denen du sie verwendest.**

M дóбрый → добрó Добрó пожáловать в наш гóрод!

мóдный – комфóртный– краси́вый – (не)прáвильный – отли́чный – пи́сьменный

S.66 **б** **1. Recherchiere, warum und seit wann es diese Namen/Plätze in Berlin und Umgebung gibt, und erzähle deinen Mitschülern auf Russisch darüber.**

Плóщадь *Алексáндерплац*, Берли́н

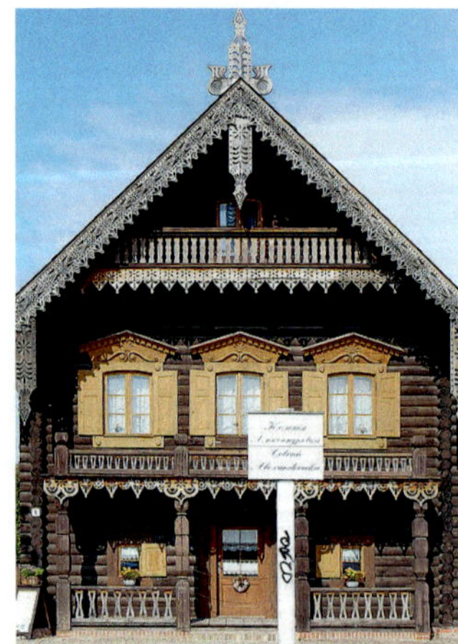

Дерéвня *Алексáндровка*, Потсдáм

2. Suche nach weiteren Begriffen russischer Herkunft in Berlin oder in deiner Umgebung und berichte auch darüber auf Russisch.

S.67 **10** **Manche Regionen Deutschlands haben ein slawisches Erbe, so z. B. das niedersächsische Wendland oder die brandenburgisch-sächsische Lausitz. Recherchiere dazu und berichte deinen Mitschülern.**
Das sind mögliche Themen:

- Hat Kremlin was mit dem Kreml zu tun?
- Heißt Berlin wirklich wegen seines Wappentiers so?
- Was bedeuten eigentlich die Flurnamen Wendland und Lausitz?

Abschnitt Б

S.69 **3** **Berichte über deinen Tag/deine Woche. Nutze dazu diese oder ähnliche Wendungen.**

M По среда́м, по́сле шко́лы, я регуля́рно хожу́ на трениро́вку. Но сего́дня мы вме́сте с друзья́ми идём в кино́. Идёт но́вый фильм о …

- Ка́ждую неде́лю/сре́ду …
- Ка́ждый день …
- Оди́н раз в неде́лю/ме́сяц/год …
- Не́сколько раз в …

S.70 **б** **Erstelle mit Hilfe eines Stadtplanausschnitts deiner Heimatstadt oder einer Stadt deiner Wahl eine Wegbeschreibung von einem bekannten Ausgangspunkt zu einem nur dir bekannten Ziel. Teste die Zuverlässigkeit deiner Wegbeschreibung, indem du deine Mitschüler/innen das Ziel benennen lässt.**

S.71 **7** **Stelle dir vor, ein russischer Dienstreisender im Betrieb deiner Mutter/deines Vaters ist bei euch zu Gast. Im Gespräch ergibt es sich, dass der Gast an einem freien Nachmittag eine Sehenswürdigkeit in eurer Umgebung besuchen will. Spielt die Szene zu zweit oder zu dritt – eine/r ist der Gast, eine/r der Vater/die Mutter, der/die dritte der/die helfende Schüler/in. Erklärt ihm/ihr, wie er/sie zu dieser Sehenswürdigkeit kommt.**

Abschnitt В

S.74 **3б** **Führt mit diesen Wendungen ein kleines Verkaufsgespräch zu einem typischen russischen Souvenir (über Preise könnt ihr euch im Internet informieren).**

S.75 **4г** **Suche dir ein touristisches Informationsmaterial über deine Region (Faltblatt, Prospekt, Internetseite) und fasse aus diesem Material auf Russisch zusammen, welche regional-typischen Souvenirs ein Tourist hier erwerben kann.**

S.75 **5б** **Ско́ро у вас в шко́ле бу́дут го́сти из ва́шей шко́лы-партнёра. Erstelle auf Russisch für die Gastschüler einen Steckbrief deines Wohnortes/Bundeslandes/Herkunftslandes.**

Изба́-чита́льня

S.77 **1а** **Überlege, warum das Wort *язык* die Bedeutung *Zunge* und *Sprache* hat.**

Д

Уро́к 5

Abschnitt A

S.80 **2** Suche weitere derartige Fotos und beschreibe sie.
Weiterführung: Gestalte aus den ausgewählten Fotos und deinen Beschreibungen ein Arbeitsmaterial für deine Mitschüler/innen zum Zuordnen. Ihr könntet auch ein Memo-Spiel daraus machen.

S.82 **1** Überlege, welche Informationen für solche Urlaubsmitteilungen typisch sind, und trage entsprechende russische Wendungen zusammen.

S.83 **3** Rufe aus dem Internet oder einer Wetter-App aktuelle Wetterinformationen und -prognosen ab und gib diese Angaben auf Russisch wieder.

Tipp: Zur Präsentation und zum besseren Vergleich kannst du für deine Mitschüler/innen einen Screenshot zur Verfügung stellen.

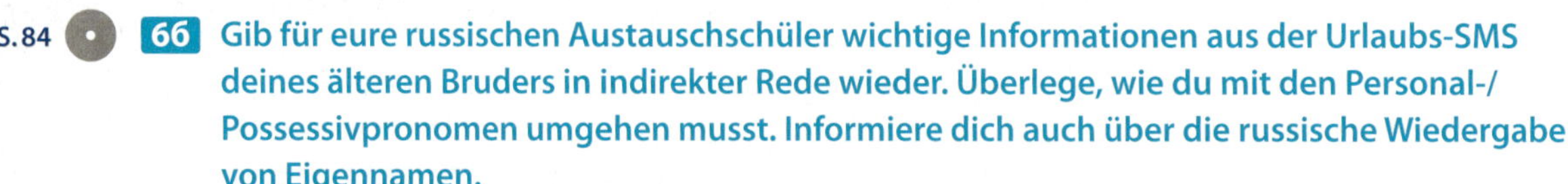

S.84 **6б** Gib für eure russischen Austauschschüler wichtige Informationen aus der Urlaubs-SMS deines älteren Bruders in indirekter Rede wieder. Überlege, wie du mit den Personal-/Possessivpronomen umgehen musst. Informiere dich auch über die russische Wiedergabe von Eigennamen.

Hallo Brüderchen,
bin seit 3 Tagen in Rom. Herrliche Stadt, herrliches Wetter. Kein Wölkchen am Himmel, 35 Grad im Schatten. Super viele Sehenswürdigkeiten. Meine Freundin ist ständig am Shoppen. Hab ein cooles T-Shirt für dich gekauft. Hoffe, es gefällt dir. Fahren morgen nach Pompei, Ruinen gucken. Habe massenweise Fotos gemacht. Wie geht's meinem Kaninchen?
Gruß dein Großer

S.85 **7** **Ihr lest einen Auszug aus einem Roman. Daraus soll ein Film entstehen, sodass manche Passagen in wörtliche Rede umgewandelt werden müssen. Gestaltet einen entsprechenden Dialog.**

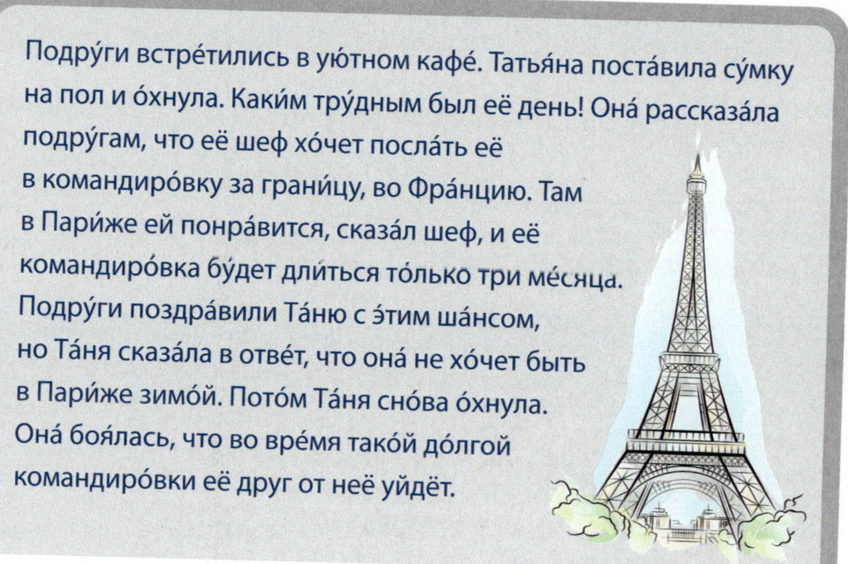

Подру́ги встре́тились в ую́тном кафе́. Татья́на поста́вила су́мку на пол и о́хнула. Каки́м тру́дным был её день! Она́ рассказа́ла подру́гам, что её шеф хо́чет посла́ть её в командиро́вку за грани́цу, во Фра́нцию. Там в Пари́же ей понра́вится, сказа́л шеф, и её командиро́вка бу́дет дли́ться то́лько три ме́сяца. Подру́ги поздра́вили Та́ню с э́тим ша́нсом, но Та́ня сказа́ла в отве́т, что она́ не хо́чет быть в Пари́же зимо́й. Пото́м Та́ня сно́ва о́хнула. Она́ боя́лась, что во вре́мя тако́й до́лгой командиро́вки её друг от неё уйдёт.

.85 **11** **Höre dir den Wetterbericht noch einmal an und gib Ratschläge bzgl. passender Kleidung und möglicher Aktivitäten.** (28)

Abschnitt Б

.87 **3** **Erstelle für deine Mitschüler/innen eine gleichartige Übungsaufgabe. Suche oder zeichne dafür geeignete Bilder und beschreibe. Lass deine Mitschüler/innen Bilder und Texte einander zuordnen.**

.88 **6** **Ты в Росси́и на вокза́ле и хо́чешь пое́хать в Москву́.** (31)

1. Прослу́шай информа́цию. Когда́ и с како́го пути́ отправля́ется твой по́езд?

2. Прослу́шай информа́цию ещё раз и напиши́ ма́ленькое расписа́ние в ви́де табли́цы.

Abschnitt В

.91 **3** ***Мочь*** **и́ли** ***уме́ть*****? Переведи́ предложе́ния на ру́сский язы́к.**

1. Ich kann heute nicht Schlittschuh laufen, weil ich Volleyballtraining habe.
2. Meine Schwester kann gut Geige spielen. Sie geht zwei Mal in der Woche zur Musikschule.
3. Lena kann interessante Geschichten schreiben.
4. Marina kann nicht an der Exkursion teilnehmen, sie hat Kopfschmerzen und Fieber.

.91 **4** ***Müssen*** **und** ***können*** **sind zwei Beispiele für Modalverben (dazu gehören auch** ***sollen/wollen/(nicht) dürfen …*****). Überlege, wie diese Verben im deutschen Satz stets verknüpft werden, und vergleiche mit russischen Wendungen aus dem Dialog.**
Findest du Übereinstimmungen? Belege diese an Beispielen.

Д

Хóчешь стать экспéртом?

Du kannst schon Russisch sprechen? Wenn du das Zeichen an einer Übung siehst, so findest du auf den folgenden Seiten Aufgaben, die du als Kenner der russischen Sprache bereits bewältigen kannst, weil du schon einen reichen Wortschatz hast. Aber mitunter fällt dir das Schreiben schwer? Dann gibt es auch dafür Angebote zum weiteren Üben. Die Seitenangaben helfen dir, dich richtig zu orientieren. Noch mehr Übungen findest du in deinem Arbeitsheft.

Урóк 1

Abschnitt A

S. 11  **3а** **1. Перенеси́ табли́цу в тетра́дь и допо́лни назва́ния ме́сяцев. Übertrage die Tabelle in dein Heft und ergänze die fehlenden Monatsnamen.**

зима́	весна́	ле́то	о́сень
янва́рь	...		

2. Отве́ть пи́сьменно на вопро́сы.

1. Како́е сего́дня число́?
2. Когда́ ты роди́лся/родила́сь?
3. В како́м кла́ссе ты у́чишься?
4. Когда́ день рожде́ния у твоего́ дру́га/ у твое́й подру́ги?
5. В како́м кла́ссе у́чится твой друг/ твоя́ подру́га?
6. Когда́ в Росси́и начина́ется уче́бный год?
7. Когда́ у тебя́ начина́ются зи́мние кани́кулы?

S. 12 **8** **Напиши́, когда́ день рожде́ния у твои́х родны́х (па́пы, ма́мы, де́душки, ба́бушки, бра́та, сестры́ и т. д.). Schreibe auf, wann deine Verwandten Geburtstag haben.**

M У моего́ па́пы день рожде́ния весно́й. Он роди́лся девя́того ма́я ты́сяча девятьсо́т шестьдеся́т седьмо́го го́да.

Abschnitt Б

S. 15  **3б** **Зада́й вопро́сы к подчёркнутым существи́тельным. Определи́ паде́ж вопроси́тельного местоиме́ния *кто*. Stelle Fragen zu den unterstrichenen Substantiven. Bestimme den Kasus von *кто*.**

1. Ко́ля ча́сто ду́мает о <u>подру́ге</u>.
2. У <u>Све́ты</u> есть сестра́ и брат.
3. Ми́ша приглаша́ет <u>Та́ню</u>.
4. Я игра́ю с <u>бра́том</u> в ша́хматы.
5. Дени́с жела́ет <u>роди́телям</u> весёлого Рождества́.
6. <u>Па́вел</u> живёт в го́роде Яросла́вле.

S. 16 **5б** **1. А како́й пра́здник ты лю́бишь? Напиши́ отве́т Ко́ле.**

2. Когда́ пра́здники в Росси́и, а когда́ в Герма́нии? Соста́вьте календа́рь пра́здников. Предста́вьте его́ в кла́ссе. Erstellt einen Kalender mit deutschen und russischen Feiertagen. Stellt ihn in der Klasse vor.

3. Сравни́ ру́сские и неме́цкие пра́здники. Vergleiche deutsche und russische Feiertage.

M И в Росси́и, и в Герма́нии Но́вый год пра́зднуют 1 января́.

Abschnitt B

S.19  **3** **Расскажи́ о сосе́де/сосе́дке по па́рте. Испо́льзуй вопро́сы из упражне́ния 3 на стр. 19 и фо́рмы местоиме́ний *он/она́*. Erzähle über deinen Banknachbarn/deine Banknachbarin. Nutze dabei die Fragen aus Übung 3 auf Seite 19 und die Formen der Personalpronomen *он/она́*.**

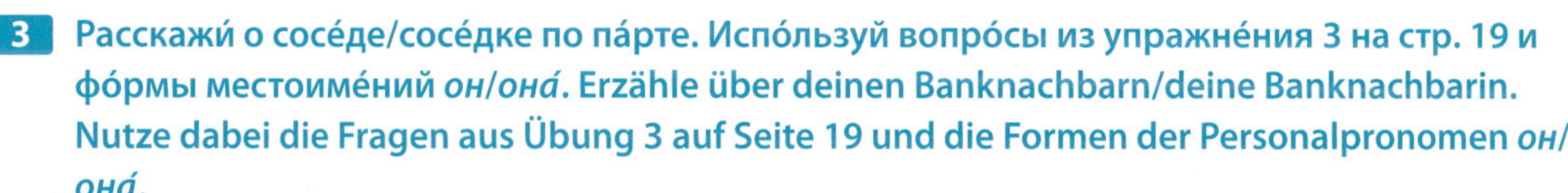

S.19  **4** **Зада́й вопро́с и определи́ паде́ж вста́вленных ли́чных местоиме́ний. Bestimme den Kasus der eingesetzten Personalpronomen.**

S.20  **6** **Посмотри́те видеокли́п ещё раз. Вы мо́жете де́лать заме́тки. Разыгра́йте диало́г из видеокли́па. Schaut euch das Video noch einmal an. Ihr könnt euch dabei Notizen machen. Spielt den Dialog aus dem Video nach.**

Уро́к 2

Abschnitt A

S.30  **6** **В како́м предложе́нии *э́то* не указа́тельное местоиме́ние? Bei welchem Satz handelt es sich <u>nicht</u> um das Demonstrativpronomen *э́то*?**

1. Ты пригласи́л э́ту де́вочку на день рожде́ния?
2. Ко́ля интересу́ется э́тим фи́льмом.
3. Э́то моё пла́тье?

Д

S.30 **8б** **Переведи́ пи́сьменно вопро́сы на ру́сский язы́к и отве́ть на них? Übersetze schriftlich die Fragen ins Russische und beantworte sie.**

1. Welche Kleidung trägst du gern?
2. Welche ist die Lieblingsfarbe deines Freundes/deiner Freundin?
3. Welche Kleidungsgröße hat deine Mutter?
4. In welche Schule gehst du?
5. In welcher Straße wohnst du?
6. Welche Fremdsprache lernst du in der Schule?

Кака́я?
Како́й?
Каку́ю?
Каки́е?

Abschnitt Б

S.33  **3б** ***-Ы/-И* и́ли *-А/-Я*? Образу́й мно́жественное число́ от сле́дующих существи́тельных. Запиши́ в свою́ тетра́дь предложе́ния с э́тими слова́ми. *-Ы/-И* oder *-А/-Я*? Bilde den Plural der folgenden Wörter. Schreibe Sätze mit diesen Wörtern in dein Heft.**

глаз – глаза́
У моéй подру́ги тёмные глаза́.

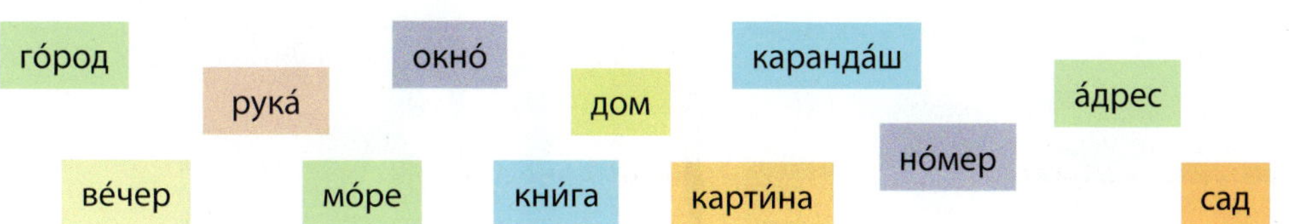

S.33  **3б** **1. Чегó здесь нет? Напишú к картúнкам подходя́щие предложéния.**
Was fehlt hier? Schreibe zu den Bildern passende Sätze.

M я́блоки – В магазúне нет я́блок.

Manche Substantive haben im Genitiv Plural keine Endung: *я́блоки – (нет) я́блок.*

ботúнки   местá   вóлосы

2. Вы́бери прáвильную фóрму. Определú падéж существúтельных.
Entscheide dich für die richtige Form. Bestimme den Kasus der Substantive.

1. Мне нрáвится цвет э́тих (кроссóвок/кроссóвков).
2. С (джúнсем/джúнсами) я чáсто ношý свúтер.
3. У Кáти нет (сапогóв/сапóг).
4. Пóсле (канúкулов/канúкул) мы начинáем учúться.
5. В чёрных (брю́ки/брю́ках) ты вы́глядишь клáссно!
6. Зáвтра у нас нет (урóков/урóка).

 **4б** **Заменú вы́деленные прилагáтельные подходя́щими антóнимами.**
Определú числó и падéж существúтельных.
Ersetze die markierten Adjektive durch passende Antonyme.
Bestimme Numerus und Kasus der Substantive.

1. Кóля и Вúтя éли в ресторáне MÁЛЕНЬКИЕ пúццы.
2. Денúс в шкóле всегдá в БÉЛЫХ джúнсах.
3. В ЗИ́МНИЕ канúкулы я люблю́ плáвать в óзере.
4. Мне нрáвятся мáльчики с ТЁМНЫМИ волосáми.
5. У Свéты в гардерóбе нет СВÉТЛЫХ блýзок.

S.34 **5** **Посмотрú на фотогрáфии и опишú пúсьменно, как вы́глядят Сáша и Кóля.**
Schau dir die Fotos an und beschreibe schriftlich, wie Сáша und Кóля aussehen.

Abschnitt B

.37 **5 Вы́бери подходя́щий вид глаго́ла. Wähle den passenden Aspekt der Verben.**

1. Алексе́й, ты бу́дешь со мной *сыгра́ть/игра́ть* в те́ннис?
2. В шко́лу Ксе́ния лю́бит *наде́ть/надева́ть* брю́ки.
3. Я хочу́ *купи́ть/покупа́ть* э́тот шарф.
4. В э́том кинотеа́тре мо́жно *посмотре́ть/смотре́ть* но́вый фильм.
5. Серёжа бу́дет *прочита́ть/чита́ть* э́ту кни́гу за́втра.
6. На пе́рвом уро́ке мы бу́дем *рассказа́ть/расска́зывать* о кани́кулах.

> Beim Bestimmen des Aspektes können dir folgende Fragen helfen:
> *Что де́лать?* = unv. Aspekt
> *Что сде́лать?* = v. Aspekt

.37 **7 Переведи́ предложе́ния на ру́сский язы́к.**

1. In den Ferien besucht Kolja seinen neuen Freund.
2. Am Sonntag schauen wir uns bei Kira einen interessanten Film an.
3. Zur Party ziehe ich das blaue Hemd an.
4. Am Freitag lädt Paul seine Freunde zum Fußball ein.

.38 **9 Кем они́ рабо́тают?**

1. Он игра́ет в хокке́й.
2. Она́ рабо́тает в шко́ле, но не у́чит дете́й.
3. Она́ танцу́ет в теа́тре.
4. Он мно́го рабо́тает на компью́тере.
5. Он игра́ет на конце́ртах на кларне́те.
6. Он занима́ется фи́зикой.
7. Она́ пи́шет пи́сьма и говори́т по телефо́ну.
8. Она́ рабо́тает на стадио́не и́ли в бассе́йне.

Д

Уро́к 3

Abschnitt A

.46 **1 Прочита́й ещё раз текст на стр. 46 и упр. 1 на стр. 44. Запиши́ в свою́ тетра́дь во́семь предложе́ний о жи́зни Петра́ I.**

.47 **4 Переведи́ предложе́ния на ру́сский язы́к. Определи́ в ру́сских предложе́ниях род и паде́ж существи́тельных.**

1. Neben der alten Festung befindet sich eine Kirche.
2. Ich lese gern im Bett.
3. Auf diesem Platz gibt es viele Sehenswürdigkeiten.
4. Meine Mutter kauft im Geschäft Kartoffeln und Möhren.
5. Das Heft kostet 50 Rubel.
6. Im Herbst habe ich oft Husten.

.47 **6 Вставь подходя́щие слова́. Определи́ паде́ж местоиме́ний.**

М Ребя́та, ??? ??? зна́ет о Петре́ I? (кто, что)
Ребя́та, кто что зна́ет о Петре́ I?

1. Скажи́, ??? ты ??? жела́ешь на Но́вый год?
2. Ты зна́ешь, ??? ??? интересу́ется в на́шем кла́ссе?
3. Ребя́та, расскажи́те, ??? из вас ??? де́лал в кани́кулы?
4. Я не зна́ю, ??? с ??? и о ??? вчера́ разгова́ривал на вечери́нке.

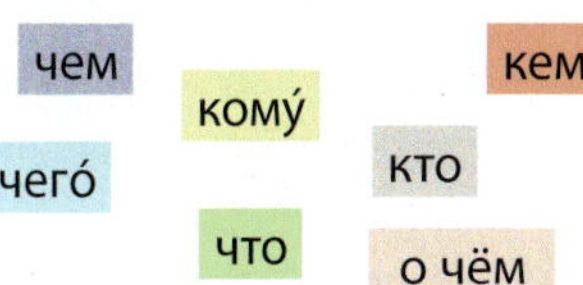

Abschnitt Б

S. 51 **3а** **Соста́вь предложе́ния. Finde in den Sätzen die Partizipien Präteritum Passiv. Sage, von welchen Verben sie gebildet sind.**

M 1. Санкт-Петербу́рг — б) осно́ван Петро́м I.
Санкт-Петербу́рг был осно́ван Петро́м I. → основа́ть

1. Санкт-Петербу́рг
2. Пе́рвая кре́пость в Санкт-Петербу́рге
3. Санкт-Петербу́рг
4. В 2014 г. Оле́г Ша́тов
5. Пе́рвые шко́лы в Москве́
6. Го́род на реке́ Неве́

был/а́
бы́ли

а) вы́бран лу́чшим[1] футболи́стом.
б) осно́ван Петро́м I.
в) откры́ты Петро́м I.
г) заду́ман как се́верная столи́ца.
д) на́зван в честь свято́го[2] Петра́.
е) постро́ена на реке́ Неве́.

1 der beste 2 zu Ehren des heiligen

S. 51 **7** **Соста́вь ли́чные и безли́чные предложе́ния со сле́дующими глаго́лами. Напиши́ э́ти предложе́ния в тетра́ди. Bilde persönliche und unpersönliche Sätze mit folgenden Verben.**

M подари́ть – Ко́ле подари́ли компью́тер. *(безли́чное предложе́ние)*
Друзья́ подари́ли Ко́ле но́вую компью́терную игру́. *(ли́чное предложе́ние)*

посеща́ть называ́ть дать вы́брать жить купи́ть надева́ть поздравля́ть

S. 52 **8б** **1. Разыгра́йте диало́г по роля́м.**

2. Тури́ст расска́зывает своему́ дру́гу об экску́рсии в Петерго́ф. Напиши́, что расска́зывает тури́ст своему́ дру́гу.

S. 53 **10б** **Прослу́шай текст ещё раз. Что ты узна́л/а? Запиши́ самостоя́тельно шесть предложе́ний в свою́ тетра́дь.**

Abschnitt В

S. 55 **6** **Соста́вьте по о́череди предложе́ния с местоиме́нием *кото́рый*. Оди́н/Одна́ из вас начина́ет предложе́ние, а друго́й/друга́я зака́нчивает его́. Испо́льзуйте сле́дующие слова́.**

M ко́шка – жить → Я люблю́ ко́шку, кото́рая живёт у нас до́ма.

А	Б
ко́шка у́лица рестора́н	жить находи́ться обе́дать
музе́й му́зыка кроссо́вки	посеща́ть люби́ть носи́ть
вечери́нка ма́льчик	приглаша́ть познако́мить

S. 57 **10** **Напиши́ в тетра́ди шесть предложе́ний о том, что ты де́лаешь со свои́м смартфо́ном.**

Урóк 4

Abschnitt A

S.65 **2** **А как ты представишься Вике? Напиши и расскажи о себе.**

- Из какóй ты страны́?
- Кто ты по национáльности?
- Как дóлго твоя́ семья́ живёт в Гермáнии?
- Каки́е языки́ ты у́чишь в шкóле?
- На какóм языкé ты говори́шь с друзья́ми?
- На какóм языкé ты говори́шь дóма с роди́телями?

S.65 **3** **Посмотри́ на карти́нки и состáвь предложéния со словáми *мáло, мнóго, нéсколько*. Напиши́ э́ти предложéния в тетрáди.**

Гладков Роман (Учитель-оператор) меню выйти

Журнал учителя

Параллель	Класс	Предмет	Месяц
8	а	Алгебра	Октябрь

1.	Бодрова Лена	5		5	4			5	5
2.	Борисова Катя	3	4				3	3	
3.	Валиев Олег			5		5			

S.67 **9** **А у тебя́ в клáссе/шкóле есть ученики́ из други́х стран? Напиши́ и расскажи́ о них.**

Э́ти вопрóсы мóгут тебé помóчь:

- Откýда он/онá?
- Где он роди́лся/ онá родилáсь?
- Кто он/онá по национáльности?
- Когдá он приéхал/ онá приéхала в Гермáнию?
- Скóлько лет он/онá здесь живёт?
- На каки́х языкáх он/онá говори́т (дóма/в шкóле/ с друзья́ми)?
- На какóм языкé говоря́т егó/её роди́тели, брáтья и сёстры?
- Каки́е языки́ он/онá у́чит в шкóле?

Д

Abschnitt Б

S. 69 **2в** **Напиши́ как мо́жно бо́льше предложе́ний с да́нными слова́ми и глаго́лами *е́хать – е́здить / идти́ – ходи́ть*. Переведи́ их на неме́цкий язы́к. Сравни́ ру́сские и неме́цкие предложе́ния.**

М Вре́мя идёт бы́стро. → Die Zeit vergeht schnell.

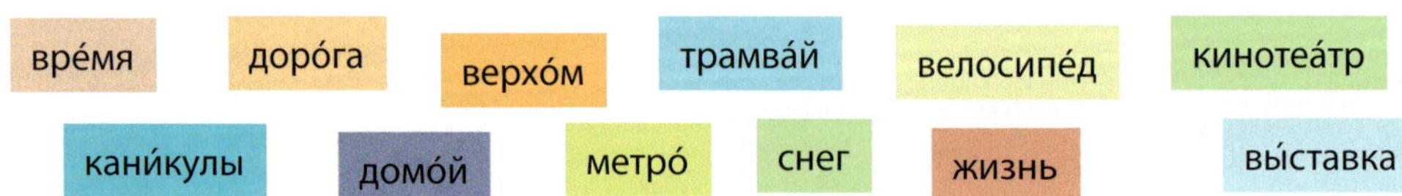

вре́мя
доро́га
верхо́м
трамва́й
велосипе́д
кинотеа́тр
кани́кулы
домо́й
метро́
снег
жизнь
вы́ставка

S. 69 **3** **1. Что здесь подхо́дит: *е́хать – е́здить, идти́ – ходи́ть*? Begründe deine Wahl.**

??? я сего́дня в парк,
А по па́рку ??? Марк.
??? он с подру́гой О́лей.
А я ??? на встре́чу с Ко́лей.

2. Посмотри́ на карти́нку к стихотворе́нию и опиши́ её.

S. 70 **4** **Опиши́, как дойти́ от шко́лы до твоего́ до́ма. Испо́льзуй как мо́жно то́чное описа́ние.**

- Когда́ вы́йдете из шко́лы, иди́те нале́во/ напра́во.
- Иди́те пря́мо, пока́ не дойдёте до …
- Иди́те пря́мо приме́рно 50 ме́тров до пе́рвого перекрёстка.
- Иди́те по у́лице … до …
- На светофо́ре поверни́те …
- Перейди́те че́рез доро́гу.
- Мой дом бу́дет спра́ва/ на пра́вой стороне́ у́лицы.
- Э́то на углу́ у́лицы …

Abschnitt В

S. 73 **1б** **Найди́ дополни́тельную информа́цию о Молда́вии и/и́ли Узбекиста́не и допо́лни свою́ анке́ту о них.**

- национа́льный напи́ток
- национа́льная еда́
- национа́льные сувени́ры
- национа́льные пра́здники
- национа́льная оде́жда

S. 74 **3** **1. Прочита́йте диало́г по роля́м.**
2. Разыгра́йте диало́г.
3. Соста́вьте похо́жие диало́ги и разыгра́йте их.

S. 75 **4г** **Подгото́вь презента́цию на ру́сском языке́ о том, каки́е сувени́ры мо́жно купи́ть в твоём регио́не. Опиши́ э́ти сувени́ры. Wenn möglich, illustriere deine Präsentation mit Fotos/ Zeichnungen von diesen Souvenirs.**

Урóк 5

Abschnitt A

S.82 **1 Напиши́ откры́тку своему́ дру́гу/свое́й подру́ге и́ли свои́м родны́м.**

а) Где ты отдыха́л/а в кани́кулы?
б) С кем ты там был/á?
в) Чем ты занима́лся/занима́лась?
г) Кака́я пого́да была́ в э́то вре́мя?

S.83 **4 Ты хо́чешь вме́сте со свои́ми друзья́ми провести́ вре́мя в выходны́е.**

а) Узна́й, кака́я пого́да бу́дет в выходны́е дни.
б) Поду́май и напиши́, что мо́жно де́лать в таку́ю пого́ду.
в) Расскажи́, что ты вме́сте со свои́ми друзья́ми мо́жешь де́лать в выходны́е дни.

Abschnitt Б

S.87 **3 Узна́й у друзе́й, как они́ хотя́т провести́ выходны́е дни и расскажи́ об э́том. Испо́льзуй при отве́те ко́свенную речь (indirekte Rede).**

S.88 **7 Соста́вь план пое́здки в Росси́ю из твоего́ го́рода/ твое́й дере́вни.**

– На чём мо́жно пое́хать в Росси́ю?
– Как ча́сто и в каки́е дни мо́жно пое́хать?
– В како́е вре́мя отправля́ется по́езд (авто́бус)/вылета́ет самолёт?
– Как до́лго по́езд/авто́бус/самолёт в пути́?
– Ско́лько сто́ит биле́т?

Abschnitt В

S.90 **1 Что ты посове́туешь На́сте, куда́ она́ мо́жет пое́хать на кани́кулы? Напиши́ своё сообще́ние в чат.**

S.91 **3 *Мочь и́ли уме́ть?* Вставь пра́вильный глаго́л.**

1. Ваді́м не ??? у́тром встать и опозда́л в шко́лу.
2. – Он ??? ката́ться на конька́х?
   – Нет, не ???. Но он ??? е́здить верхо́м.
3. Са́ша ??? пла́вать. Она́ ??? пла́вать да́же зимо́й.
4. Же́ня ра́ньше не ??? це́лый день говори́ть по телефо́ну, потому́ что у неё не бы́ло смарт-фо́на. А тепе́рь она́ ???.
5. Ди́ма хо́чет игра́ть на гита́ре, но не ???, потому́ что он никогда́ не учи́лся игра́ть на гита́ре.
6. А́нна хо́чет, но не ??? пойти́ в похо́д, потому́ что не ??? пла́вать на байда́рке.

S.93 **10 Нарису́й и напиши́ ко́микс о свои́х после́дних кани́кулах. Предста́вь свой ко́микс в кла́ссе. И́ли продо́лжи ко́микс э́того упражне́ния.**

Д

Грамма́тика Grammatik

Dieser grammatische Anhang fasst zusammen, was du in den fünf Lektionen deines Russischbuches über die russische Grammatik lernst.

In der **linken Spalte** findest du die **Erklärung der grammatischen Regel** und **Übersichten**.
In der **rechten Spalte** stehen **Beispiele** dafür.
Außerdem gibt dir *Трансси́бка* nützliche **Hinweise** zur russischen Sprache.
Die Grammatik ist in der **Reihenfolge** aufgebaut, wie du sie **in den Lektionen** lernst.
Deshalb findest du bei jedem grammatischen Thema einen Verweis auf die Seite, auf der du diesen Stoff neu gelernt hast.

Inhaltsverzeichnis

Die Grammatik aus den Bänden 1 und 2 findest du systematisch geordnet im grammatischen Beiheft *Диалог 1–2*.

Уро́к 1

1 Betonung der Monatsnamen im Genitiv und Präpositiv

→ S. 11

Nom.	Gen.	Präp.
янва́рь	января́	в январе́
февра́ль	февраля́	в феврале́
март	ма́рта	в ма́рте
апре́ль	апре́ля	в апре́ле
май	ма́я	в ма́е
ию́нь	ию́ня	в ию́не
ию́ль	ию́ля	в ию́ле
а́вгуст	а́вгуста	в а́вгусте
сентя́брь	сентября́	в сентябре́
октя́брь	октября́	в октябре́
ноя́брь	ноября́	в ноябре́
дека́брь	декабря́	в декабре́

Winter
Frühling
Betonung verschiebt sich
Betonung bleibt
Herbst
Sommer

In Winter- und Herbstmonaten verschiebt sich die Betonung auf die Endung.

DE EN

Die Monatsnamen werden im Russischen (im Unterschied zum Deutschen und Englischen!) nicht groß geschrieben.

2 Die Ordnungszahlen 11.–2000.

→ S. 11

Aus *Диало́г 1* kennst du schon die Ordnungszahlen 1. bis 10.
Wie im Deutschen und Englischen werden die Ordnungszahlen 11. bis 19. in einem Wort gebildet.
Das gilt auch für die Zehner-, Hunderter- und Tausenderzahlen.
Aber achte darauf, dass bei manchen Zahlwörtern -*ь* durch -*и* ersetzt wird: *во́семьдесят* → *восьмидеся́тый*.

11.–19.		20.–90.		100.–900.		1000 …	
11.	оди́ннадцатый			100.	со́тый	1000.	ты́сячный
12.	двена́дцатый	20.	двадца́тый	200.	двухсо́тый	2000.	двухты́сячный
13.	трина́дцатый	30.	тридца́тый	300.	трёхсо́тый	3000.	трёхты́сячный
14.	четы́рнадцатый	40.	сороково́й	400.	четырёхсо́тый	4000.	четырёхты́сячный
15.	пятна́дцатый	50.	пятидеся́тый	500.	пятисо́тый	5000.	пятиты́сячный
16.	шестна́дцатый	60.	шестидеся́тый	600.	шестисо́тый		
17.	семна́дцатый	70.	семидеся́тый	700.	семисо́тый		
18.	восемна́дцатый	80.	восьмидеся́тый	800.	восьмисо́тый		
19.	девятна́дцатый	90.	девяно́стый	900.	девятисо́тый		

Nach Ordnungszahlen steht im Russischen kein Punkt: *1 ма́я.*

Г

EN Von 21. bis 99. werden die Ordnungszahlen wie im Englischen (twenty-first, twenty-second usw.) aus einer Grundzahl (der Zehnerzahl) und einer Ordnungszahl (der Einerzahl) zusammengesetzt.
Nur die Ordnungszahl wird wie ein Adjektiv nach Numerus, Genus und Kasus des entsprechenden Substantivs verändert.

21.	два́дцать пе́рвый эта́ж	два́дцать пе́рвая мину́та	два́дцать пе́рвое число́
22.	два́дцать второ́й эта́ж	два́дцать втора́я мину́та	два́дцать второ́е число́
23.	два́дцать тре́тий эта́ж	два́дцать тре́тья мину́та	два́дцать тре́тье число́
24.	два́дцать четвёртый эта́ж	два́дцать четвёртая мину́та	два́дцать четвёртое число́
25.	два́дцать пя́тый эта́ж	два́дцать пя́тая мину́та	два́дцать пя́тое число́
31.	три́дцать пе́рвый эта́ж	три́дцать пе́рвая мину́та	три́дцать пе́рвое число́
32.	три́дцать второ́й эта́ж	три́дцать втора́я мину́та	
41.	со́рок пе́рвый эта́ж	со́рок пе́рвая мину́та	

Auch ab 100. wird die letztgenannte Ziffer wie ein Adjektiv nach Numerus, Genus und Kasus des entsprechenden Substantivs verändert, z. B.
сто пе́рвый – 101.,
две́сти три́дцать пя́тый – 235.,
ты́сяча сто со́рок шесто́й – 1146.

3 Das Datum

→ S. 11

Како́е сего́дня число́? – Welches Datum haben wir heute?

Wenn du ausdrücken willst, dass heute (oder an einem anderen Tag) der soundsovielte ist, dann formulierst du das so:

Heute ist der 22. November. → Ordnungszahl im Nom. n. + Monat im Gen.	Сего́дня два́дцать второ́е ноября́.

Die Ordnungszahl bezieht sich ursprünglich auf das Substantiv *число́* (Zahl), welches weggelassen wird. Deshalb steht die Ordnungszahl im Neutrum.

Мой день рожде́ния – пе́рвого ма́я.

Willst du ausdrücken, dass etwas zu einem bestimmten Datum stattfindet, dann stehen sowohl Ordnungszahl als auch Monat im Genitiv.

am + Datum (am 22. November) → Ordnungszahl im Gen. n. + Monat im Gen.	Он роди́лся два́дцать второ́го ноября́.

Genitiv der Monatsnamen → 1 S. 139

4 Das Datum mit Jahreszahl

→ S. 12

Die Jahreszahl wird im Russischen wie eine Ordnungszahl benannt.

das Jahr 1999	Ordnungszahl im Nom. m. + год	→ 1999-й год ты́сяча девятьсо́т девяно́сто девя́тый г.
im Jahr 1999	в + Ordnungszahl im Präp. m. + году́	→ в 1999-м году́ в ты́сяча девятьсо́т девяно́сто девя́том г.

Weitere Beispiele:

im Jahr 1990	в ты́сяча девятьсо́т девяно́стом году́
im Jahr 1992	в ты́сяча девятьсо́т девяно́сто второ́м году́
im Jahr 1993	в ты́сяча девятьсо́т девяно́сто тре́тьем году́
im Jahr 2000	в двухты́сячном году́
im Jahr 2001	в две ты́сячи пе́рвом году́
im Jahr 2012	в две ты́сячи двена́дцатом году́

Алекса́ндр Серге́евич Пу́шкин роди́лся в ты́сяча семьсо́т девяно́сто девя́том году́.

Bei der Datumsangabe stehen Tag, Monat und Jahr im Genitiv – ohne Präposition.

Am 1. Februar 2016		
пе́рв**ого**	феврал**я́**	две ты́сячи шестна́дцат**ого** го́д**а**
Tag → Gen.	Monat → Gen.	Jahreszahl (Ordnungszahl) → Gen.

Космона́вт Ю́рий Гага́рин роди́лся девя́того ма́рта ты́сяча девятьсо́т три́дцать четвёртого го́да.

5 Konjugation von *идти́*

→ S. 14

Du kennst schon die Konjugation von *жить:* *я живу́, ты живёшь*. Die Präsensendungen von *идти́* sind genau die gleichen.

	Sg.	Pl.
1. Pers.	я ид**у́**	мы ид**ём**
2. Pers.	ты ид**ёшь**	вы ид**ёте**
3. Pers.	он/она́ ид**ёт**	они́ ид**у́т**

Die 3. Person Singular kennst du schon aus *Диало́г 1*: *Ни́на идёт домо́й.*

Куда́ вы идёте?
А где вы живёте?
Мы идём домо́й.
Мы живём на у́лице Арба́тская.

Präteritum

Achtung, das Präteritum wird unregelmäßig gebildet:

m. Sg.	f. Sg.	n. Sg.	Pl.
я, ты, он шё**л**	я, ты, она́ ш**ла**	оно́ ш**ло**	мы, вы, они́ ш**ли**

Г

6 Deklination von *кто*

→ S. 15

Nom.		кто	wer
Gen.		кого́	wessen
Dat.		кому́	wem
Akk.		кого́*	wen
Instr.	(с)	кем	(mit) wem
Präp.	(о)	ком	(über) wen

* Akk. belebt = Gen.

Кого́ сего́дня нет?
Erkennst du Ähnlichkeiten mit den Adjektivendungen?

7 Deklination der Personalpronomen

→ S. 19

	Sg.							Pl.					
	1. Pers.		2. Pers.		3. Pers.			1. Pers.		2. Pers.		3. Pers.	
Nom.		я		ты		он/оно́	она́		мы		вы		они́
Gen.		меня́		тебя́		(н)его́	(н)её		нас		вас		(н)их
Dat.		мне		тебе́		(н)ему́	(н)ей		нам		вам		(н)им
Akk.		меня́		тебя́		(н)его́	(н)её		нас		вас		(н)их
Instr.		мной		тобо́й		(н)им*	(н)ей*		на́ми		ва́ми		(н)и́ми*
Präp.	(обо)	мне	(о)	тебе́	(о)	нём*	(о) ней*	(о)	нас	(о)	вас	(о)	них*

* Nach **Präpositionen** (z. B. *у, для, к, с …*) wird bei Pronomen der 3. Pers. ein **н-** davorgesetzt: *у него́/у неё, к нему́/к ней*.

8 Konjugation von *хоте́ть*

→ S. 21

хоте́ть wird im Singular nach der e-Konjugation konjugiert (wie *де́лать, игра́ть* usw.).
Dabei wird das **-т-** am Ende des Infinitivstamms im Präsensstamm zu **-ч-**. Man nennt das Konsonantenwechsel.

Im Plural wird *хоте́ть* nach der и-Konjugation (ohne Konsonantenwechsel am Ende des Wortstamms) konjugiert.
Im Plural liegt die Betonung immer auf der Endung.

Sg.
я хочу́
ты хо́чешь
он, она́ хо́чет

Pl.
мы хоти́м
вы хоти́те
они́ хотя́т

Präteritum

Zur Erinnerung:
Das Präteritum bildest du, indem du an den Infinitivstamm *-л/-ла/-ло/-ли* anhängst.

m. Sg.	f. Sg.	n. Sg.	Pl.
я, ты, он хоте́**л**	я, ты, она́ хоте́**ла**	оно́ хоте́**ло**	мы, вы, они́ хоте́**ли**

Du kennst ein weiteres Verb mit Konsonantenwechsel:
писа́ть → я пишу́, ты пи́шешь; они́ пи́шут.
Hier wird das **-с-** zu **-ш-**.

Уро́к 2

9 Demonstrativpronomen *э́тот*

→ S. 30

Die Demonstrativpronomen *э́тот/э́та/э́то/э́ти* (dieser/diese/dieses/diese) werden weitgehend wie Adjektive dekliniert.

	Sg.								
	m.			n.			f.		
Nom.		э́**тот**	стол		э́**то**	ме́ст**о**		э́**та**	карти́н**а**
Gen.		э́**того**	стол**а́**		э́**того**	ме́ст**а**		э́**той**	карти́н**ы**
Dat.		э́**тому**	стол**у́**		э́**тому**	ме́ст**у**		э́**той**	карти́н**е**
Akk.		э́**тот**	стол**		э́**то**	ме́ст**о**		э́**ту**	карти́н**у**
Instr.		э́**тим**	стол**о́м**		э́**тим**	ме́ст**ом**		э́**той**	карти́н**ой**
Präp.	(об*)	э́**том**	стол**е́**	(об*)	э́**том**	ме́ст**е**	(об*)	э́**той**	карти́н**е**

	Pl.		
Nom.		**э́ти**	столы́/места́/карти́ны
Gen.		**э́тих**	столо́в/мест/карти́н
Dat.		**э́тим**	стола́м/места́м/карти́нам
Akk.		**э́ти**	столы́/места́/карти́ны**
Instr.		**э́тими**	стола́ми/места́ми/карти́нами
Präp.	(об)	**э́тих**	стола́х/места́х/карти́нах

Der Plural ist für alle drei Geschlechter gleich.

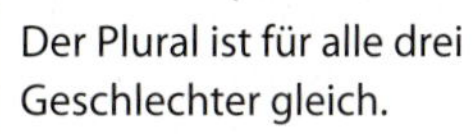

* Die Präposition *о* wird zu <u>*об*</u>, wenn das darauffolgende Wort mit einem <u>Vokal</u> anfängt.

** Akk. belebt = Gen.: *э́того ма́льчика; э́тих ма́льчиков/ э́тих де́вочек*

э́то (indekl.) in der Bedeutung *das ist/sind* kennst du bereits aus *Диало́г 1*. Du darfst es nicht mit dem Demonstrativpronomen verwechseln.

Э́то дом.
В э́том до́ме я живу́.

10 Deklination des Fragepronomens *какóй*

→ S. 30

	Sg.								
	m.			n.			f.		
Nom.		какóй	дом		какóе	окнó		какáя	кни́га
Gen.		какóго	дóма		какóго	окнá		какóй	кни́ги
Dat.		какóму	дóму		какóму	окнý		какóй	кни́ге
Akk.		какóй	дом*		какóе	окнó		какýю	кни́гу
Instr.		каки́м	дóмом		каки́м	окнóм		какóй	кни́гой
Präp.	(о)	какóм	дóме	(о)	какóм	окнé	(о)	какóй	кни́ге

Die Endungen kennst du schon von den Adjektiven. Beachte die Regel: nach *к* steht *-и-*.

	Pl.	
Nom.	каки́е	домá/óкна/кни́ги
Gen.	каки́х	домóв/óкон/книг
Dat.	каки́м	домáм/óкнам/кни́гам
Akk.	каки́е	домá/óкна/кни́ги*
Instr.	каки́ми	домáми/óкнами/кни́гами
Präp.	(о) каки́х	домáх/óкнах/кни́гах

* Akk. belebt = Gen.: *какóго мáльчика;*

11 Deklination der Substantive im Plural

→ S. 33

Den Nominativ Plural kennst du bereits. Wie du weißt, enden maskuline und feminine Substantive im Nom. Pl. auf *-ы/-и*, das Neutrum der Substantive auf *а/-я*.

Kannst du in der Tabelle gleiche Endungen erkennen?

	m.	f.	n.
Nom.	столы́	кни́ги	местá
Gen.	столóв	кни́г	мест
Dat.	столáм	кни́гам	местáм
Akk.	столы́*	кни́ги*	местá
Instr.	столáми	кни́гами	местáми
Präp.	(о) столáх	(о) кни́гах	(о) местáх

Besondere Deklination:
глазá
глаз
глазáм
глазá
глазáми
о глазáх

* Akk. belebt = Gen.: *ученикóв/учени́ц*

Familiennamen auf *-ов/-ова, -ев/-ева, -ёв/-ёва* und auf -ин/-ина, -ын/-ына werden teils wie Substantive, teils wie Adjektive dekliniert:

	Sg. m.	Sg. f.	Pl.
Nom.	Гагáрин	Гагáрина	Гагáрины
Gen.	Гагáрина	Гагáриной	Гагáриных
Dat.	Гагáрину	Гагáриной	Гагáриным
Akk.	Гагáрина	Гагáрину	Гагáриных
Instr.	Гагáриным	Гагáриной	Гагáриными
Präp.	о Гагáрине	о Гагáриной	о Гагáриных

Stehen beim Genitiv Plural durch Wegfall der Endung am Ende des Wortes zwei Konsonanten, wird aus Gründen der leichteren Aussprache ein *-о-* oder *-е-* eingefügt.

Nom. Sg.	Nom. Pl.	Gen. Pl.
кроссóвка	кроссóвки	кроссóвок
рубáшка	рубáшки	рубáшек

Genitiv Plural auf *-ей*

Substantive auf *-ь* und maskuline Substantive auf die Zischlaute *-ж, -ш, -ч, -щ* haben im Genitiv Plural die Endung *-ей*.

Nach *мно́го* steht der Gen. Pl.
→ *У ме́ня мно́го друзе́й.*

Nom. Sg. m.	Nom. Pl.	Gen. Pl.
руб**ль**	рубл**и́**	рубл**е́й**
эта́**ж**	этаж**и́**	этаж**е́й**
каранда́**ш**	карандаш**и́**	карандаш**е́й**
мя**ч**	мяч**и́**	мяч**е́й**

5
РУБЛЕЙ

Pluralsonderform von *друг; учи́тель; брат*

Nom.		друзь**я́**		учител**я́**		бра́ть**я**
Gen.		друз**е́й**		учител**е́й**		бра́ть**ев**
Dat.		друзь**я́м**		учител**я́м**		бра́ть**ям**
Akk.		друз**е́й**		учител**е́й**		бра́ть**ев**
Instr.		друзь**я́ми**		учител**я́ми**		бра́ть**ями**
Präp.	(о)	друзь**я́х**	(об)	учител**я́х**	(о)	бра́ть**ях**

Es gibt auch Wörter, von denen es nur eine Pluralform gibt, z. B. *очки́* (Brille), *джи́нсы*, *брю́ки*.

12 Deklination der Adjektive im Plural

→ S. 33

Die Adjektivendungen im Plural sind für alle drei Geschlechter gleich.

	m./f./n. Pl.		
Nom.		но́в**ые**	столы́/карти́ны/места́
Gen.		но́в**ых**	столо́в/карти́н/мест
Dat.		но́в**ым**	стола́м/карти́нам/места́м
Akk.		но́в**ые***	столы́/карти́ны/места́
Instr.		но́в**ыми**	стола́ми/карти́нами/места́ми
Präp.	(о)	но́в**ых**	стола́х/карти́нах/места́х

* Akk. belebt = Gen.: *Я люблю́ но́вых учителе́й/ учи́тельниц.*
Vergiss auch hier nicht die Regel: Nach *г, к, х* und den Zischlauten *ж, ч, ш, щ* steht *-и* (statt *-ы*).

У нас в шко́ле мно́го хоро́ших учителе́й.
26

Adjektive mit weicher (palataler) Endung

Nom.		после́д**ние**	уро́ки		сре́д**ние**	шко́лы
Gen.		после́д**них**	уро́ков		сре́д**них**	шко́л
Dat.		после́д**ним**	уро́кам		сре́д**ним**	шко́лам
Akk.		после́д**ние**	уро́ки		сре́д**ние**	шко́лы
Instr.		после́д**ними**	уро́ками		сре́д**ними**	шко́лами
Präp.	(о)	после́д**них**	уро́ках	(о)	сре́д**них**	шко́лах

Г

13 Konjugation von *быть*

→ S. 3

Du weißt aus *Диало́г 1*, dass das Verb *быть – sein* im Russischen keine Präsensformen kennt und hast schon das Präteritum *был, была́; бы́ли* kennengelernt. *быть* wird nach der *e*-Konjugation konjugiert. Du brauchst es, um das zusammengesetzte Futur zu bilden.

Всё будет хорошо́!

	Sg.	Pl.
1. Pers.	бу́д**у**	бу́д**ем**
2. Pers.	бу́д**ешь**	бу́д**ете**
3. Pers.	бу́д**ет**	бу́д**ут**

14 Futur

→ S. 37

Я бу́ду смотре́ть фильм.

Zusammengesetztes Futur

Das zusammengesetzte Futur bildest du mit einer konjugierten Form von *быть* und dem Infinitiv eines unvollendeten Verbs.

DE EN Das zusammengesetzte Futur im Russischen ähnelt in seiner Bildung dem Deutschen (werden + Inf.) oder Englischen (will-future).

я	**бу́ду**	чита́ть	ich	**werde**	lesen	I	**will**	read
ты	**бу́дешь**	чита́ть	du	**wirst**	lesen	you	**will**	read
он/она́	**бу́дет**	чита́ть	er/sie	**wird**	lesen	he/she	**will**	read
мы	**бу́дем**	чита́ть	wir	**werden**	lesen	we	**will**	read
вы	**бу́дете**	чита́ть	ihr	**werdet**	lesen	you	**will**	read
они́	**бу́дут**	чита́ть	sie	**werden**	lesen	they	**will**	read

Einfaches Futur

Das einfache Futur ist die konjugierte Verbform des vollendeten Aspekts:
За́втра мы ку́пим но́вые кроссо́вки – Morgen werden wir uns neue Turnschuhe kaufen.

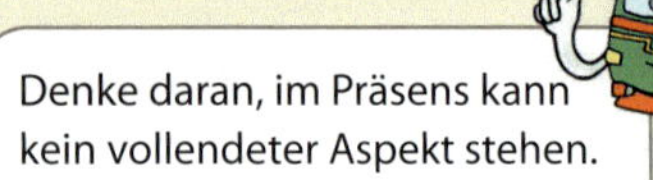

Denke daran, im Präsens kann kein vollendeter Aspekt stehen.

15 Aspekte des Verbs

→ S. 37

Im Russischen gib es für die meisten Verben zwei Aspekte, den vollendeten und den unvollendeten Aspekt, z. B. *прочита́ть/чита́ть*.
Die Grundbedeutung *lesen* ist bei beiden Aspektpartnern gleich.
Es gibt unterschiedliche Gründe für den Aspektgebrauch. Hier lernst du zunächst vier davon.

Der unvollendete Aspekt drückt die Dauer einer Handlung oder ihre ständige Wiederholung aus.

Я чита́ла кни́гу всю неде́лю. (Dauer)
Ка́ждый день Ми́ша игра́ет на компью́тере. (Wiederholung)

Der vollendete Aspekt unterstreicht die Einmaligkeit oder das Ergebnis einer Handlung.

Ба́бушка получи́ла письмо́. (Einmaligkeit)
Мари́я прочита́ла кни́гу. (Ergebnis)

Kurz zusammengefasst: Verben im vollendeten Aspekt können **nur** Präteritum oder Futur ausdrücken. Das Ergebnis einer Handlung liegt entweder schon vor (Vergangenheit) oder wird erst passieren (Zukunft).

	Präteritum	Präsens	Futur
vollendeter Aspekt	X	–	X
unvollendeter Aspekt	X	X	X

Du musst immer beide Aspektpartner lernen.

DE

16 Wortbildung durch Suffigierung

→ S. 38

Die Bedeutung unbekannter Wörter kannst du auch erschließen, wenn du die Suffixe erkennst, z. B.

-ист und *-тель* begegnen dir bei maskulinen Formen; *-ица* und *-истка* bei femininen.

Russisch	Deutsch
журнали́ст	Journalist
журнали́стка	Journalistin
тури́ст	Tourist
тури́стка	Touristin
учи́тель	Lehrer
учи́тельница	Lehrerin
продаве́ц	Verkäufer
продавщи́ца	Verkäuferin

Г

17 Die III. Deklination der Substantive

→ S. 46

Feminine Substantive auf *-ь* wie *тетра́дь, крова́ть, жизнь, пло́щадь, ю́ность* oder *достопримеча́тельность* sind Substantive der III. Deklination.

Besonderheit: Der Akkusativ Singular hat dieselbe Form wie der Nominativ.

	Sg.	Pl.
Nom.	тетра́д**ь**	тетра́д**и**
Gen.	тетра́д**и**	тетра́д**ей**
Dat.	тетра́д**и**	тетра́д**ям**
Akk.	тетра́д**ь**	тетра́д**и**
Instr.	тетра́д**ью**	тетра́д**ями**
Präp.	(о) тетра́д**и**	(о) тетра́д**ях**

Maskuline Substantive auf *-ь* (wie *учи́тель, день* oder *ка́шель* oder auch die Monatsnamen *янва́рь, февра́ль* etc.) gehören nicht zur III. Deklination:

	Sg.	Pl.
Nom.	учи́тел**ь**	учител**я́**
Gen.	учи́тел**я**	учител**е́й**
Dat.	учи́тел**ю**	учител**я́м**
Akk.	учи́тел**я***	учител**е́й***
Instr.	учи́тел**ем**	учител**я́ми**
Präp.	(об) учи́тел**е**	(об) учител**я́х**

*Akk. unbelebt = Nom.: *день; дни*.

Sonderform *це́рковь*

це́рковь verliert im Genitiv, Dativ und Präpositiv Singular sowie in allen Kasus Plural den flüchtigen Vokal *-о-*.

	Sg.	Pl.
Nom.	це́рков**ь**	це́ркв**и**
Gen.	це́ркв**и**	церкв**е́й**
Dat.	це́ркв**и**	церкв**я́м/а́м**
Akk.	це́рков**ь**	це́ркв**и**
Instr.	це́рков**ью**	церкв**я́ми/а́ми**
Präp.	(о) це́ркв**и**	(о) церкв**я́х/а́х**

Мы живём недалеко́ от Кра́сной пло́щади.

12 ию́ня – День Росси́и.

Präge dir die Substantive auf *-ь* in Kombination mit einem Adjektiv ein. So kannst du dir das Genus leichter merken, z.B. *Кра́сная пло́щадь* = f.; *пе́рвый день* = m.

18 Deklination von *что*

→ S. 47

In *Урóк 1* hast du die Deklination von *кто* kennen gelernt.
Ähnlich werden auch die Formen von *что* gebildet:

Nom.	кто	**что**
Gen.	когó	**чегó**
Dat.	комý	**чемý**
Akk.	когó	**что**
Instr.	кем	**чем**
Präp.	(о) ком	**(о) чём**

Du prägst dir die Fragepronomen am einfachsten immer paarweise ein:
Кто? – Что?
Когó? – Чегó?
Комý? – Чемý?
Когó? – Что?

19 Partizip Präteritum Passiv (Kurzform)

→ S. 51

Das Partizip Präteritum Passiv erkennst du an den Suffixen -**н** oder -**т** und der entsprechenden Endung für maskulin (Nullendung), feminin (-**а**), neutrum (-**о**) oder Plural (-**ы**).
Das Partizip tritt zusammen mit den Zeitformen von *быть* auf.

	m. Sg.	f. Sg.	n. Sg.
постро́и**ть**	он был постро́ен	она́ был**а́** постро́ен**а**	оно́ бы́л**о** постро́ен**о**
(auf-)bauen	*er wurde gebaut*	*sie wurde gebaut*	*es wurde gebaut*
откры́**ть**	он был откры́т	она́ был**а́** откры́т**а**	оно́ бы́л**о** откры́т**о**
öffnen	*er wurde eröffnet*	*sie wurde eröffnet*	*es wurde eröffnet*

Pl.
они́ бы́л**и** постро́ен**ы**
sie wurden gebaut
они́ бы́л**и** откры́т**ы**
sie wurden eröffnet

Das Partizip Präteritum Passiv wird in der Regel nur von vollendeten Verben gebildet.

Du wirst auch auf Formen ohne *быть* treffen: *Гóрод постро́ен в 1558 годý.* Die Stadt wurde 1558 erbaut.

20 Unpersönliche Sätze

→ S. 51

Unpersönliche Sätze sind Sätze ohne Subjekt.
Das Prädikat steht in der 3. Person Plural.

DE Im Deutschen steht hierfür *man* oder das Passiv.
EN Im Englischen meist das Passiv.

Г

Ми́ше на день рожде́ния подари́ли биле́т в Эрмита́ж.	Mischa bekam zum Geburtstag eine Eintrittskarte in die Ermitage (geschenkt).
Санкт-Петербу́рг основа́ли в 1703 г.	St. Petersburg wurde 1703 gegründet.
Го́род ещё называ́ют *Се́верной Вене́цией*.	Man nennt die Stadt auch *das Venedig des Nordens*.

21 Attributsätze mit *кото́рый*

→ S. 55

Кото́рый wird wie ein *hartes* (nichtpalatales) Adjektiv dekliniert.

	m. Sg.	n. Sg.	f. Sg.	Pl.
Nom.	кото́р**ый**	кото́р**ое**	кото́р**ая**	кото́р**ые**
Gen.	кото́р**ого**		кото́р**ой**	кото́р**ых**
Dat.	кото́р**ому**		кото́р**ой**	кото́р**ым**
Akk.	кото́р**ого**/-**ый***	кото́р**ое**	кото́р**ую**	кото́р**ых**/-**ые***
Instr.	кото́р**ым**		кото́р**ой**	кото́р**ыми**
Präp.	(о) кото́р**ом**		(о) кото́р**ой**	(о) кото́р**ых**

*Akk. belebt = Gen.; Akk. unbelebt = Nom.

Das Relativpronomen *кото́рый*, *-ая*, *-ое; -ые* (welcher, welche, welches; welche) leitet einen Attributsatz ein und bezieht sich auf ein vorausgegangenes Substantiv (oder eine Wortgruppe) im Hauptsatz.

Es richtet sich in Genus, Numerus und Kasus nach dem ersetzten Substantiv (oder der Wortgruppe).

Э́то моя́ однокла́ссница. Я тебя́ познако́мил с однокла́ссницей.
→ Э́то моя́ однокла́ссница, с кото́рой я тебя́ познако́мил.

Эрмита́ж – э́то музе́й. В э́том музе́е есть интере́сные карти́ны.
→ Эрмита́ж – э́то музе́й, в кото́ром есть интере́сные карти́ны.

Вот кни́га, кото́рую мы бу́дем чита́ть.

Уро́к 4

22 Unbestimmte Zahlwörter

→ S. 65

Unbestimmte Zahlwörter in Verbindung mit einem Substantiv bezeichnen eine unbestimmte Anzahl von Dingen oder Personen.

В Москве́ есть мно́го достопримеча́тельностей – мно́го музе́ев, теа́тров, па́мятников, стадио́нов, магази́нов, библиоте́к и, коне́чно, мно́го тури́стов.

	мно́го – viel(e)	ма́ло – wenig(e)	не́сколько – einige
m.	тури́стов	тури́стов	тури́стов
f.	книг	книг	книг
n.	мест	мест	мест

Nach unbestimmten Zahlwörtern steht der Genitiv Plural.

Der Genitiv Plural von *де́рево* (Baum) lautet *дере́вьев*.

Manche Substantive bilden den Genitiv Plural auf *-ей*:

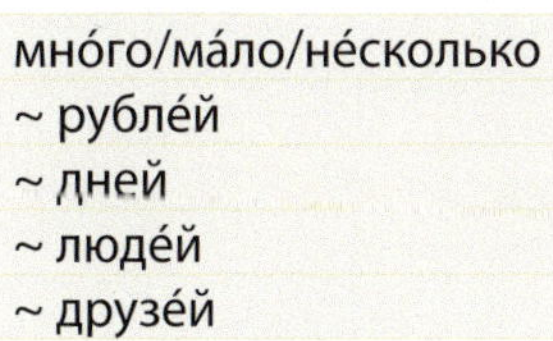

мно́го/ма́ло/не́сколько
~ рубле́й
~ дней
~ люде́й
~ друзе́й

23 Rektion der Zahlen mit Prozenten

→ S. 67

1 % оди́н проце́нт	2 % два проце́нт<u>а</u>	5 % пять проце́нт<u>ов</u>
	3 % три проце́нт<u>а</u>	99 % девяно́сто де́вять проце́нт<u>ов</u>
	4 % четы́ре проце́нт<u>а</u>	100 % сто проце́нт<u>ов</u>

Проце́нт wird nach Zahlen wie ein maskulines Substantiv verändert:

Nach 2, 3, 4 steht der Genitiv Singular, ab 5 der Genitiv Plural.

Nach 0 steht ebenfalls der Genitiv Plural: *ноль проце́нтов.*

24 Adjektive und Adverbien

→ S. 65

Adjektive kennst du schon aus *Диало́г 1 Уро́к 2.* Sie charakterisieren ein Substantiv. Wie du weißt, richtet sich das Adjektiv in Genus, Numerus und Kasus nach dem dazugehörigen Substantiv.

Вот но́в<u>ая</u> футбо́лк<u>а</u>, но́в<u>ые</u> джи́нс<u>ы</u> и но́в<u>ый</u> сви́тер!

Nach Adjektiven fragst du mit dem Fragepronomen
→ *Како́й/ Кака́я/ Како́е/ Каки́е?*

– Кака́я оде́жда тебе́ нра́вится?
– Мне нра́вится краси́вая оде́жда.

Adverbien der Art und Weise charakterisieren Verben. Adverbien sind unveränderlich, sie werden also nicht nach Genus, Numerus oder Kasus dekliniert.

Nach Adverbien fragst du mit dem Fragepronomen
→ *Как?*

– Как расска́зывает ба́бушка?
– Она́ интере́сно расска́зывает.

Г

Они́ пло́хо пою́т.

Adverbien haben den gleichen Wortstamm wie das Adjektiv.
Die meisten Adverbien haben die Endung *-o-*.

Та́ня хоро́шая учени́ца. – Она́ хорошо́ у́чится.
Э́тот текст интере́сный. – Учи́тельница интере́сно расска́зывает.

Како́й? → хоро́ший, интере́сный
Как? → хорошо́, интере́сно

25 Verben der Fortbewegung

→ S. 69

Im Russischen haben die Verben der Fortbewegung zwei Formen, die die gleiche Grundbedeutung haben:
идти́ – ходи́ть = gehen
е́хать – е́здить = fahren.
Der Unterschied liegt darin, ob eine Bewegung zielgerichtet oder nicht zielgerichtet ausgeführt wird.

	ходи́ть	е́хать	е́здить
1. Pers. Sg.	хожу́	е́ду	е́зжу
2. Pers. Sg.	хо́дишь	е́дешь	е́здишь
3. Pers. Sg.	хо́дит	е́дет	е́здит
1. Pers. Pl.	хо́дим	е́дем	е́здим
2. Pers. Pl.	хо́дите	е́дете	е́здите
3. Pers. Pl.	хо́дят	е́дут	е́здят

Die Konjugation von *идти́* hast du in G 5 S. 141schon gelernt.

zielgerichtete Verben	nicht zielgerichtete Verben
идти́ *е́хать* – in eine bestimmte Richtung *gehen, fahren …* → В суббо́ту я иду́ в кино́.	*ходи́ть* *е́здить* – ohne Ziel *gehen, fahren …* (bzw. das Ziel ist unwichtig) Я люблю́ ходи́ть по магази́нам. Я вчера́ до́лго ходи́л/а по магази́нам. *oder:* – hin und zurück ⇆ – regelmäßig hin (und zurück) Вчера́ я ходи́л/а в кино́. Я ка́ждый день хожу́ в шко́лу.

Statt *Вчера́ я ходи́л/а в кино́* kannst du auch sagen *Вчера́ я был/а́ в кино́.*

Моя́ ма́ма лю́бит ходи́ть пешко́м.

По́сле шко́лы я обы́чно хожу́ на трениро́вку. А сего́дня я иду́ к ба́бушке. Она́ живёт недалеко́.

Урóк 5

26 Indirekte Rede

S. 84

Максим
Я в кино. Фильм супер.
Маша
Я в парке, отдыхаю.

Die indirekte Rede ist die sinngemäße Wiedergabe einer wörtlichen (direkten) Rede.

Макси́м пи́шет, **что** <u>он</u> в кинó, и <u>емý</u> нрáвится фильм.
Мáша мне писáла, **что** <u>онá</u> в пáрке отдыхáет.

Bei der indirekten Rede bildet die Redeeinleitung, die den Urheber der Äußerung benennt, den Hauptsatz. Der Nebensatz beginnt mit *что*.
Achte bei der Umwandlung von direkter Rede in <u>indirekte Rede</u> auf die Verwendung der <u>Personal</u>- und <u>Possessivpronomen</u>.

Vor *что* steht immer ein Komma.

DE

Der Nebensatz behält dieselbe Zeit wie der Satz in der direkten Rede.
Anders als im Deutschen steht kein Konjunktiv!
Im Unterschied zum Deutschen und Englischen, wo du *dass* und *that* weglassen kannst, muss *что* immer verwendet werden.

EN

Tom told me that he will come later. → Tom told me he would come later.
Katrin sagte, dass sie Hausaufgaben machen würde. → Katrin sagte, sie würde Hausaufgaben machen.
Нáстя сказáла, что онá сегóдня идёт в кинó.

27 Nebensätze mit *потомý что*

S. 87

Они́ хотя́т посети́ть Сýздаль, потомý что там óчень краси́во.

Nebensätze mit *потомý что* drücken die Ursache, den Grund für das im Hauptsatz Gesagte aus.

Vor *потомý что* steht immer ein Komma.

28 *мочь – умéть*

S. 91

Für *können* gibt es im Russischen zwei Verben:
→ мочь
→ умéть

мочь bedeutet *können* im Sinne von *die Möglichkeit haben* oder *die Zeit haben, etwas zu tun*.

Aus *Диалóг 1* kennst du schon *мóжно* (*man kann*): *Тудá мóжно дойти́ пешкóм.*

Ты <u>мóжешь</u> поéхать с нáми?
Нет, у меня́ нет врéмени.

Г

	Sg.	Pl.
1. Pers.	могу́	мо́жем
2. Pers.	мо́жешь	мо́жете
3. Pers.	мо́жет	мо́гут

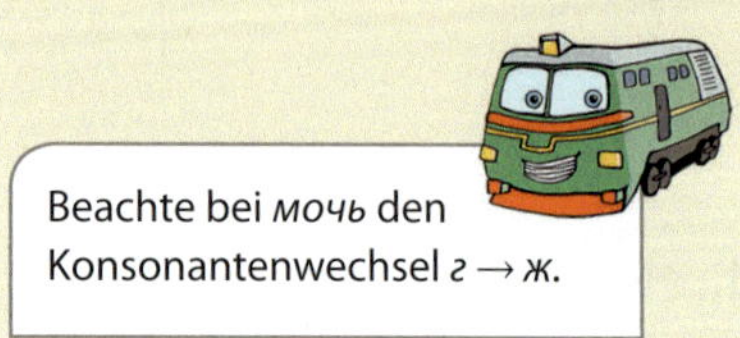

Beachte bei *мочь* den Konsonantenwechsel *г → ж*.

Präteritum

m. Sg.	f. Sg.	Pl.
я, ты, он мог	я, ты, она́ могла́	мы, вы, они́ могли́

Ты уме́ешь игра́ть на гита́ре?
Нет, к сожале́нию не уме́ю.

уме́ть bedeutet *können* im Sinne von *die Fähigkeit haben, etwas zu tun* oder *wissen/verstehen, wie etwas geht/funktioniert*.
уме́ть wird meist mit einem unvollendeten Verb kombiniert.

29 Modalverb *на́до*

→ S. 91

Dem deutschen Modalverb *müssen* entspricht die unpersönliche Satzkonstruktion
Dativ + на́до + Infinitiv.

Тебе́ на́до мно́го тренирова́ться!

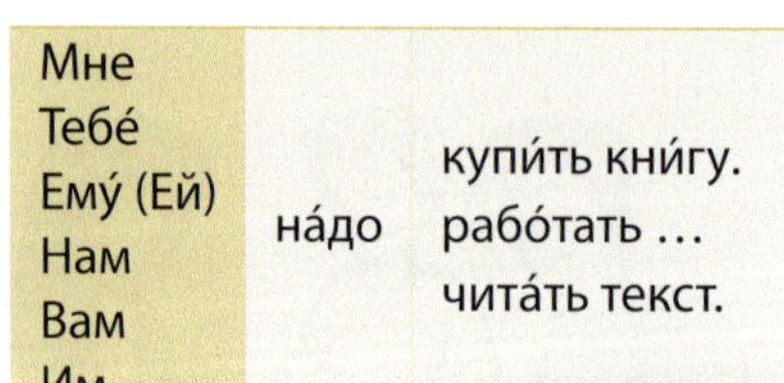

Мне Тебе́ Ему́ (Ей) Нам Вам Им	на́до	купи́ть кни́гу. рабо́тать … чита́ть текст.

Вчера́ мне не *на́до бы́ло де́лать уро́ки*, а за́втра мне *на́до бу́дет писа́ть контро́льную*.

Im Präteritum steht nach *на́до* ***бы́ло***, im Futur ***бу́дет***.

In einer positiven Aussage verwendet man sowohl das unvollendete als auch das vollendete Verb, z. B.
Тебе́ на́до чита́ть/прочита́ть текст.
In einer negativen Aussage verwendest du immer das unvollendete Verb, z. B. *Тебе́ не на́до чита́ть текст.*

Oft wird anstelle von *на́до* das Wort *ну́жно* verwendet.

Нáвыки Methoden

Es gibt viele verschiedene Methoden, die das Lernen im Fremdsprachenunterricht effektiver machen. Für alle gilt: Gut geplant ist halb gewonnen.

Hier findest du eine Übersicht von Methoden zu den wichtigsten Bereichen des Russischunterrichts. Mach dich mit ihnen vertraut und probiere sie aus, um herauszufinden, welche von ihnen zu dir passen.

1. Hilfsmittel im Unterricht

Dein wichtigstes Hilfsmittel ist das Schülerbuch. Greife deshalb immer zuerst darauf zurück! Mach dich auch mit dem Anhang vertraut. Er hat die Aufgabe, dir beim Selbstlernen und bei auftretenden Problemen zu helfen. Neben zusätzlichem Übungsmaterial findest du dort den Grammatikanhang, die Lerntipps, die Wortnester, die Wörterverzeichnisse (alphabetische und nach Lektionen geordnet) und Übersichten zu den wichtigsten Redemitteln.

Was kannst du tun, wenn …

1. *… dir ein bestimmtes russisches Wort nicht mehr einfällt?*

❓ Was heißt auf Russisch *Jacke*?

Hast du vergessen, was ein bestimmtes Wort bedeutet, ist das alphabetische Wörterverzeichnis das richtige Hilfsmittel für dich. Es ist aufgebaut wie ein zweisprachiges Wörterbuch, hat einen russisch-deutschen und einen deutsch-russischen Teil. Es enthält nur die Wörter aus deinem Schülerbuch, deshalb geht das Nachschlagen schneller als in einem richtigen Wörterbuch.

In dem Verzeichnis sind sowohl die Wörter enthalten, die du gelernt hast, als auch die falkultativen aus den Wortnestern (S. 166–170). Dort sucht sich jede/r nur die Wörter aus und lernt diese, die er/sie für thematische Aussagen benötigt.

<u>Jetzt du:</u> Suche die Wörter *здорóвье, прáздновать, рот, маля́р, совремéнный* und *рáтуша*. Wie lautet die deutsche Entsprechung? Wann hast du sie gelernt? (Wo wurden sie eingeführt?)

2. *… du in einem Lesetext auf unbekannte Wörter triffst ?*

❓ Was bedeutet *основáтель* im Lesetext?

Aus *Диалóг 1* weißt du, dass es verschiedene Strategien gibt, um die Bedeutung unbekannter Wörter ohne Hilfsmittel zu erschließen. Probiere sie immer zuerst.

H

Нáвыки

Du kennst bereits das Erschließen durch Sprachvergleiche, durch Wortfamilien und durch Sinnzusammenhänge (s. *Диалóг 1*, S. 138 f.).

Eine weitere Methode ist das Nutzbarmachen von Regeln aus der Wortbildung. Das kennst du bereits aus dem Deutschunterricht. So kennzeichnet z. B. das Suffix *-er* beim Substantiv im Deutschen und Englischen eine handelnde Person, *dt. Lehrer – en. teacher*. Die gleiche Funktion hat im Russischen das Suffix *-тель*, vgl. *учúтель*.

Jetzt du: Erschließe die Bedeutung folgender Substantive, indem du sie zunächst auf die Grundform der entsprechenden Verben zurückführst. Überprüfe dann im Wörterverzeichnis, ob deine Vermutung richtig war.

жúтель   читáтель   писáтель   покупáтель   слýшатель

Waren diese Versuche nicht erfolgreich, überprüfe, ob du den Text ohne dieses Wort verstehen kannst. Taucht es häufig auf, geht das eher nicht.

Erst wenn dich diese Tipps nicht weitergebracht haben, greife zu einem Hilfsmittel. Bei Texten in den Leseabschnitten und Texten, die nicht aus dem Schülerbuch stammen, nutze ein zweisprachiges Wörterbuch. Den Umgang mit einem Wörterbuch kennst du bereits aus dem Englischunterricht.

Tipp: Das Wörterbuch ist dir dann eine gute Hilfe, wenn du
- es sparsam einsetzt,
- das russische Alphabet sicher beherrschst;
- die wichtigsten verwendeten Zeichen und Abkürzungen kennst;
- gelernt hast, Wörter im Text auf ihre Grundform zurückzuführen; das ist bei Substantiven der Nominativ Singular und bei Verben der Infinitiv;
- nicht gleich die erste eingetragene Bedeutung übernimmst, sondern zunächst den gesamten Wörterbucheintrag liest und dann, gestützt auf den Textzusammenhang, die passende auswählst.

Jetzt du: Lies den Zungenbrecher. Es geht darin um zwei Mädchen, die Freunde sein wollten … Schlage in einem Wörterbuch das Wort *сложúлась* nach. Welche der angegebenen Übersetzungen passt? Begründe.

Жéня с Жáнной подружúлась.
Дрýжба с Жáнной не сложúлась.
Чтóбы жить с друзья́ми дрýжно,
Обижáть друзéй не нýжно.

Das erfolgreiche Arbeiten mit dem zweisprachigen Wörterbuch ist vor allem eine Sache der Übung!

3. ***… du dir bei einer grammatischen Erscheinung nicht ganz sicher bist, ob du sie richtig verwendest?***

 Heißt es *я ходý* oder *я хожý*?

Informiere dich zunächst im grammatischen Anhang deines Schülerbuchs (S. 138–154). Dort kannst du noch einmal die Regel nachlesen und findest passende Beispiele und Verweise auf die entsprechenden Lehrbuchseiten.

Zum systematischen Üben empfiehlt sich die Begleitgrammatik *Диалóг 1–2*.

Jetzt du: Welche Variante ist die richtige?

а) *москвá* oder *Москвá*
б) *мой сýмка* oder *моя́ сýмка*
в) *Как ты зовýт?* oder *Как тебя́ зовýт?*
г) *из Прáгы* oder *из Прáги*
д) *оди́н год* oder *оди́н лет*
е) *они́ говорю́т* oder *они́ говоря́т*
ж) *Я люблю́ пи́ццу.* oder *Я люблю́ пи́цца.*
з) *мой пáпа* oder *моя́ пáпа*

4. … du lieber digitale Hilfsmittel nutzen möchtest?

? Was gibt es online für Russisch?

Du kannst digitale Medien zum selbstständigen Lernen nutzen. Schau dir die Vokabel-App zu diesem Schülerbuch an. Es gibt eine Fülle von weiteren Apps oder Online-Wörterbüchern, mit denen du am Computer oder auf deinem Handy arbeiten kannst. Der Vorteil gegenüber herkömmlichen Wörterbüchern besteht darin, dass du den Audio-Button klicken kannst, um dir die Aussprache eines (neuen) Wortes anzuhören und einzuprägen.

5. … du nach Informationen außerhalb deines Schülerbuches suchen möchtest?

? Wie suche ich russische Begriffe im Internet?

Schnelle Hilfe bieten dir zahlreiche russische Suchmaschinen. Voraussetzung dafür ist eine mit russischen Buchstaben belegte Tastatur (Diese findest du z. B. im Internet oder man kann sich auch eine deutsch-russische Mischtastatur kaufen. Mit Tastaturaufklebern geht es natürlich auch ☺.)

H

2. Gespräche führen

Du willst jemanden ansprechen …
Du willst ein Gespräch weiterführen …
Du willst deine Meinung äußern, jemandem zustimmen oder widersprechen …
Du willst das Gespräch beenden …
… bist aber unsicher, ob du dich verständlich machen kannst.

Tipp: Lege dir einen Vorrat von passenden Sätzen oder Satzanfängen an, auf den du im Gespräch dann (automatisch) zurückgreifen kannst. So gewinnst du schon beim Sprechen zusätzlich ein wenig Zeit zum Überlegen, was du als Nächstes sagen könntest.

Hier einige Anregungen:

1. Redemittel zum Eröffnen von Gesprächen

 Wie fange ich an?

Wenn du Leute ansprechen willst, kannst du folgende Satzanfänge benutzen:

- *Извинú(те), пожáлуйста, …* – Entschuldigen Sie bitte …
- *Скажú(те), пожáлуйста, …* – Sagen Sie bitte …
- *Вы не знáете, как …?* – Wissen Sie, wie man …?

2. Redemittel zum Führen von Gesprächen

 Wie sage ich, dass …?

Wenn du deine/n Gesprächspartner/in nicht verstanden hast, kannst du:

- ihm/ihr das sagen:
  Я не пóнял/á.
- um Wiederholung bitten:
  Повторú(те), пожáлуйста.
- um Wiederholung mit anderen Worten bitten:
  Скажú э́то по-другóму, я не пóнял/á.
- mit Hilfe von Fragewörtern noch einmal nachfragen:
  Когдá? Где? Что? С кем? У когó? Скóлько?
- ihn/sie bitten, langsamer zu sprechen:
  Не так бы́стро, пожáлуйста.
- ggf. ihn/sie um die Erklärung eines dir unbekannten Wortes bitten: *Ты знáешь, как* Turnschuhe *по-рýсски?*

 Wie gewinne ich Zeit?

Wenn du Sprechpausen vermeiden willst, solltest du „Pausenfüller" kennen, z. B.:

- *Ну, да. Так. Лáдно. Подождú(те)-ка. Дáй(те) подýмать.* –
  Hm, ja. Ja. Gut. Warte mal.
  Lass mich nachdenken.

 Wie sage ich meine Meinung zu …?

Wenn du deine Meinung äußern willst, kannst du folgendermaßen beginnen:

- *Я дýмаю, что …* – Ich denke/glaube, dass …
- *По-мóему, э́то …* – Meiner Meinung nach, ist das …
- *Э́то (не) так. Э́то (не)прáвильно.* – Das ist (nicht) so. Das stimmt (nicht).
- *Я за./ Я прóтив.* – Ich bin dafür./ Ich bin dagegen.

 Wie spreche ich ein anderes Thema an?

Wenn du das Thema wechseln willst, kannst du sagen:
У меня́ есть друго́й вопро́с. – Ich habe (noch) eine andere Frage.
А ещё меня́ интересу́ет, что … – Mich interessiert noch, was …

3. Redemittel zum Beenden von Gesprächen

 Wie beende ich das Gespräch?

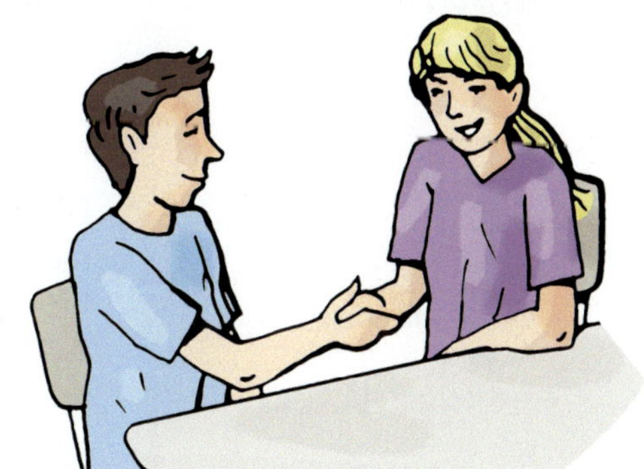

Bedanke dich für das Gespräch.
- *Спаси́бо. Было о́чень интере́сно.* – Danke. Das war sehr interessant.

Gehe ggf. auf sein Ergebnis ein.
- *Зна́чит, договори́лись.* – Abgemacht.
- *Хорошо́, что мы реши́ли э́тот вопро́с.* – Gut, dass wir diese Frage geklärt haben.

Stelle ggf. ein weiteres Treffen in Aussicht.
- *До встре́чи.* – Bis zum nächsten Mal.

Immer gilt: Höre genau auf die Antwort deines Gesprächspartners/ deiner Gesprächspartnerin und reagiere darauf. Denke daran, dass man sprachliche Probleme unter Umständen auch durch Mimik und Gestik kompensieren/lösen kann.

Jetzt du: Wie kannst du in den folgenden Gesprächssituationen reagieren?
Du möchtest
1) **jemanden ansprechen, um zu fragen, wo sich die Bibliothek befindet.**
2) **nachfragen, wo der Treffpunkt ist.**
3) **dich durch Nachfrage vergewissern, was Vika gesagt hat.**
4) **deinen Gesprächspartner/ deine Gesprächspartnerin bitten, noch einmal zu wiederholen.**
5) **dich zufrieden darüber äußern, dass das Problem gelöst ist.**
6) **dich für das Gespräch bedanken.**

H

Plan
1. Strukturieren beim Einprägen
2. Strukturieren beim Präsentieren
3. Strukturieren beim Schreiben

3. Strukturieren

Das Strukturieren ist eine Form der Lernorganisation. Lernen fällt uns leichter, wenn wir die Fülle an Informationen, die uns umgibt, durch Ordnungssysteme bündeln.

Es gibt Strategien,

- die ein besseres Behalten und Einprägen zum Ziel haben, z. B. Sammeln und Ordnen und
- die auf die leichtere Verarbeitung von Informationen zielen, z. B. Gliedern, Markieren, Notizen machen, Zusammenfassen.

1. Strukturieren als Vorbereitung zum Einprägen

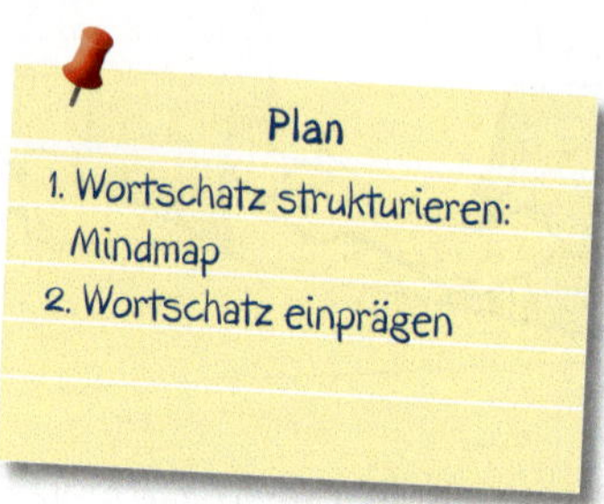

Du hast bereits gelernt, dass du dir neue Vokabeln besser merken kannst, wenn du sie vor dem Einprägen nach bestimmten Gesichtspunkten ordnest, z. B. durch Parallelen zwischen mehreren Sprachen, durch Ordnen in Sachfeldern und Ordnen in Wortpaaren.
Willst du dir nicht nur Einzelwörter einprägen, sondern Wortschatz zu einem komplexeren Thema, ist das Strukturieren sinnvoller.

Ziel ist es, so viele passende Vokabeln wie möglich zu einem Thema zusammenzustellen und zueinander in Beziehung zu setzen. Das ist wichtig, denn Wörter in einem Sinnzusammenhang können wir uns viel leichter einprägen als isolierte Wörter.

Zum Strukturieren von Wortschatz eignen sich Mindmaps besonders gut.
Eine Mindmap beginnt immer mit einem Kernwort. Notiere es in der Mitte des Blattes.
Arbeite dann mit Ausgliederungen und Oberbegriffen, um möglichst viele Inhalte des Themas abzudecken. Finde zu jedem Oberbegriff mindestens einen passenden Begriff.

Sammle deine individuellen Mindmaps und hefte sie ab. So kannst du bei Bedarf – beim Präsentieren oder Schreiben von Texten – schnell auf sie zugreifen.

Jetzt du: Erstelle eine Mindmap zum Thema *Bekleidung*.

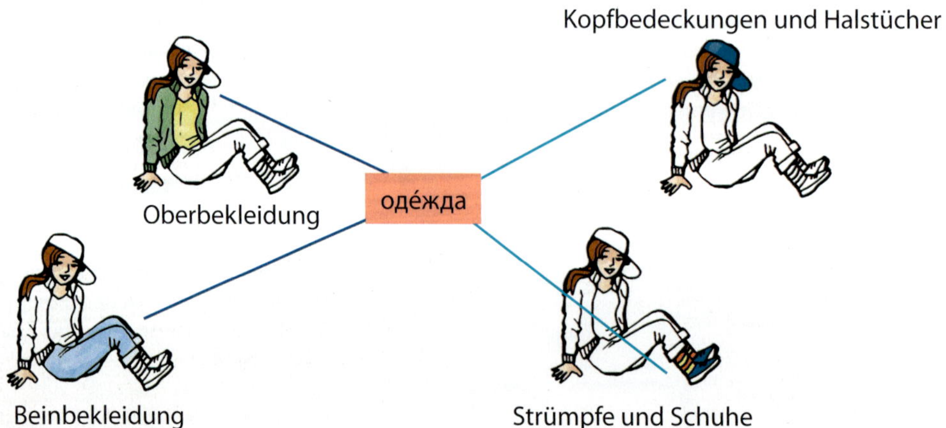

Plan
1. Sammeln von Ideen: Mindmap
2. Sammeln von Wortschatz
3. Mündliches Präsentieren

2. Strukturieren als Vorbereitung zum Präsentieren

1. Sammeln von Ideen

Du möchtest dich zu einem Thema mündlich (zusammenhängend) äußern, z. B. in einem Vortrag oder einer Präsentation.

Ordne zunächst deine Ideen. Möglicherweise ist eine Brainstorming-Phase ein guter Anfang. Hierbei geht es darum festzuhalten, welche Begriffe/Wörter dir spontan, also ohne langes Überlegen, zum Thema einfallen.
Auch hierfür kannst du eine Mindmap zusammenstellen – in Deutsch oder in Russisch.

Jetzt du: Du möchtest über deine Heimatstadt sprechen. Fertige eine Mindmap an. Welche Punkte könnten wichtig und für deine Mitschüler/innen interessant sein, z. B. Fakten aus der Geschichte/ wichtige Bauwerke/ wichtige Persönlichkeiten …?

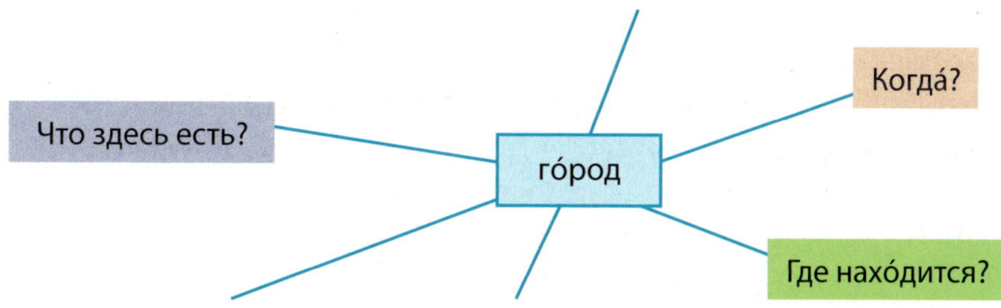

2. Sammeln von Wortschatz

Nun stelle schriftlich den benötigten russischen Wortschatz dafür zusammen. Überlege zunächst, aus welchen der im Unterricht besprochenen Themen Wörter passen könnten. Nutze dazu auch die Wortnester im Schülerbuch und deine Mindmaps (s. o.). Benötigst du darüber hinaus weitere Wörter, nutze Hilfsmittel wie das Wörterverzeichnis oder ein zweisprachiges Wörterbuch (s. o.).

Jetzt du:

H

3. Präsentieren

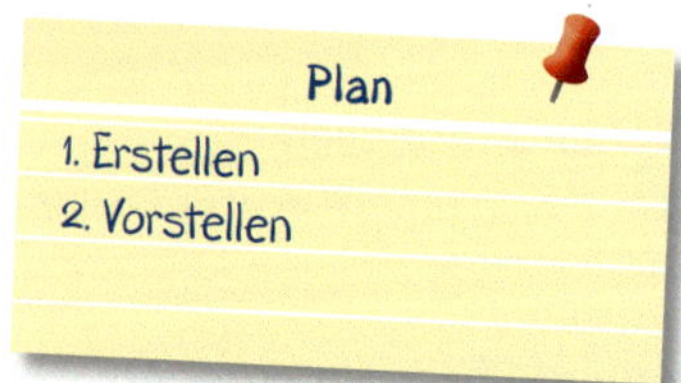

Das Präsentieren hast du schon im ersten Jahr kennen gelernt. Hier noch einmal für dich zur Erinnerung bzw. zum Wiederholen.
Du willst ein Poster oder eine Collage erstellen und möchtest dein Ergebnis vor der Klasse präsentieren.
Hier die wichtigsten Tipps:

1. Erstellen

Denke daran, dass ein gutes Poster eine Überschrift, Bilder und Text/e hat.
Achte bei der Vorbereitung auf ausreichend große Schrift und ein ausgewogenes Verhältnis zwischen Text und Bild.

2. Vorstellen

Ganz wichtig: Versuche von Anfang an möglichst frei zu sprechen.
Gedächtnisstützen sind dabei erlaubt.
Probiere dazu den „Kniff mit dem Knick". Er ist sowohl im Unterricht, als auch zu Hause anwendbar.

- Falte ein Blatt so, dass du einen größeren und einen kleineren Teil erhältst. Schreibe nun deinen Text zeilenweise auf den größeren Teil. Lies ihn noch einmal und unterstreiche dabei Schlüsselwörter. Diese überträgst du nun auf den kleinen Teil des Blattes.

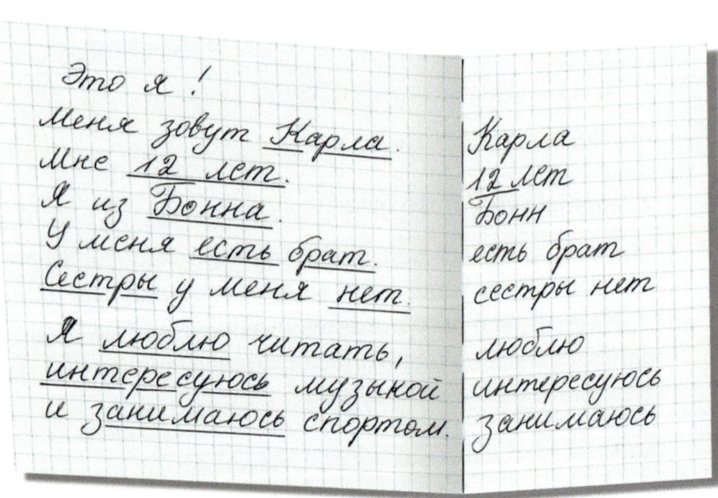

- Präge dir nun den Text deiner Präsentation ein. Dann versuche, ihn dir selbst vorzutragen. Klappe dazu den großen Teil des Blattes weg und versuche frei zu sprechen.
- Beim Präsentieren in der Klasse halte zur Sicherheit das geknickte Blatt in der Hand. Nur wenn du nicht weiter weißt, schau kurz auf den kleinen Teil. Er dient dir als Gerüst.
- Es ist ungewohnt für dich, vor einer Gruppe zu sprechen? Atme tief ein und zähle bis 3, bevor du anfängst.
- Schaue deine Zuhörer beim Vortragen an.
- Bemühe dich um die richtige Satzmelodie. Stellst du eine Frage oder formulierst du einen Satz?
- Überlege, welche Mimik und Gestik zum Text passen. Erfordert es deine Rolle, dass du traurig oder besonders froh bist? Das muss man hören können.

4. Schreiben

1. Strukturieren als Vorbereitung zum Schreiben

Beim Schreiben kommt es zunächst darauf an, welches Format das Geschriebene haben soll, z. B.

- eine (Ansichts-) Karte,
- eine E-Mail,
- ein Brief,
- eine SMS,
- ein Tagebucheintrag,
- ein Bericht,
- eine Zusammenfassung,
- eine Erzählung,
- ein Beitrag für eine Präsentation,
- ein Aufsatz.

Im Laufe deines Russischunterrichts wirst du alle Formen kennenlernen. Zunächst geht es um das Verfassen kleinerer/kurzer Texte.

2. Schreiben eines Briefes/ einer Postkarte/ einer E-Mail

1. Du beginnst mit der Begrüßung und mitunter auch dem Datum (wenn das wichtig für dich ist): *Привéт* und Name (*Здрáвствуй* oder *Здрáвствуйте* für eine erwachsene Person und Name).
2. Wenn du eine Antwort schreibst, vergiss nicht, dich für die erhaltene Post zu bedanken: *Спаси́бо за письмó.*
3. Dann schreibst du auf, was du mitteilen oder fragen möchtest.
4. Vielleicht möchtest du Grüße an jemanden ausrichten: *(Большóй) Привéт … (Dat.).*
5. Beendet wird ein Brief mit einer Verabschiedung: *Покá!* oder *До свидáния!*
6. Ganz zum Schluss schreibst du – wie im Deutschen auch – deinen Namen.
7. Lies den Text noch einmal durch und überprüfe – z. B. mit dem alphabetischen Wörterverzeichnis oder mit einem Wörterbuch, – ob du alles richtig geschrieben hast.

3. Schreiben eines eigenen Textes

Du willst einen (kurzen) zusammenhängenden Text schreiben, etwa eine Zusammenfassung, einen Tagebucheintrag oder das Ende einer Geschichte.
Arbeite nicht einfach drauflos. Überlege zunächst, was du schreiben willst. Mach dir ggf. Notizen. Je nach Thema sind dafür Listen oder Tabellen, bei komplexeren Themen auch Mindmaps hilfreich (s. Strukturieren S. 160).

Nutze dabei alle in der Aufgabe gegebenen Hilfestellungen:
Gibt es Illustrationen oder Fragen (z. B. Schreibe dabei über …), die dir (weitere) Ideen zum Inhalt liefern?
Gibt es einen Mustertext, aus dem du bereits Wörter oder Textbausteine mit nur wenigen Veränderungen für den eigenen Text übernehmen kannst?
Sammle nun weitere Wörter, die du für deinen Text brauchst. Nutze die dir bekannten Hilfsmittel.
Vergiss nicht, deinen Text zu gliedern. Überlege, womit du beginnen möchtest und schreibe eine kurze Einleitung.

H

Bei längeren Texten kann es sinnvoll sein, den Hauptteil noch weiter zu gliedern, das macht sie besser lesbar. Beginne für jeden neuen Gedanken einen neuen Absatz.
Vermeide unnötige Wiederholungen.
Formuliere bewusst einen Abschluss.
Überprüfe abschließend Rechtschreibung und Grammatik. Tausche ggf. deinen Text mit einem Mitschüler/ einer Mitschülerin aus und korrigiert eure Texte gegenseitig.

Jetzt du:
Der russische Schüler Daniil wird in Kürze dich und deine Schule besuchen. Schreibe ihm vorab eine E-Mail, in der du dich kurz vorstellst. Berichte ihm auch von deinen Hobbys. Deine Mutter hat auch einige Fragen, z. B. möchte sie wissen, was sein Lieblingsessen ist und ob er Rad fahren kann. Vergiss nicht ihn zu begrüßen und dich zu verabschieden. Tauscht eure E-Mails aus und korrigiert euch gegenseitig.

5. Mediation/Sprachmittlung

Mediation meint das Übertragen von Inhalten/Aussagen aus einer Sprache in die andere. Du erhältst z. B. eine russische E-Mail und möchtest deinen Eltern sagen, was darin steht. Oder du liest einen Artikel in einer deutschen Zeitschrift und möchtest dich mit deinem russischen Partnerschüler darüber unterhalten.

Bestimme zunächst das Thema. Worum geht es? Konzentriere dich auf die Wiedergabe des wesentlichen Inhalts. Lass unnötige Details weg. Vereinfache das, was du sagen willst.

Denk immer daran: das Ziel der Mediation ist die sinngemäße Wiedergabe des Inhalts. Es geht nicht um wörtliches Übersetzen!

Kennst du ein bestimmtes russisches Wort nicht, versuche zunächst,

- es durch Vormachen oder eine Zeichnung wiederzugeben

- einen passendes Internationalismus dafür zu finden: Hose = джи́нсы

- ein Beispiel dafür zu geben:

Sehenswürdigkeit: достопримеча́тельность – Телеба́шня и́ли за́мок Шарло́ттенбург – э́то достопримеча́тельности Берли́на.

Funktioniert das nicht, nutze Umschreibungen.
Das kannst du mit Hilfe folgender Tipps üben:

Umschreiben mit

- einem Oberbegriff:
  Schreibtisch: Э́то специа́льный стол. Он стои́т у меня́ в ко́мнате и на нём нахо́дятся мои́ учёбники, ру́чки и мой компью́тер.
- einem verneinten Antonym:
  langweilig: интере́сно – не́интересно
- einem Synonym:
  mögen/gefallen: нра́виться – люби́ть
- einem Beispiel:
  Sehenswürdigkeit: достопримеча́тельность – Э́то, наприме́р, музе́и, па́мятники usw.

Jetzt du: Du möchtest folgende Dinge auf Russisch ausdrücken. Umschreibe die Begriffe mit dir bekannten Worten. скри́пка (Geige) – столи́ца (Hauptstadt) – ма́ленький (klein) – ста́рший (älter/er) – игрова́я приста́вка (Spielkonsole) – соля́нка (Soljanka).

H

6. Lesen

Viele Lerntechniken zum Lesen hast du bereits in *Диало́г 1* kennengelernt.
Es gibt unterschiedliche Sorten von Texten, z. B. Gedichte, Zungenbrecher, Märchen, Fabeln, Erzählungen, Berichte usw.
Aber auch Comics, Diagramme, Karikaturen, Piktogramme sind (spezielle) Textsorten.
Sie vermitteln Inhalte eher durch Symbole, graphische und optische Elemente und enthalten wenig, mitunter gar keinen geschriebenen Text. Trotzdem kann man sie „lesen", indem man das Abgebildete versprachlicht (interpretiert).

Jetzt du:
Чем занима́ются молоды́е лю́ди в Герма́нии в свобо́дное вре́мя? Schreibe in zwei Sätzen auf.

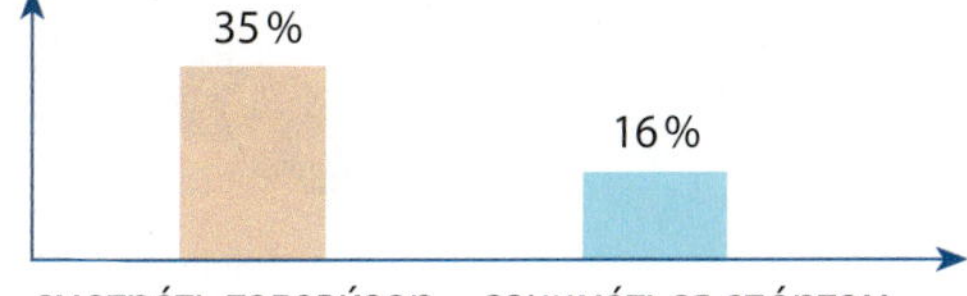

Слова́рь в карти́нках Bilderwörterbuch

1. Пра́здники/Feiertage

Но́вый год

Рождество́

День свято́го Валенти́на

Междунаро́дный же́нский день

Ма́сленица

Па́сха

Пра́здник Весны́ и Труда́

День Росси́и

День зна́ний

2. Еда́/Essen

закýски

бутербро́д

сэ́ндвич

сала́т

колбаса́

омле́т

горя́чие блю́да

га́мбургер

су́ши

котле́та

шни́цель

шашлы́к

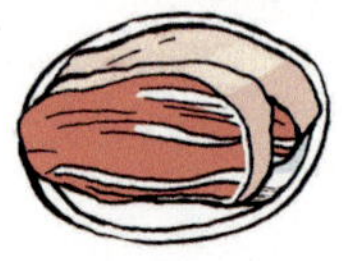
мя́со

варе́ники

гарни́р
карто́фель фри
лапша́
карто́фельное пюре́
карто́шка
гре́чка
рис
десе́рт
суфле́
торт
конфе́ты
пече́нье
моро́женое
пирожки́
напи́тки
квас
вода́ (минера́льная)
кокте́йль
сок
кефи́р

3. Оде́жда/Kleidung

ку́ртка
пальто́
спорти́вный костю́м
шо́рты
жиле́тка
ле́г(г)инсы
бейсбо́лка
ша́пка
носки́
га́лстук
плато́к

C

Слова́рь в карти́нках

4. О́бувь/Schuhe

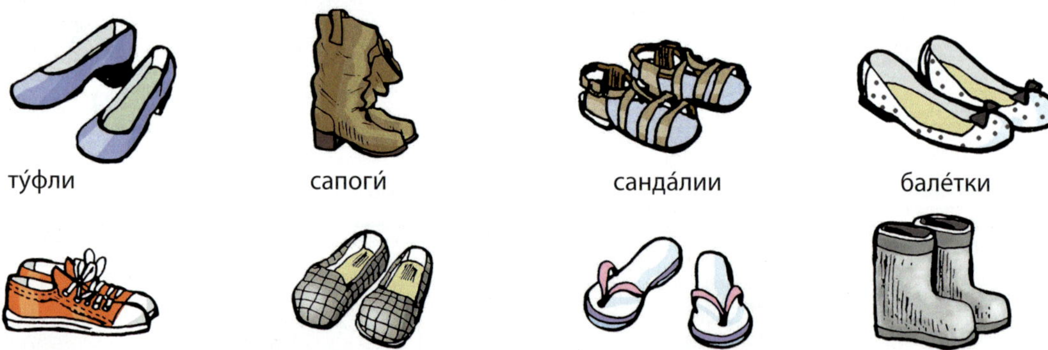

5. Цвета́/Farben

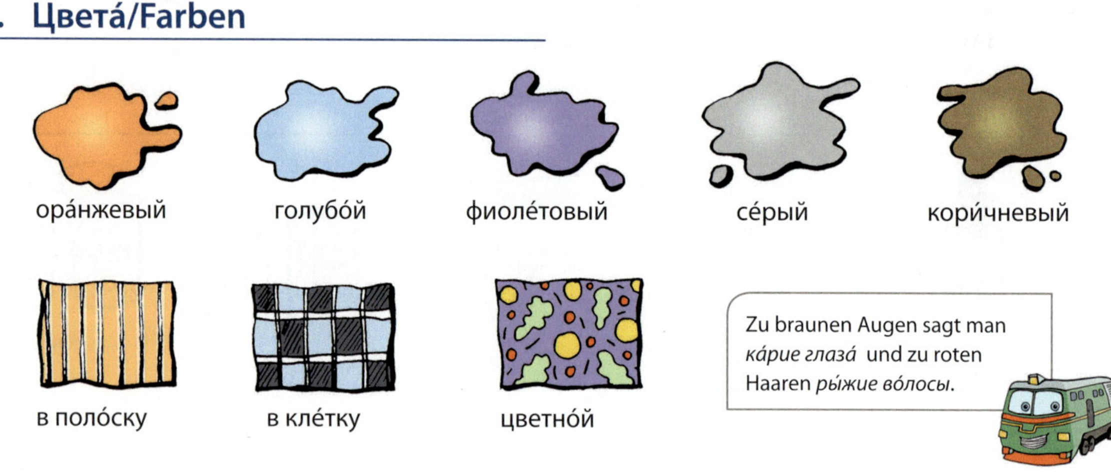

Zu braunen Augen sagt man *ка́рие глаза́* und zu roten Haaren *ры́жие во́лосы*.

6. Ча́сти те́ла/Körperteile

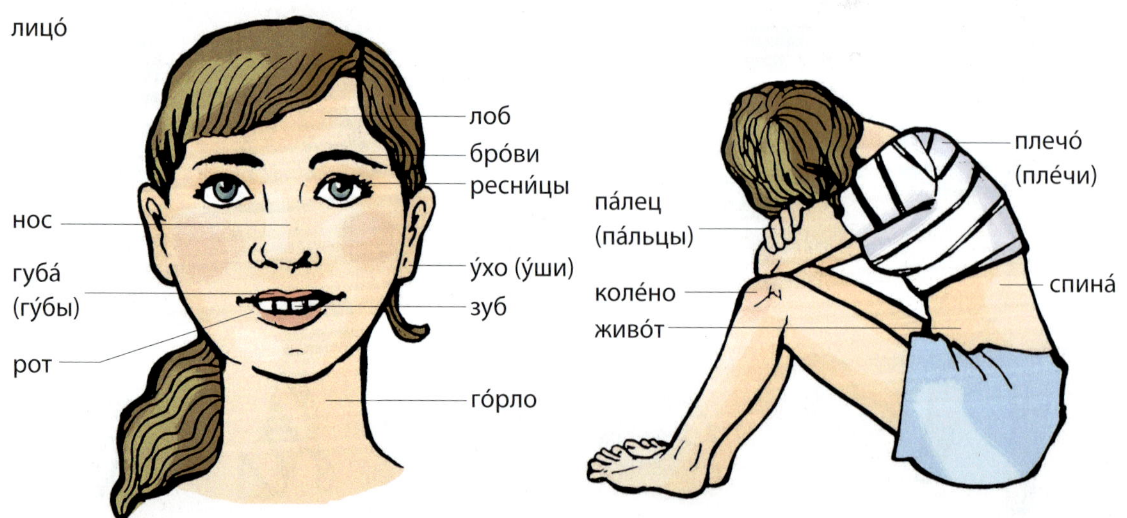

7. Профе́ссии/Berufsbezeichnungen

IT-специали́ст

юри́ст

социа́льный рабо́тник

экономи́ст

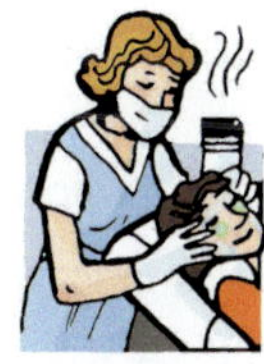
космето́лог

хи́мик

био́лог

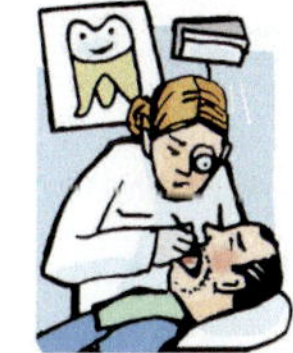
стомато́лог/
зубно́й врач

журнали́ст

парикма́хер

садо́вник

по́вар

маля́р

секрета́рь

слу́жащий/ая

8. Достопримеча́тельности / Sehenswürdigkeiten

за́мок

ра́туша

храм/собо́р

монасты́рь

синаго́га

мече́ть

ба́шня

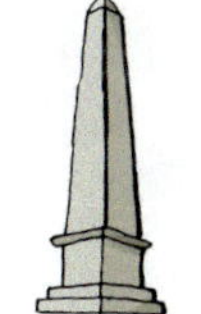
обели́ск

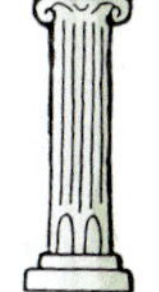
коло́нна

воро́та

мост

пруд

торго́вый центр

карти́нная галере́я

ботани́ческий сад

зоопа́рк

аквапа́рк

планета́рий

Словáрь в картúнках

9. Стрáны СНГ/ GUS Länder

Азербайджáн
Армéния
Белорýссия
Казахстáн
Киргúзия
Молдáвия
Россúя
Таджикистáн
Узбекистáн

* Украúна *(teilnehmendes Mitglied)*
* Туркмéния *(beigeordnetes Mitglied)*

(Stand 2016)

10. Стрáны Европéйского сою́за/ EU Mitgliedsstaaten

Áвстрия
Бéльгия
Болгáрия
(Великобритáния)
Вéнгрия
Гермáния
Грéция
Дáния
Ирлáндия
Испáния
Итáлия
Кипр
Лáтвия
Литвá
Люксембýрг
Мáльта
Нидерлáнды
Пóльша
Португáлия
Румы́ния
Словáкия
Словéния
Финля́ндия
Фрáнция
Хорвáтия
Чéхия
Швéция
Эстóния

(Stand 2016)

11. Свобóдное врéмя/Freizeitaktivitäten

Поуро́чный слова́рь

Im *поуро́чный слова́рь* (S. 171–192) findest du alle Wörter und Wendungen deines Russischbuches, die du lernen musst.

Die Wörter stehen nach Lektionen und Abschnitten unterteilt in der Reihenfolge, in der sie im Buch zum ersten Mal vorkommen. Wörter, die in einem Abschnitt thematisch zusammengehören, werden zusammengefasst nacheinander aufgeführt. Die Seitenangaben erleichtern dir das Auffinden in den Lektionen.
In eckigen Klammern stehen für dich Aussprachehilfen.

Verweise auf den grammatischen Anhang sind eine zusätzliche Hilfestellung. *Транссибка* gibt dir wertvolle Hinweise. In den Wortnestern auf den Seiten 166–170 findest du weitere Vokabeln zum Auswählen. Diese musst du nicht alle lernen.

Ab *Уро́к 2* Abschnitt *B* werden bei den Verben die Aspektpartner angegeben. Sie stehen in der Reihenfolge vollendet/unvollendet.

Um deine Vokabeln auch unterwegs zu lernen, lade dir jetzt die Vokabeltrainer-App (*ISBN: 978-3-06-1214050*) auf dein Handy.

Уро́к 1 Кру́глый год

стр. 8	**кру́глый год**	das ganze Jahr	↔ год

1 A С днём рожде́ния!

стр. 10	**вре́мя** *n., Gen., Dat., Präp. вре́мени*	Zeit	– У тебя́ сего́дня есть вре́мя? – Да, есть./ – Нет, у меня́ нет вре́мени. ↔ в свобо́дное вре́мя; Ско́лько вре́мени?
	уро́ки *nur Pl.*	Hausaufgaben	– Что ты сейча́с де́лаешь? – Я де́лаю уро́ки. ↔ уро́к
	фильм	Film	– Я смотрю́ фильм.
	почему́	warum	– А почему́ сего́дня, а не в суббо́ту?
	день рожде́ния *Pl. дни рожде́ния*	Geburtstag	Сего́дня у Макси́ма день рожде́ния. ↔ день
	забы́ть, я забу́ду, ты забу́дешь, они́ забу́дут; *кого́? что? mit Akk. o. mit Inf.*	vergessen	– Ой, извини́, я забы́л/а.
	поздравля́ть *кого́? mit Akk. с чем? mit Instr.*	gratulieren	
	тебя́ *Gen., Akk. von* ты	dich	– Ви́ка, поздравля́ю тебя́! ↔ у тебя́; Как тебя́ зову́т?
	с *mit Instr.*	*hier:* zu	– Ле́на и Са́ша, поздравля́ю вас с днём рожде́ния!
	же	*hier:* doch	– Ты же зна́ешь, он не говори́т по-ру́сски.

C

Поуро́чный слова́рь

роди́ться	geboren werden	Серге́й роди́лся в Москве́. А Ли́за родила́сь в Берли́не. ↔ роди́тели, родно́й Das Verb *роди́ться* ist im Präsens selten gebräuchlich.
жела́ть *кому́? mit Dat. чего́? mit Gen.*	wünschen	– На́стя, я жела́ю тебе́ весёлого пра́здника!
здоро́вье *n.*	Gesundheit	↔ Здо́рово!
успе́х *Pl. успе́хи*	Erfolg	
в *mit Präp.*	*hier:* bei, in	
учёба	1. Lernen 2. Lehre, Studium	– Ребя́та, жела́ю вам здоро́вья и успе́хов в учёбе! ↔ учё́бник, учени́к, учени́ца, учи́тель/-ница, учи́ть(ся)
пра́здновать *что? mit Akk.* [praznɐvətʲ]	feiern	– Мы пра́зднуем день рожде́ния в кафе́. Erinnere dich an die Konjugation der Verben auf *-ева-/-ова-*.
во вре́мя *чего́? mit Gen.*	während	– У меня́ день рожде́ния во вре́мя кани́кул. ↔ вре́мя
у *чего́? mit Gen.*	*hier:* an, neben	– Хорошо́, в 18 часо́в – у кинотеа́тра.
До встре́чи!	Bis bald!	↔ До свида́ния!
приглаша́ть *кого́? mit Akk. в / на mit Akk.*	einladen	– Ребя́та, я приглаша́ю вас на мой день рожде́ния.
стр. 11 **ме́сяц** *Pl. ме́сяцы, Gen. Pl. ме́сяцев*	Monat	Alle Monate sind, wie im Deutschen, maskulin.
янва́рь *m.*	Januar	У Са́ши день рожде́ния 18 января́.
февра́ль *m.*	Februar	
март	März	
апре́ль *m.*	April	Bitte beachte die Betonung von *а́вгуст*!
май *m.*	Mai	
ию́нь *m.*	Juni	
ию́ль *m.*	Juli	Алекса́ндра родила́сь 4 ию́ля.
а́вгуст	August	
сентя́брь *m.*	September	1 сентября́ – День зна́ний.
октя́брь *m.*	Oktober	
ноя́брь *m.*	November	
дека́брь *m.*	Dezember	Он роди́лся 5 декабря́.
вре́мя го́да *Pl. времена́ го́да*	Jahreszeit	– Како́е вре́мя го́да ты лю́бишь? ↔ вре́мя, год

	зимá	Winter	– Я люблю́ зи́му. ⟷ зи́мний
	зимóй	im Winter	– У меня́ день рожде́ния зимóй, а у тебя́?
	веснá	Frühling	
	веснóй	im Frühling	
	ле́то	Sommer	⟷ ле́тний
	ле́том	im Sommer	– Ле́том мы бы́ли у ба́бушки и де́душки в Сóчи.
	óсень *f.*	Herbst	
	óсенью	im Herbst	– Мой брат роди́лся óсенью.

Beachte, im Russischen stehen *зимóй, веснóй, ле́том, óсенью* ohne Präposition:
⟶ im Herbst – *óсенью*.

	за́втра	morgen	За́втра у Ле́ны день рожде́ния.
стр. 12	**числó**	*hier:* Datum	– Какóе сегóдня числó? – Сегóдня два́дцать пя́тое ма́я.
	ты́сяча	Tausend	Макс роди́лся пя́того декабря́ две ты́сячи вторóго гóда. однá ты́сяча 2 (две) – 4 ты́сячи 5–20 ты́сяч
стр. 13	**сча́стье** *n.* [ɕːæsʲtʲjə]	Glück	– Жела́ю тебе́ сча́стья!
	весёлый, -ая, -ое; -ые	lustig, fröhlich	– Мы смóтрим весёлый фильм.
	настрое́ние *n.*	Laune, Stimmung	– Сегóдня у меня́ хорóшее настрое́ние.
	пра́здник ['prazʲnʲɪk]	Feiertag, Fest	– Жела́ю вам весёлого пра́здника! ⟷ пра́здновать

Auf Russisch kannst du mit *С пра́здником!* gratulieren.

	всегó хорóшего	alles Gute	– Са́ша, поздравля́ю тебя́ с днём рожде́ния и жела́ю тебе́ всегó хорóшего. ⟷ хорóший, хорошó

Die Endung *-го* wird als [vɐ] ausgesprochen.

	уда́ча	Erfolg, Glück	– Жела́ю уда́чи!
	дорогóй, -а́я, -óе; -и́е *in der Anrede*	*hier:* lieber, liebe; liebe *in der Anrede*	Дорогóй Макси́м! Дорога́я Мари́я! Дороги́е друзья́!

C

Поуро́чный слова́рь

1 Б Пра́здники в Росси́и

стр. 14	**приглаше́ние** *n.*	Einladung	Э́то приглаше́ние на день рожде́ния. ↔ приглаша́ть
	вечери́нка *Gen. Pl. вечери́нок*	Party	– Приглаша́ю тебя́ на вечери́нку. ↔ ве́чером
	пода́рок *Gen. пода́рка; Pl. пода́рки*	Geschenk	– Вот мой пода́рок.
	игра́ *Pl. и́гры*	Spiel	Э́то компью́терная игра́. ↔ игра́ть
	та́нец *Gen. та́нца; Pl. та́нцы*	Tanz	– Я приглаша́ю тебя́ на та́нец. ↔ танцева́ть
	идти́, я иду́, ты идёшь; они́ иду́т *zielgerichtet; в/на mit Akk.*	gehen	– По́сле шко́лы я иду́ домо́й. – Сего́дня мы идём в кино́. ↔ идёт домо́й, иди́(те) ▶ Grammatik S. 141
	к *mit Dat.*	zu, an	– Он идёт к окну́. – Я иду́ к подру́ге.
	ёлка *Gen. Pl. ёлок*	*hier:* Tannenbaum, Weihnachtsbaum	– Мы идём на у́лицу к ёлке.
	Приходи́(те)!	*hier:* Du bist (Sie sind; Ihr seid) herzlich eingeladen!	– Ви́ка, приходи́ на мой день рожде́ния! – Ребя́та, приходи́те на вечери́нку! ↔ ходи́ть в кино́
	куда́ *mit Akk.*	wohin	– Куда́ вы идёте? – Мы идём в шко́лу.
стр. 15	**пев́ец** *Gen. und Akk. певца́, Pl. певцы́, Gen. und Akk. Pl. певцо́в*	Sänger	– Кто тако́й Ди́ма Била́н? – Э́то росси́йский пев́ец.
	певи́ца	Sängerin	– Кто така́я Поли́на Гага́рина? – Э́то росси́йская певи́ца.
	нра́виться *кому́? mit Dat.* [ˈnravʲɪt͡sə]	gefallen	Ве́ре, Мари́и и Макси́му нра́вится Поли́на Гага́рина.
	пе́сня *f., Gen, Pl. пе́сен*	Lied	Э́то ру́сская пе́сня.
	для *кого́? чего́? mit Gen.*	für	– Для кого́ пода́рки? – Для Ве́ры, Мари́и и Макси́ма.
	о *mit Präp.*	über, von	Он говори́т о но́вой подру́ге.
	галере́я *f.*	Galerie	F: galerie – В пя́тницу мы идём в галере́ю.
	вы́ставка *Gen. Pl. вы́ставок*	Ausstellung	– За́втра мы идём на вы́ставку.
	мно́го	viel	Он мно́го зна́ет о Росси́и.
	актёр	Schauspieler	F: acteur E: actor Э́то хоро́ший актёр.
	актри́са	Schauspielerin	F: actrice E: actress Э́то хоро́шая актри́са.
стр. 16	**писа́ть**, я пишу́, ты пи́шешь; они́ пи́шут; *что? mit Akk. кому́? mit Dat.*	schreiben	– Я пишу́ письмо́ подру́ге. ↔ письмо́

	газе́та	Zeitung	– Я чита́ю газе́ту.
	цветы́ *Pl., Sg. цвето́к*	Blumen	– Каки́е краси́вые цветы́!
	так	so	– Э́то так здо́рово!
	блины́ *Pl.*	Eier-, Pfannkuchen	– Я люблю́ блины́!
	си́мвол *чего́? mit Gen.*	Symbol	Кремль – си́мвол Москвы́.

Bitte beachte die Betonung von *си́мвол*!

	со́лнце *n.* [s'onsə]	Sonne	Блины́ – э́то си́мвол со́лнца.
	ве́село	lustig, fröhlich	– Там бы́ло так ве́село. ↔ весёлый
	вопро́с	Frage	– У вас есть вопро́сы? – Да, у меня́ есть два вопро́са.
стр. 17	**в го́сти** идти́ в го́сти	zu Besuch besuchen	Я приглаша́ю тебя́ и Ма́шу в го́сти. – Я иду́ в го́сти к Ле́не. ↔ гости́ная
	за *что? mit Akk.*	für	– Большо́е спаси́бо за приглаше́ние!
	С удово́льствием!	Mit Vergnügen!, Gerne!	
	к сожале́нию	leider	– Спаси́бо, но, к сожале́нию, за́втра у меня́ трениро́вка.

In einem Satz wird *к сожале́нию* immer mit Kommas abgetrennt.

1 B Прия́тного аппети́та!

стр. 18	**Прия́тного аппети́та!**	Guten Appetit!	↔ прия́тно

Die Endung *-ого* wird als [-ɐva-] ausgesprochen.

	от *кого́? mit Gen.*	*hier:* von	– Вот пода́рок от нас. ↔ недалеко́ от
	вку́сно	köstlich, lecker	– Как вку́сно!
	снача́ла	*hier:* zuerst	– Снача́ла пода́рок. ↔ нача́льный
	мяч *Pl. мячи́, Gen. Pl. мяче́й*	Ball	– У тебя́ есть волейбо́льный мяч? – Да, есть.
стр. 19	**интересова́ть** *кого́? что? mit Akk.*	interessieren	– Меня́ интересу́ет матема́тика. ↔ интере́сно, интере́сный, интересова́ться
	ду́мать *о ком? о чём? mit Präp.*	*hier:* denken	– О ком ты ду́маешь? – Я ду́маю о подру́ге.
стр. 20	**подари́ть**, я подарю́, ты пода́ришь; они́ пода́рят; *кому́? mit Dat. что? кого́? mit Akk.*	schenken	Ребя́та подари́ли Са́ше мяч и кни́гу. ↔ пода́рок
стр. 21	**вы́брать**, я вы́беру, ты вы́берешь; они́ вы́берут; *кого́? что? mit Akk.*	(aus)wählen	– Вы уже́ вы́брали? – Да, пожа́луйста, пи́ццу.

	хотéть, я хочý, ты хóчешь, он/á хóчет; мы хотúм, вы хотúте, онú хотя́т; *что? mit Akk. oder что дéлать? mit Inf.*	wollen, mögen, wünschen	– Что ты хóчешь на ýжин? ▶ Grammatik S. 142
	есть, я ем, ты ешь, он/á ест; мы едúм, вы едúте, онú едя́т; *что? mit Akk.; Prät.: ел m., éла f., éли Pl.*	essen	– Я хочý есть.
	пить, я пью, ты пьёшь; онú пьют; *что? mit Akk.*	trinken	– А что ты хóчешь пить? – Я хочý кóлу.
	áкция	*hier:* Aktionsangebot	– У нас сегóдня áкция.

Урóк 2 Вот э́то я!

стр. 27	**профéссия**	Beruf	– Кто онá по профéссии?
	рабóтать *кем?*	arbeiten	– Онú ýчатся úли рабóтают? – Брат ещё ýчится, а сестрá ужé рабóтает учúтельницей.
	расскажú(те) *Imp. что? mit Akk. o. о ком? о чём? mit Präp.*	erzähle (erzählen Sie; erzählt)	– Кóля, расскажú анекдóт!
	одéжда	Kleidung	
	купúть, я куплю́, ты кýпишь, онú кýпят; *что? когó? mit Akk.*	kaufen	– Где мóжно купúть вáшу одéжду?

2 A Моя́ любúмая одéжда

стр. 28	**получúть** *что? mit Akk.*	bekommen, erhalten	
	тётя *Pl. тёти*	Tante	– Мы получúли приглашéние от тёти Свéты.
	надéть, я надéну, ты надéнешь; онú надéнут; *что? mit Akk.*	anziehen	– Что ты хóчешь надéть?
	джúнсы *nur Pl.*	Jeans	– Я надéну мои́ любúмые джúнсы.
	свúтер	Pullover, Sweatshirt	E: sweater
	кроссóвки *Pl., Gen. Pl. кроссóвок*	Sportschuhe, Turnschuhe	– У тебя́ есть кроссóвки? – Да, есть.
	рубáшка *Gen. Pl. рубáшек*	Hemd	– Он надéнет чёрный костю́м с бéлой рубáшкой.
	ботúнки *Pl., Gen. Pl. ботúнок*	(Schnür)Schuhe	
	костю́м	Anzug	
	сúний, -яя, -ее; -ие	blau	– Я надéну сúний спортúвный костю́м.
	зелёный, -ая, -ое; -ые	grün	– А я надéну зелёный свúтер.
	чёрный, -ая, -ое; -ые	schwarz	– Он лю́бит носúть чёрный свúтер.
	бéлый, -ая, -ое; -ые	weiß	
	мóдно	in (sein), modisch, modern	– Но сейчáс так мóдно!
	носúть, я ношý, ты нóсишь; онú нóсят; *что? mit Akk.*	tragen	
	э́тот, э́та, э́то; э́ти	dieser, diese, dieses; diese	– Я люблю́ э́тот торт. – Мне нрáвится э́та певúца.

Lektionswörterverzeichnis

	коро́ткий, -ая, -ое; -ие	kurz	
	магази́н	Geschäft, Laden	– Я в магази́не. Achtung! *Магази́н* ist nicht *das Magazin*!
	продаве́ц *Gen. продавца́; Pl. продавцы́*	Verkäufer	
	продавщи́ца	Verkäuferin	
	Чем вам помо́чь?	Was kann ich für Sie (euch) tun?	↔ помоги́(те)!
	помо́чь, я помогу́, ты помо́жешь; они́ помо́гут; *кому́? mit Dat.; Prät. помо́г m., помогла́ f., помогло́ n.; помогли́ Pl.*	helfen	– Чем вам помо́чь? – Ми́ша помо́г Ната́ше де́лать уро́ки. ↔ помога́ть, Помоги́(те)!
	мы хоте́ли бы	wir möchten/hätten/würden gerne	– Мы хоте́ли бы купи́ть костю́м. ↔ хоте́ть
	я хоте́л/а бы	ich möchte/hätte/würde gerne	
	разме́р	Konfektionsgröße; Schuhgröße	– Како́й у вас разме́р?
	цвет *Pl. цвета́*	Farbe	– У нас есть костю́мы си́него и чёрного цве́та.
	как ра́з	*hier:* passt (passen) genau	– Э́тот костю́м мне как раз. ↔ как
	идти́, идёт; иду́т; *кому́? mit Dat. что? mit Nom.*	*hier:* stehen *(von Kleidungsstücken)*	– Э́тот костю́м вам о́чень идёт. ↔ идти́
	Ско́лько сто́ит (сто́ят) …?	Was/ Wie viel kostet (kosten) …?	– Ско́лько сто́ит э́тот костю́м? – Ско́лько сто́ят э́ти кроссо́вки? ↔ Ско́лько вре́мени?
	рубль *m., Pl. рубли́, Gen. Pl. рубле́й*	Rubel	Э́тот костю́м сто́ит 6899 рубле́й. оди́н рубл<u>ь</u> 2 (два) – 4 рубл<u>я́</u> 5–20 рубл<u>е́й</u>
	до́рого	teuer	
	недо́рого	nicht teuer, preisgünstig	
	взять, я возьму́, ты возьмёшь; они́ возьму́т; *что? кого́? mit Akk.*	nehmen, kaufen	– Я возьму́ э́тот костю́м. ↔ возьми́
стр. 29	**о́бувь** *f., nur Sg.*	Schuhe *(allgemein)*	Кроссо́вки – э́то спорти́вная о́бувь.
	ка́ждый, -ая, -ое; -ые	jeder, jede, jedes; jede	Кроссо́вки – комфо́ртная о́бувь на ка́ждый день.
	тёмный, -ая, -ое; -ые	dunkel	
	све́тлый, -ая, -ое; -ые	hell	– Тебе́ нра́вятся тёмные и́ли све́тлые джи́нсы?
	в мо́де	in (sein), angesagt	Тёмные и све́тлые джи́нсы всегда́ в мо́де. ↔ мо́дно
	футбо́лка *Gen. Pl. футбо́лок*	T-Shirt	

C

	топ	Top *(Kleidungsstück)*	
	ра́зный, -ая, -ое; -ые	verschieden, unterschiedlich	– У меня́ есть футбо́лки и то́пы ра́зного цве́та.
	ю́бка *Gen. Pl. ю́бок*	Rock *(Kleidungsstück)*	F: jupe – Ю́лия лю́бит носи́ть ю́бки.
	блу́зка *Gen. Pl. блу́зок*	Bluse	– Я наде́ну тёмную ю́бку и бе́лую блу́зку.
	брю́ки *nur Pl., Gen. брюк*	Hose	
	шарф	Schal	E: scarf
стр. 30	**пла́тье** *n., Pl. пла́тья, Gen. Pl. пла́тьев*	Kleid	– Мне нра́вится вот э́то си́нее пла́тье. Ско́лько оно́ сто́ит?
	ма́льчик	Junge	– Ско́лько лет ма́льчику? – Ему́ 12 лет.
	кра́сный, -ая, -ое; -ые	rot	– Тебе́ нра́вится кра́сный цвет?

2 Б Э́то я с головы́ до ног.

стр. 32	**с головы́ до но́г**	vom Scheitel bis zur Sohle/ bis zu den Sohlen	
	симпати́чный, -ая, -ое; -ые	1. attraktiv, hübsch; 2. sympathisch, angenehm	– Он симпати́чный ма́льчик.
	глаз *Pl. глаза́*	Auge	– У него́ о́чень краси́вые глаза́.
	голубо́й, -а́я, -о́е; -ы́е	hellblau, himmelblau	– У Ви́ки голубы́е глаза́.
	во́лосы *Pl.*	Haare	– У Ле́ны све́тлые во́лосы.
	стро́йный, -ая, -ое; -ые	schlank	– Макси́м о́чень стро́йный.
	то́чно	genau, richtig	– Да, э́то то́чно.
	де́вочка *Gen. und Akk. Pl. де́вочек*	Mädchen	– Ма́ша симпати́чная де́вочка.
	вы́глядеть, я вы́гляжу, ты вы́глядишь; они́ вы́глядят	aussehen	– Как она́ вы́глядит?
	дли́нный, -ая, -ое; -ые	lang	– У неё дли́нные во́лосы.
	блонди́нка *Gen. und Akk. Pl. блонди́нок*	Blondine	
	блонди́н	blonder Junge/Mann	
	жёлтый, -ая, -ое; -ые	gelb	– Она́ в жёлтой блу́зке.
	кашта́новый, -ая, -ое; -ые	kastanienbraun	– У Же́ни кашта́новые во́лосы.
	на *ком? mit Präp.*	*hier:* jmd. hat etwas an	– На ней си́ние джи́нсы и кра́сный сви́тер.
	одноклá́ссница	Klassenkameradin, Mitschülerin	– Э́то Ле́на, моя́ однокла́ссница. ↔ оди́н, класс
	познако́мить, я познако́млю, ты познако́мишь; они́ познако́мят *кого́? mit Akk. с кем? mit Instr.*	bekannt machen	– Я познако́млю тебя́ с Ле́ной и Артёмом. ↔ знать
стр. 33	**однокла́ссник**	Klassenkamerad, Mitschüler	– На вечери́нке О́ля была́ с однокла́ссником. ↔ однокла́ссница
стр. 34	**врач** *Pl.* врачи́, *Gen. und Akk. Pl.* враче́й	Arzt, Ärztin	– Ле́на была́ у врача́.
	Что с тобо́й?	Was hast du?, Was fehlt dir?	

	высóкий, -ая, -ое; -ие	1. hoch 2. groß *(bei Personen)*	– Наш дом высóкий. Лéна не óчень высóкая.
	температýра	Temperatur, Fieber	У Лéны высóкая температýра.
	головá *Pl. гóловы*	Kopf	
	боли́т (боля́т) *у когó? mit Gen.*	wehtun, Schmerzen haben	– У меня́ боли́т головá.
	рукá *Pl. рýки*	1. Arm 2. Hand	– У меня́ рукá боли́т.
	ногá *Pl. нóги*	1. Fuß 2. Bein	У бáбушки боля́т нóги.
	нáсморк	Schnupfen	
	кáшель *m., Gen. кáшля*	Husten	– У тебя́ нáсморк и кáшель? – У меня́ нáсморк, кáшля нет.
	лекáрство	Arznei, Medizin	
стр. 35	**пригласи́ть**, я приглашý, ты пригласи́шь; они́ приглася́т	einladen	Он пригласи́л Лáуру на чай. ↔ приглашáть

2 B Мой куми́р

стр. 36	**молодóй**, -áя, -óе; -ы́е	jung	
	футболи́ст	Fußballspieler	↔ футбóл
	куми́р	Idol	
	почти́	fast, beinahe	
	всё	alles	– Я знáю о нём почти́ всё.
	начáть/начинáть, я начнý, ты начнёшь; они́ начнýт; *что? mit Akk. o. mit Inf.*	anfangen, beginnen	– Когдá ты нáчал занимáться футбóлом?
	в … (год, гóда, лет)	*hier:* im Alter von … (Jahr, Jahren), mit … (Jahr, Jahren)	– Я нáчал занимáться футбóлом в семь лет.
	тренировáться	trainieren, üben	
	раз	Mal, einmal	↔ как раз оди́н раз 2 (два) – 4 рáза 5 – 20 раз
	в	*hier:* an, in, pro	– Мы трениру́емся два рáза в день.
	начáться, начнётся, начну́тся *v.* [nɐˈt͡ɕæt͡sːə]	anfangen, beginnen *(nur in 3. Pers. Sg. und Pl. gebräuchlich)*	– Егó карьéра начала́сь в 16 лет. ↔ начинáться.
	без *когó? чегó? mit Gen.*	ohne	– Он жил без роди́телей.
	сыгрáть	spielen	↔ игрáть, игрá
	комáнда	*hier:* Mannschaft, Team	– Он игрáет за комáнду *Зени́т*.
	стать, я стáну, ты стáнешь; они́ стáнут; *кем? чем? mit Instr.*	werden	– Я хочý стать инженéром.

Das reflexive Verb *начáться* ist nur unpersönlich gebräuchlich.

	челове́к *Pl. лю́ди*	Mensch	– Он о́чень хоро́ший челове́к. оди́н челове́к 2 (два) – 4 челове́ка 5 – 20 челове́к
	тако́й, -а́я, -о́е; -и́е	*hier:* solcher, solch ein, so ein	Du kennst *тако́й* noch in einer anderen Bedeutung: *das ist (eigentlich)*.
	быть, я бу́ду, ты бу́дешь; они́ бу́дут *кем? чем? mit Instr. o. mit Inf.*	sein, werden	– Что ты бу́дешь де́лать сего́дня ве́чером? – Я бу́ду слу́шать му́зыку.
	получа́ть, *uv.*; что? *mit Akk.*	bekommen, erhalten	⟶ получи́ть *v.*
стр. 37	**прочита́ть** *v.; что? mit Akk.*	lesen, durchlesen	– Он уже́ прочита́л кни́гу. ⟶ чита́ть *uv.*
	надева́ть *uv.; что? mit Akk.*	anziehen	– Он надева́ет бе́лую руба́шку. ⟶ наде́ть *v.*
	послу́шать *v.; кого́? что? mit Akk.*	sich anhören, zuhören	– Ты хо́чешь послу́шать класси́ческую му́зыку? – Да, я хочу́ послу́шать Мо́царта. ⟶ слу́шать *uv.*
	посмотре́ть, я посмотрю́, ты посмо́тришь; они́ посмо́трят *v.; что? mit Akk.*	sehen, sich etw. ansehen	– Сейча́с мы посмо́трим фильм о Москве́. ⟶ смотре́ть *uv.*
	рассказа́ть/расска́зывать, я расскажу́, ты расска́жешь; они́ расска́жут *v.; что? mit Akk., о ком? о чём? mit Präp.*	erzählen	– Он лю́бит расска́зывать анекдо́ты. – Наш учи́тель интере́сно расска́зывает о Росси́и. – Ле́на расска́жет одну́ исто́рию.
	покупа́ть *uv.; что? кого́? mit Akk.*	kaufen	– Я покупа́ю цветы́ для ма́мы. ⟶ купи́ть *v.*
	помога́ть *uv.; кому́? mit Dat.*	helfen	– Я всегда́ помога́ю ба́бушке. ⟶ помо́чь *v.*
	посети́ть/посеща́ть, я посещу́, ты посети́шь; они́ посетя́т *v.; кого́? что? mit Akk.*	besuchen	– В четве́рг мы посети́м Ру́сский музе́й.
	сказа́ть, я скажу́, ты ска́жешь; они́ ска́жут *v.*	sagen	– Что он сказа́л? ⟶ говори́ть *uv.* ⟷ скажи́(те), рассказа́ть
стр. 38	**домохозя́йка** *Gen. und Akk. Pl. домохозя́ек*	Hausfrau	– Она́ домохозя́йка. ⟷ дом, до́ма, домо́й

Уро́к 3 Росси́я вчера́ и сего́дня

стр. 44	**умере́ть**, я умру́, ты умрёшь, они́ умру́т *v.; Prät.: он у́мер, она́ умерла́, они́ у́мерли*	sterben	– Он у́мер в Санкт-Петербу́рге.

стр. 45	**называ́ться**, он/а́ называ́ется; они́ называ́ются *кем? чем? mit Instr. o. mit Nom.* [nəzɨˈvat͡sːə]	heißen	– Э́тот го́род тепе́рь называ́ется Екатеринбу́рг.

Называ́ться verwendest du bei unbelebten Objekten, für Lebewesen kennst du *зову́т*.

3 A Изве́стные ли́чности Росси́и

стр. 46	**изве́стный**, -ая, -ое; -ые [ɪzˈvʲesnɨj]	bekannt	– Э́то изве́стный актёр.
	ли́чность *f., Gen. und Akk. Pl. ли́чностей*	Persönlichkeit	– Э́то изве́стная ли́чность в исто́рии Росси́и.
	гость *m., Pl. го́сти; Gen. und Akk. Pl. госте́й; го́стья f.*	Gast, Besuch	– Э́то на́ши го́сти из Росси́и. ↔ в го́сти, гости́ная
	пе́ред *кем? чем? mit Instr.*	vor	Пе́ред до́мом есть ма́ленький сад.
	пло́щадь *f., Gen. Pl. площаде́й*	*hier:* Platz	– Дороги́е го́сти, пе́ред ва́ми Сена́тская пло́щадь. – Вы бы́ли на Кра́сной пло́щади?
	достопримеча́тельность *f., Gen. Pl. достопримеча́тельностей*	Sehenswürdigkeit	– Каки́е достопримеча́тельности есть в ва́шем го́роде?
	па́мятник *кому́? mit Dat. od. ugs. кого́?* mit Gen.	Denkmal	Э́то па́мятник Петру́ Пе́рвому. В Ве́ймаре нахо́дится па́мятник Гёте и Ши́ллеру.
	царь *m., Pl. цари́; Gen. und Akk. Pl. царе́й*	Zar	
	ю́ность *f.*	Jugend, Jugendalter	В ю́ности он жил в Росси́и.
	Евро́па	Europa	– Мы живём в Евро́пе.
	постро́ить *v.; что? mit Akk.*	bauen, aufbauen, errichten	– Они́ постро́или дом.
	кре́пость *f., Gen. Pl. крепосте́й*	Festung	Пётр I постро́ил пе́рвую кре́пость на реке́ Неве́.
	основа́ть *v.; что? mit Akk.*	gründen, aufbauen	– Кто основа́л э́тот го́род? ↔ основно́й

Das Verb *основа́ть* wird meistens im Präteritum verwendet.

	назва́ть *v.; кого́? что? mit Akk. кем? чем? mit Instr. auch mit Nom.*	nennen, benennen	Пётр I основа́л го́род и назва́л его́ Санкт-Петербу́рг(ом). ↔ называ́ться
	сде́лать *v.; что? mit Akk.*	machen, tun	– Ребя́та, вы сде́лали уро́ки? Пётр I сде́лал мно́го для Росси́и. ⟶ де́лать *uv.*
	откры́ть, я откро́ю, ты откро́ешь; они́ откро́ют *v.; что? mit Akk.*	öffnen, aufmachen; eröffnen	– Я откро́ю окно́.
	музе́й *m., Gen. Pl. музе́ев*	Museum	Пётр I откры́л Кунстка́меру – пе́рвый музе́й в Росси́и.

C

	посвяти́ть/посвяща́ть, я посвящу́, ты посвяти́шь; они́ посвятя́т; *v. что? mit Akk. кому́? чему́? mit Dat.*	widmen	– Он посвяти́л кни́гу дру́гу.
	жизнь *f., Gen. Pl. жи́зней*	Leben	Пётр I посвяти́л жизнь модерниза́ции Росси́и. ⟷ жить
стр. 47	**поздра́вить**, я поздра́влю, ты поздра́вишь; они́ поздра́вят *v.; кого́? mit Akk. с чем? mit Instr.*	gratulieren	– Я хочу́ поздра́вить Ле́ну и Артёма с днём рожде́ния. ⟶ поздравля́ть uv.
стр. 48	**перее́хать**, я перее́ду, ты перее́дешь; они́ перее́дут *v.; куда́? в/на mit Akk.*	umziehen, übersiedeln	– Они́ перее́хали из го́рода в дере́вню.
	око́нчить *v.; что? mit Akk.*	abschließen, absolvieren, beenden	– В како́м году́ ты око́нчишь шко́лу? – Я око́нчу шко́лу в 2022 году́. ⟷ конча́ться
	звать, я зову́, ты зовёшь; они́ зову́т *uv.; кого́? mit Akk. кем? mit Instr. auch mit Nom.*	1. heißen, nennen 2. rufen	– Его́ де́душку зва́ли Серге́й, а ба́бушку – О́льга. ⟷ меня́ зову́т
			Звать benutzt du nur bei Personen- oder Tiernamen.
стр. 49	**петь**, я пою́, ты поёшь; они́ пою́т *uv.*	singen	Он хорошо́ поёт. ⟷ певи́ца, пе́сня

3 Б Го́род на Неве́

стр. 50	**осно́ван**, осно́вана, осно́вано; осно́ваны	gegründet	Санкт-Петербу́рг был осно́ван в 1703 году́. ⟷ основа́ть ▶ Grammatik S. 149
	вы́бран, вы́брана, вы́брано; вы́браны	gewählt	Э́то ме́сто у мо́ря бы́ло вы́брано для го́рода. ⟷ вы́брать ▶ Grammatik S. 149
	заду́ман, заду́мана, заду́мано; заду́маны *auch как mit Nom.*	beabsichtigt, vorgenommen	⟷ ду́мать ▶ Grammatik S. 149
	постро́ен, постро́ена, постро́ено; постро́ены	gebaut, erbaut, errichtet	– Наш дом был постро́ен в 2014 году́. ⟷ постро́ить ▶ Grammatik S. 149
	на́зван, на́звана, на́звано; на́званы *кем? чем? mit Instr.*	genannt	В 1924 году́ го́род был на́зван Ленингра́дом. ⟷ назва́ть, называ́ться, назва́ние ▶ Grammatik S. 149
	го́род-порт *Pl. города́-по́рты*	Hafenstadt	Санкт-Петербу́рг был заду́ман как го́род-порт.

	поэ́тому	deshalb, deswegen, darum	
	европе́йский, -ая, -ое; -ие	europäisch	Пётр I хоте́л основа́ть но́вую столи́цу, поэ́тому го́род был постро́ен в европе́йском сти́ле. ↔ Евро́па
	меня́ть *uv.; что? mit Akk.*	ändern	
	назва́ние *n. чего? mit Gen.*	Name, Bezeichnung	– Я забы́л/а назва́ние фи́льма. ↔ назва́ть, называ́ться
	сно́ва	wieder, erneut	– Они́ сно́ва живу́т в Берли́не. ↔ но́вый
	дать, я дам, ты дашь, он даст, мы дади́м, вы дади́те, они́ даду́т *v.; что? mit Akk. кому́? mit Dat.*	geben	– Я дам тебе́ э́ту кни́гу. ↔ дай мне …
	истори́ческий, -ая, -ое; -ие	historisch	В 1991 году́ го́роду сно́ва да́ли его́ истори́ческое назва́ние. ↔ исто́рия
	означа́ть *uv.*	bedeuten	– Что означа́ет э́то сло́во?
	стих *Pl. стихи́*	Gedicht, Vers	Реке́ Неве́ посвяща́ют пе́сни и стихи́.
	бе́рег *Pl. берега́*	Ufer, Küste	В Санкт-Петербу́рге, на берега́х Невы́, нахо́дятся изве́стные достопримеча́тельности.
	дворе́ц *Gen. Sg. дворца́; Pl. дворцы́*	Palast, Palais	Зи́мний дворе́ц в Санкт-Петербу́рге был резиде́нцией ру́сских царе́й.
стр. 51	**биле́т**	1. Eintrittskarte 2. Fahrkarte, Fahrschein	F: billet – Мне подари́ли биле́т в Большо́й теа́тр.
	показа́ть/пока́зывать, я покажу́, ты пока́жешь; они пока́жут; *кого́? что? mit Akk. кому́? mit Dat.*	zeigen	– Я пока́зываю Мари́и и Артёму Берли́н. ↔ покажи́(те)
	друго́й, -а́я, -о́е; -и́е	anderer	
	худо́жник	Künstler, (Kunst)Maler	Здесь мо́жно посмотре́ть карти́ны изве́стных худо́жников.
	проходи́ть, он/а́ прохо́дит; они́ прохо́дят *(hier nur in der 3. Pers. Sg. und Pl. gebräuchlich)*	*hier:* stattfinden; verlaufen	В Эрмита́же прохо́дят вы́ставки на ра́зные те́мы.
	прода́ть/продава́ть, я прода́м, ты прода́шь, он прода́ст; мы продади́м, вы продади́те, они́ продаду́т; я продаю́, ты продаёшь; они́ продаю́т *кого́? что? mit Akk.*	verkaufen	Здесь продаю́т ру́сские сувени́ры. ↔ продаве́ц, продавщи́ца
	сувени́р	Souvenir	
	экску́рсия	Ausflug, Exkursion	– Мы бы́ли на экску́рсии в Петерго́фе.

C

	заказа́ть/зака́зывать, я закажу́, ты зака́жешь; они́ зака́жут *v.*; *что?* *mit Akk.*	bestellen	– Я хочу́ заказа́ть два биле́та в теа́тр.

Achtung, Betonungswechsel *заказа́ть* ⟶ *зака́жешь*

стр. 52	**фонта́н**	Fontäne, Springbrunnen	– Мы посети́ли Большо́й дворе́ц и парк с фонта́нами.
	кро́ме *кого́? чего́? mit Gen.*	außer	– Э́та экску́рсия прохо́дит ка́ждый день, кро́ме понеде́льника.
	по *mit Dat.*	*hier:* durch, hin und her	– Вчера́ у нас была́ экску́рсия по го́роду.
стр. 53	**вокза́л**	Bahnhof	Экску́рсия начина́ется на вокза́ле.

3 В Что но́вого?

стр. 54	**но́вое**	Neues	– Что но́вого у тебя́? ↔ но́вый

Die Endung *-ого* wird als [-ava] ausgesprochen.

	но́вость *f., Gen. Pl. новосте́й*	Neuigkeit; Nachricht	– Каки́е у тебя́ но́вости? – У меня́ нет новосте́й. ↔ но́вое, но́вый
	спекта́кль *m., Gen. Pl. спекта́клей*	Theaterstück, Vorstellung	– Како́й спекта́кль вы посмотре́ли?
	фестива́ль *m., Gen. Pl. фестива́лей*	Festival, Festspiele	В Санкт-Петербу́рге прохо́дит музыка́льный фестива́ль *Ру́сские вечера́*.
	кото́рый, -ая, -ое; -ые	der, die, das; die; welcher, welche, welches; welche	– Мы посети́ли дом, в кото́ром роди́лся Алекса́ндр Пу́шкин. ▶ Grammatik S. 150
	беспла́тно	gratis, frei	– В э́том музе́е мо́жно фотографи́ровать беспла́тно.
	да́льше	weiter	↔ далеко́
	це́лый, -ая, -ое; -ые	*hier:* ganz	– Мы це́лый день бы́ли в Петерго́фе.
	неде́ля *Gen. Pl. неде́ль*	Woche	– Мы бы́ли в Москве́ це́лую неде́лю.
	внима́ние	1. Achtung 2. Aufmerksamkeit	
	ски́дка *Gen. Pl. ски́док*	Preisermäßigung, Rabatt	– Внима́ние! Сего́дня у нас ски́дки до 30 (тридцати́) проце́нтов.
стр. 56	**СМИ** *Pl. сре́дства ма́ссовой информа́ции* ['smʲɪ]	Massenmedien	– Что пи́шут об э́том росси́йские СМИ?
	молодёжь *f.*	Jugend, Jugendliche	↔ молодо́й
	презента́ция	Präsentation	– У меня́ ско́ро презента́ция по исто́рии.

	предпочита́ть *uv.; кого́? что? mit Akk. кому́? чему́? mit Dat.*	bevorzugen, vorziehen	– Какую му́зыку ты предпочита́ешь?
	ну́жен, нужна́, ну́жно; нужны́ *кому́? чему́? mit Dat. кто? что? mit Nom.*	nötig, notwendig	– Что тебе́ ну́жно? – Кто вам ну́жен?
	обща́ться, я обща́юсь, ты обща́ешься; они́ обща́ются *uv. с кем? mit Instr.*	kommunizieren, sich verständigen, in Verbindung stehen	– Мы обща́емся по-ру́сски. Она́ не обща́ется с однокла́ссниками.
	иногда́	manchmal	
	актуа́льный, -ая, -ое; -ые	aktuell, zeitgemäß	
	узнава́ть, я узнаю́, ты узнаёшь; они́ узнаю́т *uv.; что? mit Akk. auch о чём? mit Präp.*	erfahren	– Актуа́льные но́вости я узнаю́ из интерне́та. ↔ знать
	сиде́ть, я сижу́, ты сиди́шь; они́ сидя́т сиде́ть в интерне́те *uv.*	sitzen im Internet surfen	– Они́ ка́ждый ве́чер сидя́т в интерне́те.
	молодёжный, -ая, -ое; -ые	Jugend-, jugendlich	Она́ чита́ет молодёжный журна́л. ↔ молодёжь, молодо́й
	электро́нный, -ая, -ое; -ые	elektronisch	– Я чита́ю электро́нные кни́ги.
	печа́тный, -ая, -ое; -ые	Druck-, gedruckt	
	реда́ктор	Redakteur/-in	Она́ рабо́тает реда́ктором молодёжного журна́ла.
	сам, сама́, само́; са́ми	selbst, selber; allein	Он всё сде́лал сам.
стр. 57	**напиши́(те)** *кому́? mit Dat. что? mit Akk.*	schreibe (schreiben Sie; schreibt)	– Лари́са Ива́новна, напиши́те э́то сло́во на доске́, пожа́луйста! ↔ писа́ть, письмо́
	позвони́(те) *кому́? mit Dat.*	ruf an (rufen Sie an; ruft an)	– Ле́на, позвони́ мне! – Ребя́та, позвони́те Ле́не и Артёму!

Уро́к 4 Приглаша́ем в го́сти!

4 A Отку́да мы?

стр. 64	**дава́й(те)**	*hier:* lass(t) uns, los geht's	– Ребя́та, дава́йте познако́мимся!
	познако́миться, я познако́млюсь, ты познако́мишься; они́ познако́мятся *v.* Дава́йте познако́мимся!	kennenlernen Lasst uns einander kennenlernen!	↔ познако́мить
	не́мец *Pl. не́мцы, Gen. und Akk. Pl. не́мцев*	Deutscher	↔ неме́цкий
	не́мка *Gen. und Akk. Pl. не́мок*	Deutsche	
	мно́го *кого́?/ чего́? mit Gen. Sg. o. Pl.*	1. viel 2. viele	– Здесь мно́го со́лнца. В Москве́ мно́го теа́тров и музе́ев. ▶ Grammatik S. 150

C

Поуро́чный слова́рь

	лю́ди *Pl.; Gen. und Akk. людéй; Sg. человéк*	Leute, Menschen	– В э́том музéе всегда́ мно́го людéй. – В Берли́не мно́го людéй говори́т (говоря́т) по-ру́сски.
	In Wortverbindungen mit *мно́го, ма́ло, нéсколько* kann das Verb im Singular oder im Plural stehen.		
	да́же	sogar	– В на́шей шко́ле есть да́же зи́мний сад.
	проду́кты *Pl.*	Lebensmittel	– Мы покупа́ем проду́кты в суперма́ркете.
	наприме́р	zum Beispiel	Im Satz wird *наприме́р* durch Kommas abgetrennt.
	нéсколько *кого́? чего́? mit Gen. Sg. oder Pl.*	einige	– Вот, наприме́р, Ле́на зна́ет не́сколько языко́в. ▶ Grammatik S. 150
	по-неме́цки	deutsch, auf Deutsch	– Он говори́т по-неме́цки и по-ру́сски. ↔ неме́цкий, не́мец, не́мка
	давно́	lange, längst, vor langer Zeit	– Их семья́ уже́ давно́ живёт в Герма́нии.
	ви́деть, я ви́жу, ты ви́дишь; они́ ви́дят *uv.; кого́? что? mit Akk.*	1. sehen 2. einsehen	– Я ча́сто ви́жу Ле́ну и Макси́ма. – Ви́дишь, как здесь ве́село.
	национа́льность *f., Gen. Pl. национа́льностей*	Nationalität	В Берли́не живу́т лю́ди ра́зных национа́льностей.
	миллио́н	Million	В Берли́не живёт 4 миллио́на челове́к. оди́н миллио́н 2 (два) – 4 миллио́на 5 – 20 миллио́нов
	ма́ло *кого́? чего́? mit Gen. Sg. o. Pl.*	wenig	– Вчера́ в музе́е бы́ло ма́ло люде́й. – Здесь ма́ло со́лнца. ↔ ма́ленький ▶ Grammatik S. 150
стр. 65	**университе́т**	Universität	В Москве́ мно́го университе́тов. – Мой брат у́чится в университе́те.
	погуля́ть/гуля́ть	spazieren gehen	– Мы хоти́м погуля́ть по па́рку. Тури́сты гуля́ют по го́роду.
	прекра́сный, -ая, -ое; -ые	ausgezeichnet, herrlich, toll	– Сего́дня прекра́сный день. ▶ Grammatik S. 151
	гид	Fremdenführer, Guide	E/F: guide – Наш гид прекра́сно говори́т по-ру́сски и по-неме́цки.
стр. 67	**часть** *f., Gen. Pl. часте́й*	Teil	

4 Б Москвá, как мнóго в э́том слóве …

стр. 68

ходи́ть, я хожу́, ты хóдишь; они́ хóдят; *nicht zielgerichtet*	gehen	– Ты чáсто хóдишь в кинó? ↔ ходи́ть в кинó ▶ Grammatik S. 152
друг на дру́га	aufeinander	– Они́ смóтрят друг на дру́га. ↔ друг
бы́стро	schnell	– Как бы́стро он говори́т! Vergleiche *Bistro* ⟶ *Schnellimbiss.*
тру́дный, -ая, -ое; -ые	schwierig	– В э́том тéксте нéсколько (мáло/мнóго/нет) тру́дных слов.
понимáть *uv.; когó? что? mit Akk.*	verstehen	– Ты понимáешь меня́? – Да, я понимáю тебя́.
конéц *Gen. концá*	Ende	– В концé экску́рсии бу́дет музéйный квест. ↔ кончáться, окóнчить
дóлго	lange *Zeit*	– Мы дóлго ходи́ли по пáрку.
всё	*hier:* die ganze Zeit, ununterbrochen	– Гид всё расскáзывает и расскáзывает.
ми́мо *когó? чегó? mit Gen.*	vorbei an, vorüber	– Я кáждый день хожу́ ми́мо теáтра.
éхать, я éду, ты éдешь; они́ éдут; *zielgerichtet*	fahren	– Кудá ты (сейчáс) éдешь? – Я éду в шкóлу. ↔ доéхать ▶ Grammatik S. 152
éздить, я éзжу, ты éздишь, они́ éздят; *nicht zielgerichtet*	fahren	– Мы кáждое лéто éздим на Чёрное мóре. ▶ Grammatik S. 152
ждать, я жду, ты ждёшь, они́ ждут *uv. когó? что? mit Akk. oder чегó? mit Gen.*	warten, erwarten	– Когó ты ждёшь? – Я жду Лéну, Ю́лию и Фи́нна. Im Russischen wird das Verb *ждать* ohne Präposition verwendet.
же	*hier:* aber, denn	– Но где же други́е?
часы́ *nur Pl.*	Uhr	– Я смотрю́ на часы́. Ужé три часá. ↔ час
встречáться *uv.* [fstrʲɪˈt͡ɕat͡sːə]	sich treffen	– В три часá мы встречáемся с ру́сскими друзья́ми. ↔ До встрéчи!
навéрное	wahrscheinlich	– Они́, навéрное, ужé ждут нас. Im Satz wird *навéрное* durch Kommas abgetrennt.
проблéма	Problem	– У меня́ мáленькая проблéма с компью́тером.

C

стр. 69	**ре́дко**	selten	– Они́ ре́дко хо́дят в го́сти.
стр. 70	**сле́ва** *от кого́? от чего́? mit Gen.*	links	Шко́ла нахо́дится сле́ва от вокза́ла. ↔ нале́во
	спра́ва *от кого́? от чего́? mit Gen.*	rechts	– А кто э́то спра́ва от тебя́? – Э́то мой друг. ↔ напра́во
	це́рковь *f., Pl.* це́ркви	Kirche	

4 В Что тако́е СНГ?

стр. 72	**рабо́та**	Arbeit	– Сего́дня мы пи́шем контро́льную рабо́ту по ру́сскому языку́. ↔ рабо́тать
	над *кем? чем? mit Instr.*	*hier:* an	– Мы рабо́таем над но́вым прое́ктом.
	страна́ *Pl. стра́ны*	Land *(Staat)*	Герма́ния – э́то о́чень краси́вая страна́.
	ничего́ [nʲɪʧʲɪvɔ́]	nichts	– Я ничего́ не зна́ю об э́той стране́.

Beachte die doppelte Verneinung nach *ничего́*.

официа́льный, -ая, -ое; -ые	offiziell	Официа́льный язы́к в Герма́нии – неме́цкий.
молда́вский, -ая, -ое; -ие	moldauisch	– Он зна́ет молда́вский язы́к.
не́который, -ая, -ое; -ые	ein gewisser, einige, manche	– Не́которое вре́мя он жил в Москве́.
госуда́рство	Staat	
центра́льный, -ая, -ое; -ые *und*	Mittel-, zentral, Zentral-	Музе́й нахо́дится в ценра́льной ча́сти го́рода. – Э́то госуда́рство нахо́дится в Центра́льной Евро́пе.

Центра́льный wird bei den geographischen Eigennamen großgeschrieben ⟶ *Центра́льная Евро́па.*

грани́ца	Grenze	
грани́чить, грани́чит; грани́чат *с чем? mit Instr.*	grenzen	– С каки́ми стра́нами грани́чит Герма́ния? ↔ грани́ца
се́веро-восто́к	Nordosten	Гра́йфсвальд нахо́дится на се́веро-восто́ке Герма́нии. ↔ се́вер, восто́к
се́веро-восто́чный, -ая, -ое; -ые	nordöstlich	
се́веро-за́пад	Nordwesten	↔ се́вер, за́пад
се́веро-за́падный, -ая, -ое; -ые	nordwestlich	

	ю́го-восто́к	Südosten	На ю́го-восто́ке Герма́ния грани́чит с А́встрией. ↔ юг, восто́к
	ю́го-восто́чный, -ая, -ое; -ые	südöstlich	Музе́й нахо́дится в ю́го-восто́чной ча́сти го́рода. Молда́вия – э́то госуда́рство в Ю́го-Восто́чной Евро́пе. ↔ юг, восто́к
	ю́го-за́пад	Südwesten	↔ юг, за́пад
	ю́го-за́падный, -ая, -ое; -ые	südwestlich	
стр. 74	**ку́кла** *Gen. und Akk. Pl. ку́кол*	Puppe	– Скажи́те, пожа́луйста, ско́лько сто́ит вот э́та ку́кла?
	поня́тно	klar, verständlich	– Тебе́ всё поня́тно? – Да, мне всё поня́тно.
	подеше́вле	billiger, preiswerter	– А у вас есть матрёшки подеше́вле?
	дёшево	billig, preiswert	
	таре́лка *Gen. Pl. таре́лок*	Teller	– А ско́лько сто́ит э́та таре́лка?
	магни́т на холоди́льник	Kühlschrankmagnet	– Я хочу́ купи́ть магни́т на холоди́льник.
	почём *ugs.*	zu welchem Preis, wie viel kostet, wie teuer	– А почём у вас матрёшки?
	за *что? mit Akk.*	*hier*: für, zum Preis *(von)*	– Вот э́та матрёшка сто́ит 750, но вам её прода́м за 700 рубле́й.
	ла́дно *ugs.*	gut, einverstanden, okay	– Ла́дно, я помогу́ тебе́.

Уро́к 5 Ура́, у нас кани́кулы!

5 A Что де́лать в таку́ю пого́ду?

стр. 82	**отдохну́ть/отдыха́ть**	sich erholen, ausruhen	– Мы отдыха́ем в Со́чи.
	пого́да	Wetter	– Кака́я у вас сего́дня пого́да? – У нас прекра́сная пого́да.
	свети́ть *uv.*	scheinen	У нас со́лнце све́тит. ↔ све́тлый
	жа́рко	heiß, sehr warm	– В ко́мнате жа́рко.
	гра́дус	Grad	– Сего́дня жа́рко, 31 гра́дус. оди́н гра́дус 2 – 4 гра́дуса 5 – 20 гра́дусов
	купа́ться, я купа́юсь, ты купа́ешься; они́ купа́ются *uv.* [kʊˈpat͡sːə]	baden	Ребя́та купа́ются в реке́.
	загора́ть *uv.*	sich sonnen	
	пляж *Gen. Pl. пля́жей*	Strand	F: plage – Мы загора́ем на пля́же.
	дуть *uv.*	pusten, wehen	
	ве́тер *Gen. ве́тра; Pl. ве́тры*	Wind	– Сего́дня ду́ет ве́тер.
	целова́ть *uv. кого́? что? mit Akk.*	küssen	– Целу́ю тебя́.

C

	слы́шать, я слы́шу, ты слы́шишь; они́ слы́шат *uv.*	hören	– Ты слы́шишь меня́? – Я пло́хо слы́шу тебя́, здесь ве́тер!

> Merke dir den Unterschied zwischen *слу́шать* ⟶ *zuhören* und *слы́шать* ⟶ *hören*.

	дождь *m., Gen. дождя́; Pl. дожди́, Gen. дожде́й*	Regen	– У нас ча́сто иду́т дожди́.
	дождь идёт	es regnet	
	снег *Gen. сне́га; Pl. снега́*	Schnee	– В Москве́ идёт снег.
	снег идёт	es schneit	↔ идёт дождь
	тёплый, -ая, -ое; -ые	warm	– Сего́дня о́чень тепло́.
	ката́ться *uv. на mit Präp.* [kɐ'tat͡sːə]	fahren	
	ло́дка *Gen. Pl. ло́док*	Boot	– Мы ката́емся на ло́дке.
	похо́д	Wanderung	– За́втра мы идём в похо́д. – Тебе́ нра́вится ходи́ть в похо́ды?
	о́блачный, -ая, -ое; -ые	bewölkt, wolkig	– Вчера́ была́ о́блачная пого́да.
	хо́лодно	kalt	– У́тром хо́лодно.
	велосипе́д	Fahrrad	– В свобо́дное вре́мя я люблю́ ката́ться на велосипе́де. – В шко́лу я е́зжу на велосипе́де.
	фо́тка *ugs.; Gen. Pl.* фо́ток; фотогра́фия	Foto, Bild	– Я покажу́ вам фо́тки.
стр. 83	**со́лнечно**	sonnig	– Сего́дня со́лнечно. ↔ со́лнце
	па́смурно	trüb	– Вчера́ бы́ло па́смурно.
	но́чью	nachts, in der Nacht	– Но́чью шёл дождь.
стр. 84	**эх**	ach, oje	
	опя́ть	wieder	– Эх, опя́ть идёт дождь.
	эсэмэ́ска *ugs.; Gen. Pl. эсэмэ́сок*	SMS	– Он получи́л эсэмэ́ску от Ле́ны.
	гора́ *Pl.* го́ры	Berg	
стр. 85	**лес** *Pl. леса́; Präp. в лесу́*	Wald	– Где вы бы́ли? – Мы гуля́ли в лесу́.
	о́зеро *Pl. озёра*	See	– Мы купа́лись в о́зере.

5 Б Пла́ны на выходны́е

стр. 86	**выходно́й**, -а́я, -о́е; -ы́е	arbeitsfrei, frei	– В четве́рг у нас выходно́й.
	выходны́е *nur Pl. ugs.*	Wochenende	– Каки́е у тебя́ пла́ны на э́ти выходны́е?

> Mit *Хоро́ших выходны́х!* wünscht man in Russland ein schönes Wochenende.

	пое́хать, я пое́ду, ты пое́дешь; они́ пое́дут, *zielgerichtet*	fahren, hinfahren, losfahren	– В э́ти выходны́е я хочу́ пое́хать в Берли́н.

	потому́ что [pətɐˈmu ʂtə]	denn, weil	– Я ча́сто е́зжу в Дре́зден, потому́ что там живу́т мои ба́бушка и де́душка.

Vor *потому́ что* steht, wie im Deutschen, ein Komma.

	ра́ньше	früher	– Ра́ньше мы жи́ли в Ри́ге.
	золото́й, -а́я, -о́е; -ы́е	Gold-, golden	– Сейча́с у нас золота́я о́сень.
	кольцо́ *Pl. ко́льца, Gen. Pl. коле́ц*	Ring	– Роди́тели подари́ли мне золото́е кольцо́. – Ле́том мы посети́ли города́ Золото́го кольца́ в Росси́и.
	по́езд *Pl. поезда́*	Zug, Bahn	– Мы пое́дем в Москву́ на по́езде.
	(городска́я) **электри́чка** *Gen. Pl. электри́чек;*	S-Bahn, Vorortbahn	– Туда́ мо́жно дое́хать на электри́чке.
	сле́дующий, -ая, -ее; -ие	folgender, nächster	– В сле́дующую пя́тницу мы идём в похо́д.
	мо́жет быть	vielleicht, möglicherweise	– Ле́том я, мо́жет быть, пое́ду в Санкт-Петербу́рг.

Im Satz wird *мо́жет быть* durch Kommas abgetrennt.

стр. 88	**сда́ча**	Wechselgeld	– Вот ва́ша сда́ча, 85 рубле́й. ↔ дать, дава́ть
	отправля́ться *uv.* [ɐtprɐˈvlʲat͡sːə]	abfahren	– Когда́ отправля́ется по́езд? – У́тром, в 8:15.
	прибыва́ть *uv.*	ankommen, eintreffen	– А когда́ он прибыва́ет в Москву́?
	обра́тно	zurück, Rückfahrt	– Вам туда́ и обра́тно? – Да, пожалуйста, туда́ и обра́тно.
стр. 89	**гости́ница**	Hotel	Сейча́с мы пое́дем в гости́ницу. ↔ гость
	турба́за *туристи́ческая ба́за*	Feriendorf, Jugendherberge	– Мы отдыха́ем на турба́зе.
	заброни́ровать *v.; что? mit Akk.*	reservieren, buchen	– Я хочу́ заброни́ровать биле́т.
	одноме́стный, -ая, -ое; -ые	Einbett-, Einzel-	↔ оди́н, одно́, ме́сто
	двухме́стный, -ая, -ое; -ые	Doppel-, Doppelbett-	↔ два, ме́сто
	но́мер *Pl. номера́*	*hier:* Hotelzimmer	– Я хочу́ заброни́ровать одноме́стный но́мер.
	душ	Dusche	– Мне ну́жен но́мер с ду́шем.
	о́бщий, -ая, -ее; -ие	*hier:* Gemeinschafts-	– На ка́ждом этаже́ о́бщая ку́хня.

5 B Где мо́жно отли́чно отдохну́ть?

стр. 90	**ску́чно** [ˈskuʂnə]	langweilig	– Тебе́ ску́чно? – Нет, мне не ску́чно.
	приро́да	Natur	– Здесь прекра́сная приро́да.

C

Поуро́чный слова́рь

	уме́ть, я уме́ю, ты уме́ешь; они́ уме́ют *uv.; mit Inf.*	können, *eine Fähigkeit besitzen*	– Я (не) уме́ю петь. ▶ Grammatik S. 153 Das Verb *уме́ть* verwendest du bei *Fähigkeiten*.
	мочь, *я могу́, ты мо́жешь, он мо́жет; мы мо́жем, вы мо́жете, они́ мо́гут uv., mit Inf.*	können, *die Möglichkeit haben*	– Я не могу́ идти́ гуля́ть, у меня́ нет вре́мени. ▶ Grammatik S. 153
	пла́вать *uv.; nicht zielgerichtet*	schwimmen	– Ты уме́ешь пла́вать? – Да, уме́ю.
	байда́рка *Gen. Pl. байда́рок*	Paddelboot, Kajak	– Я (не) уме́ю пла́вать на байда́рке.
	путеше́ствовать *uv. по mit Dat.*	reisen	– Мы путеше́ствуем по Росси́и.
	мечта́ть *uv.; о mit Präp. oder mit Inf.*	träumen, schwärmen	– Я мечта́ю пое́хать в Росси́ю, а о чём ты мечта́ешь?
	пое́здка *Gen. Pl. пое́здок*	Reise, Fahrt	– Я мечта́ю о пое́здке на Байка́л. ↔ по́езд, е́здить
	понра́виться *v.; кому́? mit Dat.* [pɐˈnrɐˈvʲɪt͡sə]	gefallen	– Я ду́маю, вам там понра́вится. ⟶ нра́виться *uv.*
	на́до *mit Inf. + Dativ*	man muss	– Мне на́до прочита́ть текст. ▶ Grammatik S. 154
	поду́мать *v.; о ком? о чём? mit Präp. auch над чем? mit Instr.*	denken, nachdenken, überlegen	– Мне на́до поду́мать над э́тим вопро́сом. ⟶ ду́мать *uv.*
	предложи́ть/предлага́ть	vorschlagen	
	счита́ть *uv.* [ɕːɪˈtatʲ]	*hier:* denken, meinen	– Как вы счита́ете, где мо́жно отли́чно отдохну́ть?
	убра́ть/убира́ть	aufräumen	– Тебе́ на́до убра́ть гости́ную.
стр. 91	**позвони́ть/звони́ть**, я позвоню́, ты позвони́шь; они́ позвоня́т *v.; кому? mit Dat.*	anrufen	– Я позвоню́ тебе́, Ле́не и Макси́му. ↔ Позвони́(те)!

Алфави́тный слова́рь

Im *алфави́тный слова́рь* (S. 193–208) findest du alphabetisch geordnet alle Wörter, die du aus *Диало́г 1* und aus *поуро́чный слова́рь Диало́г 2* kennst. Bitte beachte, dass du von einigen Wörtern nur bestimmte Formen oder ganze Wendungen kennst, z. B. *я хоте́л/а бы* steht unter *Я*.
Fett gedruckt sind alle Vokabeln, die du lernen musst. Die nicht hervorgehobenen Wörter musst du nicht alle können. Du wählst selbst aus, welche du brauchst. Bei den Verben findest du in der Regel beide Aspektpartner, sie stehen in der Reihenfolge vollendet/unvollendet.
Die Seitenangaben erleichtern dir das Auffinden in den Lektionen oder in den Wortnestern.

Russisch–Deutsch

А

а 1. aber; 2. und I
абрико́с Aprikose I
а́вгуст August 1 А (стр. 11)
А́встрия Österreich I
авто́бус Autobus, Bus I
а́дрес Adresse I
Азербайджа́н Aserbaidschan (стр. 170)
аквапа́рк Aquapark, Spaßbad (стр. 169)
аккордео́н Akkordeon I
актёр Schauspieler 1 Б (стр. 15)
а́ктовый зал Aula I
актри́са Schauspielerin 1 Б (стр. 15)
актуа́льный, -ая, -ое; -ые aktuell, zeitgemäß 3 В (стр. 56)
а́кция Aktionsangebot 1 В (стр. 21)
Алло́! Hallo! *(nur beim Telefonieren)* I
анана́с Ananas I
англи́йский, -ая, ое; ие englisch I
апельси́н Orange, Apfelsine I
апре́ль *m.* April 1 А (стр. 11)
апте́ка Apotheke I
арбу́з Wassermelone I
Арме́ния Armenien (стр. 170)
астроно́мия Astronomie I

Б

ба́бушка Großmutter, Oma I
Бава́рия Bayern I
баге́т Baguette I
Ба́ден-Вю́ртемберг Baden-Württemberg I
бадминто́н Badminton I
байда́рка Paddelboot, Kajak 5 В (стр. 90)
бале́тки Ballerinas (стр. 168)
бана́н Banane I
бараба́н Trommel I
баскетбо́л Basketball I
бассе́йн Schwimmbad I
ба́шня Turm (стр. 169)
бе́гать *uv.* laufen, joggen (стр. 170)
без ohne 2 В (стр. 36)
бейсбо́лка Basecap, Kappe, Schirmmütze (стр. 167)
Белору́ссия Weißrussland (стр. 170)
бе́лый, -ая, -ое; -ые weiß 2 А (стр. 28)
бе́рег Ufer, Küste 3 Б (стр. 50)
Берли́н Berlin I
беспла́тно gratis, frei 3 В (стр. 54)
библиоте́ка Bibliothek I
биле́т 1. Eintrittskarte; 2. Fahrkarte, Fahrschein 3 Б (стр. 51)
био́лог Biologe/Biologin (стр. 169)
биоло́гия Biologie I
блины́ Eier-, Pfannkuchen 1 Б (стр. 16)
блонди́н blonder Junge/Mann 2 Б (стр. 32)
блонди́нка Blondine 2 Б (стр. 32)
блу́зка Bluse 2 А (стр. 29)
Болга́рия Bulgarien (стр. 170)
боли́т (**боля́т**) wehtun, Schmerzen haben 2 Б (стр. 34)
Большо́е спаси́бо! Vielen Dank! I
большо́й, -а́я, -о́е; -и́е groß I
борщ Borschtsch I
ботани́ческий сад Botanischer Garten (стр. 169)
боти́нки *Pl.* Schnürschuhe 2 А (стр. 28)
Бра́нденбург Brandenburg I
брат Bruder I
брать → **взять**
Бре́мен Bremen I
бро́ви *Pl.* Augenbrauen (стр. 168)
бро́кколи *f.* Brokkoli I
брони́ровать → **заброни́ровать**
брю́ки *nur Pl.* Hose 2 А (стр. 29)
бу́лочка Brötchen I
бутербро́д belegtes Brot o. Brötchen (стр. 166)
бы́стро schnell 4 Б (стр. 68)
быть sein, werden 2 В (стр. 36)

В

в 1. am *(Wochentag)* I; 2. in, im *(Ort)* I; 3. um *(Uhrzeit)* I; 4. bei, in 1 А (стр. 10); 5. im Alter von 2 В (стр. 36); 6. an, in, pro 2 В (стр. 36)
в го́сти zu Besuch 1 Б (стр. 17)
в кле́тку kariert (стр. 168)
в мо́де in (sein), angesagt (sein) 2 А (стр. 29)
в поло́ску gestreift (стр. 168)
ва́ленки *Pl.* Filzstiefel, Walenki (стр. 168)
ва́нная *f.* Bad, Badezimmer I
варе́ники *Pl.* Wareniki (стр. 166)
ваш, **ва́ша**, **ва́ше**; **ва́ши** euer, eure, euer; eure; Ihr, Ihre, Ihr; Ihre I
Великобрита́ния Großbritannien (стр. 170)
велосипе́д Fahrrad 5 А (стр. 82)
Ве́нгрия Ungarn (стр. 170)
ве́село lustig, fröhlich 1 Б (стр. 16)
весёлый, -ая, -ое; -ые lustig, fröhlich 1 А (стр. 13)
весна́ Frühling 1 А (стр. 11)
весно́й im Frühling 1 А (стр. 11)
ве́тер Wind 5 А (стр. 82)
ве́чер Abend I
вечери́нка Party 1 Б (стр. 14)
ве́чером am Abend, abends I
взять/брать nehmen, kaufen 2 А (стр. 28)
ви́деть → **уви́деть**
винегре́т Vinegret, Vinaigrette I
виногра́д Weintrauben I
ви́шня Kirschen I
вку́сно köstlich, lecker 1 В (стр. 18)
вме́сте gemeinsam, zusammen I
внима́ние *n.* Achtung, Aufmerksamkeit 3 В (стр. 54)
во вре́мя während 1 А (стр. 10)
возьми́ nimm I
вокза́л Bahnhof 3 Б (стр. 53)
волейбо́л Volleyball I
во́лосы *Pl.* Haare 2 Б (стр. 32)
вопро́с Frage 1 Б (стр. 16)
воро́та *nur Pl.* Tor (стр. 169)
восемна́дцать achtzehn I
во́семь acht I
во́семьдесят achtzig I
воскресе́нье Sonntag I
восто́к Osten I
вот hier, da *ist; sind* I
врач Arzt/Ärztin 2 Б (стр. 34)
вре́мя *n.* Zeit [für Bd.
вре́мя го́да Jahreszeit 1 А (стр. 11)
всё 1. alles 2 В (стр. 36); 2. die ganze Zeit, ununterbrochen 4 Б (стр. 68)
всегда́ immer I
всего́ хоро́шего alles Gute 1 А (стр. 13)
встре́титься/**встреча́ться** sich treffen 4 Б (стр. 68)
вто́рник Dienstag I
второ́й, -а́я, -о́е; -ы́е der (die, das) zweite I
вчера́ gestern I
вы; **Вы** ihr; Sie I
вы́бран, вы́брана, вы́брано; вы́браны gewählt 3 Б (стр. 50)
вы́брать/выбира́ть (aus)wählen 1 В (стр. 21)
вы́глядеть *uv.* aussehen 2 Б (стр. 32)

C

Алфави́тный слова́рь

высо́кий, -ая, -ое; -ие hoch 2 Б (стр. 34)
вы́ставка Ausstellung 1 Б (стр. 15)
вы́учить/**учи́ть** 1. lernen; 2. sich einprägen I
выходно́й, -а́я, -о́е; -ы́е arbeitsfrei, frei 5 Б (стр. 86)
выходны́е *nur Pl.* Wochenende 5 Б (стр. 86)

Г

газе́та Zeitung 1 Б (стр. 16)
галере́я Galerie 1 Б (стр. 15)
га́лстук Krawatte (стр. 167)
Га́мбург Hamburg I
га́мбургер Hamburger, Burger (стр. 166)
гандбо́л Handball I
гарни́р Beilage (стр. 167)
где wo I
геогра́фия Geografie I
Герма́ния Deutschland I
Ге́ссен Hessen I
гид Fremdenführer, Guide 4 А (стр. 65)
гимна́зия Gymnasium I
гита́ра Gitarre I
глаз Auge 2 Б (стр. 32)
говори́ть → сказа́ть
год Jahr I
голова́ Kopf 2 Б (стр. 34)
голубо́й, -а́я, -о́е; -ы́е hellblau, himmelblau 2 Б (стр. 32)
гора́ Berg 5 А (стр. 84)
го́рло Hals, Kehle (стр. 168)
го́род Stadt I
го́род-порт Hafenstadt 3 Б (стр. 50)
городска́я электри́чка S-Bahn, Vorortbahn I
горо́х *nur Sg.* Erbsen I
горя́чие блю́да warme Gerichte, Hauptspeisen (стр. 166)
гости́ная *f.* Wohnzimmer I
гости́ница Hotel 5 Б (стр. 89)
гость *m.* Gast, Besuch 3 А (стр. 46)
госуда́рство Staat 4 В (стр. 72)
гра́дус Grad 5 А (стр. 82)
грани́ца Grenze 4 В (стр. 72)
грани́чить *uv.* grenzen 4 В (стр. 72)
Гре́ция Griechenland (стр. 170)
гре́чка *nur Sg.* Buchweizen (стр. 167)
гру́ша Birne I
губа́ Lippe (стр. 168)
гуля́ть → погуля́ть

Д

да ja I
дава́й(те) *Imp.* lass(t) uns, los geht's 4 А (стр. 64)
Дава́йте познако́мимся! Lasst uns einander kennenlernen! 4 А (стр. 64)
давно́ lange, längst, vor langer Zeit 4 А (стр. 64)
да́же sogar 4 А (стр. 64)
Дай мне … Gib mir … I
далеко́ weit, fern I
да́льше weiter 3 В (стр. 54)
Да́ния Dänemark (стр. 170)
дари́ть → подари́ть
дать/дава́ть geben 3 Б (стр. 50)
два zwei I
два́дцать zwanzig I
двена́дцать zwölf I
дво́йка Zwei *(Zensur)* I
дворе́ц Palast, Palais 3 Б (стр. 50)
двухме́стный, -ая, -ое; -ые Doppel- 5 Б (стр. 89)
де́вочка Mädchen 2 Б (стр. 32)
девяно́сто neunzig I
девятна́дцать neunzehn I
де́вять neun I
де́душка *m.* Großvater, Opa I
дека́брь *m.* Dezember 1 А (стр. 11)
дела́: Как дела́? Wie geht es? I
де́лать → сде́лать
день *m.* Tag I
День зна́ний Tag des Wissens (стр. 166)
день рожде́ния Geburtstag 1 А (стр. 10)
День Росси́и Tag Russlands (стр. 166)
День свято́го Валенти́на Valentinstag (стр. 166)
дере́вня Dorf I
десе́рт Dessert, Nachtisch (стр. 167)
де́сять zehn I
де́тская *f.* Kinderzimmer I
дёшево billig, preiswert 4 В (стр. 74)
джи́нсы *nur Pl.* Jeans 2 А (стр. 28)
дива́н Couch, Sofa I
дли́нный, -ая, -ое; -ые lang 2 Б (стр. 32)
для für 1 Б (стр. 15)
днём am Tage, tagsüber I
до bis I
До встре́чи! Bis bald! 1 А (стр. 10)
До свида́ния! Auf Wiedersehen! I
дое́хать (до) ankommen, bis zu etw. fahren, gelangen, etw. erreichen I
дождь *m.* Regen 5 А (стр. 82)
дождь идёт es regnet 5 А (стр. 82)
дойти́ (до) zu etw. kommen, gelangen, etw. erreichen *(zu Fuß)* I
до́лго lange *Zeit* 4 Б (стр. 68)
дом Haus I
до́ма zu Hause, daheim I
домово́дство Hauswirtschaft I
домо́й nach Hause I
домохозя́йка Hausfrau 2 В (стр. 38)
до́рого teuer 2 А (стр. 28)
дорого́й, -а́я, -о́е; -и́е lieber, liebe; liebe 1 А (стр. 13)
доска́ Tafel I
достопримеча́тельность *f.* Sehenswürdigkeit 3 А (стр. 46)
друг Freund I
друг на дру́га aufeinander 4 Б (стр. 68)
друго́й, -а́я, -о́е; -и́е anderer 3 Б (стр. 51)
друзья́ *Pl.* Freunde I
ду́мать → поду́мать
дуть *uv.* pusten, wehen 5 А (стр. 82)
духо́вка Backofen I
душ Dusche 5 Б (стр. 89)

Е

Евро́па Europa 3 А (стр. 46)
европе́йский, -ая, -ое; -ие europäisch 3 Б (стр. 50)
Европе́йский сою́з Europäische Union (стр. 170)
его́ sein, seine, sein; seine I
еда́ *hier:* Speisen I
едини́ца Eins, *(Zensur)* I
её ihr, ihre, ihr; ihre I
е́здить верхо́м reiten (стр. 170)
е́здить *(uv.)* fahren 4 Б (стр. 68)
ёлка *hier:* Tannenbaum, Weihnachtsbaum 1 Б (стр. 14)
естествозна́ние *n.* Sachkunde I
есть es gibt, es ist vorhanden I
есть essen 1 В (стр. 21)
е́хать *(uv.)* fahren 4 Б (стр. 68)
ещё noch, außerdem I

Ж

жа́рко heiß, sehr warm 5 А (стр. 82)
ждать *uv.* warten, erwarten 4 Б (стр. 68)
же 1. doch 1 А (стр. 10); 2. aber, denn 4 Б (стр. 68)
жела́ть → пожела́ть
жёлтый, -ая, -ое; -ые gelb 2 Б (стр. 32)
живо́т Bauch (стр. 168)
живо́тные *Pl.* Tiere I
жизнь *f.* Leben 3 А (стр. 46)
жиле́тка Weste (стр. 167)
жить *uv.* leben, wohnen I
журнали́ст/ка Journalist/in (стр. 169)

З

за für 1 Б (стр. 17)
заброни́ровать/брони́ровать reservieren, buchen 5 Б (стр. 89)
забы́ть/забыва́ть vergessen 1 А (стр. 10)
за́втра morgen 1 А (стр. 11)
за́втракать → поза́втракать
загора́ть *uv.* sich sonnen 5 А (стр. 82)
заду́ман, заду́мана, заду́мано; заду́маны beabsichtigt, vorgenommen 3 Б (стр. 50)
заказа́ть/зака́зывать bestellen 3 Б (стр. 51/52)
заку́ски *Pl.* Vorspeisen (стр. 166)
за́мок Schloss (стр. 169)
занима́ться сёрфингом *uv.* surfen (стр. 170)
занима́ться *uv.* sich mit etwas beschäftigen I
занима́ться спо́ртом *uv.* Sport treiben I
за́пад Westen I

звать *uv.* 1. heißen, nennen; 2. rufen 3 А (стр. 48)
звони́ть → позвони́ть
здесь hier, da |
Здо́рово! Klasse! Prima! Toll! |
здоро́вье *n.* Gesundheit 1 А (стр. 10)
Здра́вствуйте! Guten Tag! |
зелёный, -ая, -ое; -ые grün 2 А (стр. 28)
земля́ Bundesland |
зима́ Winter 1 А (стр. 11)
зи́мний, -яя, -ее; -ие Winter-, winterlich |
зимо́й im Winter 1 А (стр. 11)
знако́мить → познако́мить
знако́миться → познако́миться
знать *uv.* 1. kennen |; 2. wissen |
золото́й, -а́я, -о́е; -ы́е Gold-, golden 5 Б (стр. 86)
зуб Zahn (стр. 168)
зубно́й врач Zahnarzt/Zahnärztin (стр. 169)

И

и und |
игра́ Spiel 1 Б (стр. 14)
игра́ть → сыгра́ть
игра́ть в spielen (*Sportarten*) |
игра́ть в снежки́ Schneeballschlacht, mit Schneebällen werfen (стр. 170)
игра́ть на spielen (*Musikinstrumente*) |
иди́(те) *Imp.* gehe (gehen Sie, geht) |
идти́ *(uv.)* gehen 1 Б (стр. 14)
идти́, идёт; иду́т stehen *(von Kleidungsstücken)* 2 А (стр. 28)
идти́ в го́сти jmdn. besuchen 1 Б (стр. 17)
из aus |
из вас von euch; von Ihnen |
изве́стный, -ая, -ое; -ые bekannt 3 А (стр. 46)
извини́(те) Entschuldigung! Entschuldige (Entschuldigen Sie; entschuldigt) |
ИЗО́ (Bildende) Kunst, (~erziehung) |
и́ли oder |
и́мя *n.* Name, Vorname |
иногда́ manchmal 3 В (стр. 56)
интеракти́вная доска́ Whiteboard |
интере́сно (Es ist) interessant(.) |
интере́сный, -ая, -ое; -ые interessant |
интересова́ть *uv.* interessieren 1 В (стр. 19)
интересова́ться *uv.* sich interessieren für |
информа́тика Informatik |
Ирла́ндия Irland (стр. 170)
Испа́ния Spanien (стр. 170)
испа́нский, -ая, -ое; ие spanisch |
истори́ческий, -ая, -ое; -ие historisch 3 Б (стр. 50)
исто́рия Geschichte |
Ита́лия Italien (стр. 170)
италья́нский, -ая, -ое; ие italienisch |
их ihr, ihre, ihr; ihre |
ию́ль *m.* Juli 1 А (стр. 11)
ию́нь *m.* Juni 1 А (стр. 11)

К

к zu, an 1 Б (стр. 14)
к сожале́нию leider 1 Б (стр. 17)
кабине́т Raum, Unterrichtsraum |
ка́ждый, -ая, -ое; -ые jeder, jede, jedes; jede 2 А (стр. 29)
Казахста́н Kasachstan (стр. 170)
как wie |
Как дела́? Wie geht es? |
как ра́з passt (passen) genau 2 А (стр. 28)
кака́о Kakao |
како́й, -а́я, -о́е; -и́е welcher, welche, welches; welche; was für einer, was für eine, was für ein |
канаре́йка Kanarienvogel |
кани́кулы *nur Pl.* Ferien |
капу́ста Kohl |
каранда́ш Bleistift |
ка́рий, -яя, -ее; -ие braun *(nur bei Augen)* (стр. 168)
карти́на Bild, Gemälde |
карти́нная галере́я Bildergalerie, Gemäldegalerie (стр. 169)
карто́фель *m.* Kartoffel |
карто́фель фри Pommes frites (стр. 167)
карто́фельное пюре́ Kartoffelpüree, Kartoffelbrei (стр. 167)
карто́шка Kartoffel (стр. 167)
ката́ться *uv.* fahren 5 А (стр. 82)
ката́ться на са́нках rodeln (стр. 170)
кафе́ Café |
ка́ша (гре́чневая) Kascha (Buchweizengrütze) |
ка́шель *m.* Husten 2 Б (стр. 34)
кашта́новый, -ая, -ое; -ые kastanienbraun 2 Б (стр. 32)
кварти́ра Wohnung |
квас Kwass (стр. 167)
ке́ды *Pl.* Chucks (стр. 168)
кефи́р Kefir (стр. 167)
ки́борд Keyboard |
ки́ви *m. und n.* Kiwi |
кино́ 1. Film |; 2. Kino |
Кипр Zypern (стр. 170)
Кирги́зия Kirgisien (стр. 170)
кита́йский, -ая, -ое; ие chinesisch |
кларне́т Klarinette |
класс 1. klasse *ugs.* |; 2. Schulklasse |; 3. Klassenraum |
клубни́ка *nur Sg.* Erdbeeren |
кни́га Buch |
ковёр Teppich |
когда́ wann |
коза́ Ziege |
кокте́йль *m.* Cocktail (стр. 167)
ко́ла Cola |
колбаса́ Wurst (стр. 166)
коле́но Knie (стр. 168)
коло́нна Kolonne, Säule (стр. 169)
кольцо́ Ring 5 Б (стр. 86)
кома́нда Mannschaft, Team 2 В (стр. 36)
ко́мната Zimmer, Raum |
компо́т Kompott |
компью́тер Computer |
коне́ц Ende 4 Б (стр. 68)
коне́чно natürlich, selbstverständlich |
конта́кт Kontakt, Verbindung |
конфе́ты *Pl.* Konfekt, Pralinen, Bonbons (стр. 167)
конце́рт Konzert |
ко́нчиться/**конча́ться** enden |
коньки́ *Pl.* Schlittschuhe (стр. 170)
коридо́р Flur |
кори́чневый, -ая, -ое; -ые braun (стр. 168)
коро́ва Kuh |
коро́ткий, -ая, -ое; -ие kurz 2 А (стр. 28)
космето́лог Kosmetologe/Kosmetologin (стр. 169)
костю́м Anzug 2 А (стр. 28)
кот Kater |
котле́та Frikadelle, Boulette (стр. 166)
кото́рый, -ая, -ое; -ые der, die, das; die; welcher, welche, welches; welche 3 В (стр. 54)
ко́фе *m.* Kaffee |
ко́шка Katze |
краси́во schön |
краси́вый, -ая, -ое; -ые schön |
кра́сный, -ая, -ое; -ые rot 2 А (стр. 30)
кре́пость *f.* Festung 3 А (стр. 46)
кре́сло Sessel |
крова́ть *f.* Bett |
кро́лик Kaninchen |
кро́ме außer 3 Б (стр. 52)
кроссо́вки *Pl.* Sportschuhe, Turnschuhe 2 А (стр. 28)
кру́глый год das ganze Jahr 1 (стр. 8)
кто wer |
куда́ wohin 1 Б (стр. 14)
ку́кла Puppe 4 В (стр. 74)
куми́р Idol 2 В (стр. 36)
купа́ться *uv.* baden 5 А (стр. 82)
купи́ть/покупа́ть kaufen 2 (стр. 27), 2 В (стр. 37)
ку́рица 1. Hähnchen |; 2. Huhn |
ку́ртка Jacke (стр. 167)
ку́хня Küche |

Л

ла́дно gut, einverstanden, okay 4 В (стр. 74)
ла́мпа Lampe |
лапша́ *nur Sg.* Nudeln (стр. 167)
Ла́твия Lettland (стр. 170)
лати́нский, -ая, -ое; -ие lateinisch |
ле́гинсы *nur Pl.* Leggins (стр. 167)
лека́рство Arznei, Medizin 2 Б (стр. 34)
лес Wald 5 А (стр. 85)

лет *Pl.* Jahre I
лет: Ско́лько тебе́ лет? Wie alt bist du? I
ле́тний, -яя, -ее; -ие Sommer-, sommerlich I
ле́то Sommer 1 А (стр. 11)
ле́том im Sommer 1 А (стр. 11)
лимона́д Limonade I
лине́йка Lineal I
Литва́ Litauen (стр. 170)
лицо́ Gesicht (стр. 168)
ли́чность *f.* Persönlichkeit 3 А (стр. 46)
лоб Stirn (стр. 168)
ло́дка Boot 5 А (стр. 82)
ло́шадь *f.* Pferd I
лук *nur Sg.* Zwiebel I
лы́жи *Pl.* Ski (стр. 170)
люби́мый, -ая, -ое; -ые Lieblings-, beliebt I
люби́ть *uv.* lieben, mögen I
лю́ди *Pl.* Leute, Menschen 4 А (стр. 64)
Люксембу́рг Luxemburg (стр. 170)

М

магази́н Geschäft, Laden 2 А (стр. 28)
магни́т на холоди́льник Kühlschrankmagnet 4 В (стр. 74)
май *m.* Mai 1 А (стр. 11)
макаро́ны *Pl.* Makkaroni, Pasta I
ма́ленький *nur Pl.*, -ая, -ое; -ие klein I
мали́на *nur Sg.* Himbeeren I
ма́ло wenig 4 А (стр. 64)
Ма́льта Malta (стр. 170)
ма́льчик Junge 2 А (стр. 30)
маля́р Maler/in (стр. 169)
ма́ма Mama, Mutti I
ма́нго *nur Sg.* Mango I
мандари́н Mandarine I
март März 1 А (стр. 11)
маршру́тка Linientaxi, Kleinbus-Sammeltaxi I
маршру́тное такси́ Linientaxi, Kleinbus-Sammeltaxi I
Ма́сленица Butterwoche (стр. 166)
матема́тика Mathematik I
маши́на Auto I
Междунаро́дный же́нский день Internationaler Frauentag (стр. 166)
Ме́кленбург-Пере́дняя Помера́ния Mecklenburg-Vorpommern I
меня́ть → **помен́ять**
ме́сто 1. Platz, Sitzplatz I; 2. Ort I
ме́сяц Monat 1 А (стр. 11)
метро́ Metro, U-Bahn I
мече́ть *f.* Moschee (стр. 169)
мечта́ть *uv.* träumen, schwärmen 5 В (стр. 90)
миллио́н Million 4 А (стр. 64)
ми́мо vorbei an, vorüber 4 Б (стр. 68)
минера́льная вода́ Mineralwasser (стр. 167)
мину́та Minute I
мно́го 1. viel 1 Б (стр. 15); 2. viele 4 А (стр. 64)
мо́дно in (sein), modisch, modern 2 А (стр. 28)
мо́жет быть vielleicht, möglicherweise 5 Б (стр. 86)
мо́жно *hier:* man kann I
мой, моя́, моё; мои́ mein, meine, mein; meine I
Молда́вия Moldawien (стр. 170)
молда́вский, -ая, -ое; -ие moldauisch 4 В (стр. 72)
молодёжный, -ая, -ое; -ые Jugend-, jugendlich 3 В (стр. 56)
молодёжь *f.* Jugend, Jugendliche 3 В (стр. 56)
молодо́й, -а́я, -о́е; -ы́е jung 2 В (стр. 36)
молоко́ Milch I
монасты́рь *m.* Kloster (стр. 169)
мо́ре Meer I
морко́вка *f.* Möhre, Karotte I
морко́вь *nur Sg.* Möhre, Karotte I
моро́женое *n.* Speiseeis, Eis (стр. 167)
морска́я сви́нка Meerschweinchen I
Москва́ Moskau I
Москва́-река́ Moskwa *(Fluss)* I
москви́ч Moskauer I
мост Brücke (стр. 170)
мочь → **смочь**
музе́й *m.* Museum 3 А (стр. 46)
му́зыка Musik I
музыка́льный центр Hi-Fi-Anlage I
мы wir I
мы хоте́ли бы wir würden gerne 2 А (стр. 28)
мы́шка Maus, Mäuschen I
мя́со Fleisch (стр. 166)
мяч Ball 1 В (стр. 18)

Н

на 1. auf, in I; 2. im I; 3. mit *(einem Verkehrsmittel)* I; 4. jmd. hat etwas an 2 Б (стр. 32)
на за́втрак zum Frühstück I
на обе́д zum Mittag I
на у́жин zum Abendbrot I
на у́лице *hier:* draußen I
наве́рное wahrscheinlich 4 Б (стр. 68)
над an 4 В (стр. 72)
наде́ть/надева́ть anziehen 2 А (стр. 28), 2 В (стр. 37)
на́до man muss 5 В (стр. 90)
на́зван, на́звана, на́звано; на́званы genannt 3 Б (стр. 50)
назва́ние *n.* Name, Bezeichnung 3 Б (стр. 50)
назва́ть/называ́ть nennen, benennen 3 А (стр. 46)
называ́ться *uv.* heißen 3 (стр. 45)
нале́во nach links I
написа́ть/писа́ть schreiben 1 Б (стр. 16)
напи́тки *Pl.* Getränke (стр. 167)
напиши́(те) *Imp.* schreibe (schreiben Sie; schreibt) 3 В (стр. 57)
напра́во nach rechts I
наприме́р zum Beispiel 4 А (стр. 64)
напро́тив gegenüber von I
нарисова́ть/рисова́ть malen, zeichnen I
на́сморк Schnupfen 2 Б (стр. 34)
настрое́ние *n.* Laune, Stimmung 1 А (стр. 13)
находи́ться sich befinden I
национа́льность *f.* Nationalität 4 А (стр. 64)
нача́льный, -ая, -ое; -ые *hier:* Grund- I
нача́ть/начина́ть anfangen, beginnen 2 В (стр. 36)
нача́ться/начина́ться anfangen, beginnen 2 В (стр. 36)
наш, на́ша, на́ше; на́ши unser, unsere, unser; unsere I
не nicht I
Не́ за что! Keine Ursache! Nichts zu danken! I
недалеко́ nebenan, in der Nähe, nicht weit (entfernt) I
недалеко́ от in der Nähe von, nicht weit von I
неде́ля Woche 3 В (стр. 54)
недо́рого nicht teuer, preisgünstig 2 А (стр. 28)
не́который, -ая, -ое; -ые ein gewisser, einige, manche 4 В (стр. 72)
не́мец Deutscher 4 А (стр. 64)
неме́цкий, -ая, -ое; -ие deutsch I
не́мка Deutsche 4 А (стр. 64)
непло́хо nicht schlecht I
непра́вильно falsch, nicht richtig I
не́сколько einige 4 А (стр. 64)
нет nein I
нет *mit Gen.* es gibt kein(en), es ist nicht vorhanden I
Нидерла́нды Niederlande (стр. 170)
Ни́жняя Саксо́ния Niedersachsen I
ничего́ 1. es geht, ganz gut I; 2. nichts 4 В (стр. 72)
но aber, jedoch I
но́вое *n.* Neues 3 В (стр. 54)
но́вость *f.* 1. Neuigkeit; 2. Nachricht 3 В (стр. 54)
Но́вый год Neujahr, Neujahrstag, Silvester (стр. 166)
но́вый, -ая, -ое; -ые neu I
нога́ 1. Bein 2 Б (стр. 34); 2. Fuß 2 Б (стр. 34)
но́жницы *nur Pl.* Schere I
ноль *m.* null, Null I
но́мер 1. Nummer I; 2. Hotelzimmer 5 Б (стр. 89)
но́мер телефо́на Telefonnummer I
норма́льно normal I
нос Nase (стр. 168)
носи́ть *uv.* tragen 2 А (стр. 28)
носки́ *Pl.* Socken (стр. 167)

Alphabetisches Wörterverzeichnis

но́чью nachts, in der Nacht 5 А (стр. 83)

ноя́брь *m.* November 1 А (стр. 11)

нра́виться → понра́виться

ну na, nun I

ну́жен, нужна́, ну́жно; нужны́ nötig, notwendig 3 В (стр. 56)

О

о über, von 1 Б (стр. 15)

обе́дать → пообе́дать

обели́ск Obelisk (стр. 169)

о́блачный, -ая, -ое; -ые bewölkt, wolkig 5 А (стр. 82)

обра́тно zurück *(Rückfahrt)* 5 Б (стр. 88)

о́бувь *f. nur Sg.* Schuhe 2 А (стр. 29)

обща́ться *uv.* kommunizieren, sich verständigen, in Verbindung stehen 3 В (стр. 56)

обществозна́ние Sozialkunde, Gesellschaftskunde I

о́бщий, -ая, -ее; -ие Gemeinschafts- 5 Б (стр. 89)

обы́чно gewöhnlich I

о́вощи *Pl.* Gemüse I

овца́ Schaf I

огуре́ц Gurke I

оде́жда Kleidung 2 (стр. 27)

оди́н eins I

оди́ннадцать elf I

однокла́ссник Klassenkamerad, Mitschüler 2 Б (стр. 33)

однокла́ссница Klassenkameradin, Mitschülerin 2 Б (стр. 32)

одноме́стный, -ая, -ое; -ые Einbett-, Einzel- 5 Б (стр. 89)

о́зеро See 5 А (стр. 85)

означа́ть *uv.* bedeuten 3 Б (стр. 50)

ой ach je, o je I

окно́ Fenster I

око́нчить/ока́нчивать abschließen, absolvieren, beenden 3 А (стр. 48)

октя́брь *m.* Oktober 1 А (стр. 11)

омле́т Omelett (стр. 166)

он er I

она́ sie *Sg.* I

они́ sie *Pl.* I

оно́ es I

опя́ть wieder 5 А (стр. 84)

ора́нжевый, -ая, -ое; -ые orange(farben) (стр. 168)

о́сень *f.* Herbst 1 А (стр. 11)

о́сенью im Herbst 1 А (стр. 11)

осно́ван, осно́вана, осно́вано; осно́ваны gegründet 3 Б (стр. 50)

основа́ть *v.* gründen, aufbauen 3 А (стр. 46)

основно́й, -а́я, -о́е; -ы́е *hier:* Haupt- I

осно́вы эконо́мики Wirtschaftskunde I

от *hier:* von 1 В (стр. 18)

отдохну́ть/отдыха́ть sich erholen, ausruhen, ausspannen 5 А (стр. 82)

откры́ть/открыва́ть öffnen, aufmachen; eröffnen 3 А (стр. 46)

отку́да woher I

отли́чный, -ая, -ое; -ые ausgezeichnet I

отпра́виться/**отправля́ться** abfahren 5 Б (стр. 88)

отпра́здновать/**пра́здновать** feiern 1 А (стр. 10)

официа́льный, -ая, -ое; -ые offiziell 4 В (стр. 72)

оце́нка Note, Zensur I

о́чень sehr I

П

па́лец 1. Finger (стр. 168); 2. Zeh (стр. 168)

пальто́ *indekl.* Mantel (стр. 167)

па́мятник Denkmal 3 А (стр. 46)

па́па *m.* Papa, Vati I

па́прика *nur Sg.* Paprika I

парикма́хер Friseur/in (стр. 169)

парк Park I

па́рта Schulbank I

па́смурно trüb 5 А (стр. 83)

Па́сха Ostern (стр. 166)

певе́ц Sänger 1 Б (стр. 15)

певи́ца Sängerin 1 Б (стр. 15)

пельме́ни *Pl.* Pelmeni I

пе́рвый, -ая, -ое; -ые der (die, das) erste I

пе́ред vor 3 А (стр. 46)

перее́хать/переезжа́ть umziehen, übersiedeln 3 А (стр. 48)

переме́на *hier:* Pause I

пе́рсик Pfirsich I

пе́сня Lied 1 Б (стр. 15)

петь → спеть

печа́тный, -ая, -ое; -ые Druck-, gedruckt 3 В (стр. 56)

пече́нье *n.* Gebäck, Kekse, Plätzchen (стр. 167)

пешко́м zu Fuß I

пиани́но Piano, Klavier I

пирожки́ *Pl.* Piroggen (стр. 167)

писа́ть → написа́ть

пи́сьменный стол Schreibtisch I

письмо́ Brief I

пить *uv.* trinken 1 В (стр. 21)

пи́цца Pizza I

пла́вать *uv.* schwimmen 5 В (стр. 90)

планета́рий *m.* Planetarium, Sternwarte (стр. 169)

плато́к Halstuch, Kopftuch (стр. 167)

пла́тье *n.* Kleid 2 А (стр. 30)

плечо́ Schulter (стр. 168)

плита́ Herd I

пло́хо schlecht I

пло́щадь *f.* Platz 3 А (стр. 46)

пляж Strand 5 А (стр. 82)

по 1. in *(Unterrichtsfach)* I; 2. durch, hin und her 3 Б (стр. 52)

по́вар Koch/Köchin (стр. 169)

пого́да Wetter 5 А (стр. 82)

погуля́ть/гуля́ть spazieren gehen 4 А (стр. 65)

подари́ть/дари́ть schenken 1 В стр. 20)

пода́рок Geschenk 1 Б (стр. 14)

подеше́вле billiger, preiswerter 4 В (стр. 74)

подру́га Freundin I

поду́мать/ду́мать denken, nachdenken, überlegen 1 В (стр. 19), 5 В (стр. 90)

подъе́зд *hier:* Hauseingang I

по́езд Zug, Bahn 5 Б (стр. 86)

пое́здка Reise 5 В (стр. 90)

пое́хать *v.* fahren, hinfahren, losfahren 5 Б (стр. 86)

пожа́луйста bitte I

пожела́ть/**жела́ть** wünschen 1 А (стр. 10)

поза́втракать/**за́втракать** frühstücken I

позвони́(те) *Imp.* ruf an (rufen Sie an; ruft an) 3 В (стр. 57)

позвони́ть/звони́ть anrufen 5 В (стр. 91)

поздра́вить/поздравля́ть gratulieren 1 А (стр. 10) 3 А (стр. 47)

познако́мить/знако́мить. bekannt machen 2 Б (стр. 32)

познако́миться/знако́миться kennenlernen 4 А (стр. 64)

Пока́! Tschüs(s)! Mach's gut! Bis bald/später! I

покажи́ *Imp.* zeige I

показа́ть/пока́зывать zeigen 3 Б (стр. 51)

покупа́ть → купи́ть

полити́ческое образова́ние Politische Bildung, Politische Weltkunde I

по́лка Regal I

получи́ть/получа́ть bekommen, erhalten 2 А (стр. 28), 2 В (стр. 37)

По́льша Polen (стр. 170)

поменя́ть/**меня́ть** ändern 3 Б (стр. 50)

помидо́р Tomate I

помоги́(те) *Imp.* hilf (helfen Sie, helft) I

помо́чь/помога́ть helfen 2 А (стр. 28), 2 В (стр. 37)

понеде́льник Montag I

по-неме́цки deutsch, auf Deutsch 4 А (стр. 64)

по́ни *m.* Pony I

понра́виться/нра́виться gefallen 1 Б (стр. 15), 5 В (стр. 90)

поня́тно klar, verständlich 4 В (стр. 74)

поня́ть/**понима́ть** verstehen 4 Б (стр. 68)

пообе́дать/**обе́дать** (zu) Mittag essen I

попуга́й *m.* Papagei I

Португа́лия Portugal (стр. 170)

по-ру́сски russisch, auf Russisch I

посвяти́ть/посвяща́ть widmen 3 А (стр. 46)

посети́ть/посеща́ть besuchen 2 В (стр. 37)

по́сле nach I

С

Алфави́тный слова́рь

после́дний, -яя, -ее; -ие letzter I

послу́шать/слу́шать (sich) anhören, hören, zuhören I, 2 В (стр. 37)

посмотре́ть/смотре́ть sich etw. (an) sehen, (an)schauen I, 2 В (стр. 37)

постро́ен, постро́ена, постро́ено; постро́ены gebaut, erbaut, errichtet 3 Б (стр. 50)

постро́ить/стро́ить bauen, aufbauen, errichten 3 А (стр. 46)

посудомо́ечная маши́на Geschirrspüler I

посудомо́йка Geschirrspüler I

пото́м danach, nachher I

потому́ что denn, weil 5 Б (стр. 86)

поу́жинать/**у́жинать** (zu) Abend essen I

похо́д Wanderung 5 А (стр. 82)

почём zu welchem Preis, wie viel kostet, wie teuer 4 В (стр. 74)

почему́ warum 1 А (стр. 10)

почти́ fast, beinahe 2 В (стр. 36)

поэ́тому deshalb, deswegen, darum 3 Б (стр. 50)

пра́вильно richtig, korrekt I

Пра́га Prag I

пра́здник Feiertag, Fest 1 А (стр. 13)

Пра́здник Весны́ и Труда́ Maifeiertag, Tag der Arbeit (стр. 166)

пра́здновать → отпра́здновать

предложи́ть/предлага́ть vorschlagen 5 В (стр. 90)

предме́т Unterrichtsfach I

предпочита́ть *uv.* bevorzugen, vorziehen 3 В (стр. 56)

презента́ция Präsentation 3 В (стр. 56)

прекра́сный, -ая, -ое; -ые ausgezeichnet, herrlich, toll 4 А (стр. 65)

прибы́ть/**прибыва́ть** ankommen, eintreffen 5 Б (стр. 88)

Приве́т! Hallo! Grüß dich! I

пригласи́ть/приглаша́ть einladen 1 А (стр. 10), 2 Б (стр. 35)

приглаше́ние *n.* Einladung 1 Б (стр. 14)

приро́да Natur 5 В (стр. 90)

Приходи́(те)! Du bist (Sie sind; Ihr seid) herzlich eingeladen! 1 Б (стр. 14)

прия́тно angenehm I

Прия́тного аппети́та! Guten Appetit! 1 В (стр. 18)

пробле́ма Problem 4 Б (стр. 68)

продаве́ц Verkäufer 2 А (стр. 28)

продавщи́ца Verkäuferin 2 А (стр. 28)

прода́ть/продава́ть verkaufen 3 Б (стр. 51)

проду́кты *Pl.* Lebensmittel 4 А (стр. 64)

прое́ктор Beamer I

профе́ссия Beruf 2 (стр. 27)

проходи́ть *uv.* 1. stattfinden; 2. verlaufen 3 Б (стр. 51)

прочита́ть/чита́ть lesen I, 2 В (стр. 37)

пруд Teich (стр. 169)

пря́мо geradeaus I

психоло́гия Psychologie I

путеше́ствовать *uv.* reisen 5 В (стр. 90)

пятёрка Fünf *(Zensur)* I

пятна́дцать fünfzehn I

пя́тница Freitag I

пя́тый, -ая, -ое; -ые der (die, das) fünfte I

пять fünf I

пятьдеся́т fünfzig I

Р

рабо́та Arbeit 4 В (стр. 72)

рабо́тать *uv.* arbeiten 2 (стр. 27)

ра́дио Radio, Rundfunk I

раз Mal, einmal 2 В (стр. 36)

разме́р Konfektionsgröße; Schuhgröße 2 А (стр. 28)

ра́зный, -ая, -ое; -ые verschieden, unterschiedlich 2 А (стр. 29)

ра́ньше früher 5 Б (стр. 86)

расписа́ние *n.* *hier:* Stundenplan I

расскажи́(те) *Imp.* erzähle (erzählen Sie; erzählt) 2 (стр. 27)

рассказа́ть/расска́зывать erzählen 2 В (стр. 37)

ра́туша Rathaus (стр. 170)

ребя́та *Pl.* 1. Kinder; 2. Leute *(Anrede unter Jugendlichen)* I

ре́гби *n.* Rugby I

реда́ктор Redakteur/in 3 В (стр. 56)

ре́дко selten 4 Б (стр. 69)

Ре́йнланд-Пфальц Rheinland-Pfalz I

река́ Fluss I

рели́гия Religion I

ресни́цы *Pl.* Wimpern (стр. 168)

рестора́н Restaurant I

рис Reis (стр. 167)

рисова́ть → нарисова́ть

роди́тели Eltern I

роди́ться *v.* geboren werden 1 А (стр. 10)

родно́й, -а́я, -о́е; -ы́е *hier:* Heimat-, heimisch I

Рождество́ Weihnachten (стр. 166)

рома́н Roman I

росси́йский, -ая, -ое; -ие russisch I

Росси́я Russland I

рот Mund (стр. 168)

руба́шка Hemd 2 А (стр. 28)

рубль *m.* Rubel 2 А (стр. 28)

рука́ 1. Arm 2 Б (стр. 34), 2. Hand 2 Б (стр. 34)

Румы́ния Rumänien (стр. 170)

ру́сский 1. Russe I 2. russisch I

ру́чка *hier:* Kugelschreiber I

ры́ба Fisch I

ры́жий, -ая, -ее; -ие rothaarig (стр. 168)

ря́дом nebenan, in nächster Nähe I

ря́дом с in der Nähe von, neben I

С

с 1. ab, von I; 2. mit I; 3. zu 1 А (стр. 10)

с головы́ до но́г vom Scheitel bis zur Sohle/ bis zu den Sohlen 2 Б (стр. 32)

С кем? Mit wem? I

С удово́льствием! Mit Vergnügen!, Gerne! 1 Б (стр. 17)

Са́ар Saarland I

сад Garten I

садо́вник Gärtner/in (стр. 169)

Саксо́ния Sachsen I

Саксо́ния-А́нгальт Sachsen-Anhalt I

сала́т Salat (стр. 166)

сам, сама́, само́; са́ми selbst, selber; allein 3 В (стр. 56)

самова́р Samowar I

санда́лии *Pl.* Sandalen (стр. 168)

са́нки *nur Pl.* Schlitten (стр. 170)

сапоги́ *Pl.* Stiefel (стр. 168)

свёкла rote Beete I

свети́ть *uv.* scheinen 5 А (стр. 82)

све́тлый, -ая, -ое; -ые hell 2 А (стр. 29)

свинья́ *f.* Schwein I

сви́тер Pullover, Sweatshirt 2 А (стр. 28)

свобо́дное вре́мя Freizeit I

сда́ча Wechselgeld 5 Б (стр. 88)

сде́лать/де́лать machen, tun I, 3 А (стр. 46)

се́вер Norden I

Се́верный Рейн-Вестфа́лия Nordrhein-Westfalen I

се́веро-восто́к Nordosten 4 В (стр. 72)

се́веро-восто́чный, -ая, -ое; -ые nordöstlich 4 В (стр. 72)

се́веро-за́пад Nordwesten 4 В (стр. 72)

се́веро-за́падный, -ая, -ое; -ые nordwestlich 4 В (стр. 72)

сего́дня heute I

сейча́с jetzt, gerade I

секрета́рь Sekretär/in (стр. 169)

семна́дцать siebzehn I

семь sieben I

се́мьдесят siebzig I

семья́ Familie I

сентя́брь *m.* September 1 А (стр. 11)

се́рый, -ая, -ое; -ые grau (стр. 168)

сестра́ Schwester I

сиде́ть *uv.* sitzen 3 В (стр. 56)

сиде́ть в интерне́те *uv.* im Internet surfen 3 В (стр. 56)

си́мвол Symbol 1 Б (стр. 16)

симпати́чный, -ая, -ое; -ые 1. attraktiv, hübsch 2 Б (стр. 32) 2. sympathisch, angenehm 2 Б (стр. 32)

синаго́га Synagoge (стр. 169)

си́ний, -яя, -ее; -ие blau 2 А (стр. 28)

скажи́(те) *Imp.* sage (sagen Sie, sagt) I

сказа́ть/говори́ть sagen, sprechen I, 2 В

Alphabetisches Wörterverzeichnis

скейтбо́рд Skateboard (стр. 170)
ски́дка Preisermäßigung, Rabatt 3 В (стр. 54)
ско́лько wie viel I
Ско́лько вре́мени? Wie spät ist es? I
Ско́лько сто́ит (сто́ят) …? Was/Wie viel kostet (kosten) …? 2 А (стр. 28)
Ско́лько тебе́ лет? Wie alt bist du? I
ско́ро bald I
скри́пка Geige I
ску́чно langweilig 5 В (стр. 90)
сле́ва links 4 Б (стр. 70)
сле́дующий, -ая, -ее; -ие folgender, nächster 5 Б (стр. 86)
сли́ва Pflaume I
Слова́кия Slowakei (стр. 170)
Слове́ния Slowenien (стр. 170)
сло́во Wort I
слу́жащий, -ая; -ие Angestellter/Angestellte (стр. 169)
слу́шать → послу́шать
слы́шать → услы́шать
смартфо́н Smartphone I
СМИ *Pl.* Massenmedien 3 В (стр. 56)
смотре́ть → посмотре́ть
смотре́ть телеви́зор fernsehen I
смочь/**мочь** können 5 В (стр. 90)
снача́ла zuerst 1 В (стр. 18)
СНГ GUS (стр. 170)
снег Schnee 5 А (стр. 82)
снег идёт es schneit 5 А (стр. 82)
сно́ва wieder, erneut 3 Б (стр. 50)
соба́ка Hund I
собо́р Dom, Kathedrale (стр. 169)
совреме́нный, -ая, -ое; -ые modern I
сок Saft (стр. 167)
со́лнечно sonnig 5 А (стр. 83)
со́лнце Sonne 1 Б (стр. 16)
со́рок vierzig I
соси́ски *Pl.* (Wiener) Würstchen I
социа́льный рабо́тник Sozialarbeiter/in, Sozialpädagoge/Sozialpädagogin (стр. 169)
спаге́тти Spaghetti I
спа́льня Schlafzimmer I
спа́ржа *nur Sg.* Spargel I
спаси́бо danke I
спекта́кль *m.* Theaterstück, Vorstellung 3 В (стр. 54)
спеть/**петь** singen 3 А (стр. 49)
специали́ст, IT-специали́ст Fachmann/Fachfrau, IT-Spezialist/in (стр. 169)
спина́ Rücken (стр. 168)
спорт Sport I
спортза́л Turnhalle I
спорти́вный костю́м Sportanzug (стр. 167)
спра́ва rechts 4 Б (стр. 70)
среда́ Mittwoch I
сре́дний, -яя, -ее; -ие *hier:* Mittel- I
стадио́н Stadion I
станцева́ть/**танцева́ть** tanzen I
ста́нция Station I
ста́рый, -ая, -ое; -ые alt I
стать werden 2 В (стр. 36)
сте́нка Schrankwand I
стира́лка Waschmaschine I
стира́льная маши́на Waschmaschine I
стих Gedicht, Vers 3 Б (стр. 50)
сто hundert I
стол Tisch I
столи́ца Hauptstadt I
столо́вая *f.* Speisesaal I
стомато́лог Zahnarzt/Zahnärztin (стр. 169)
страна́ Land 4 В (стр. 72)
стро́йный, -ая, -ое; -ые schlank 2 Б (стр. 32)
стул Stuhl I
суббо́та Samstag, Sonnabend I
сувени́р Souvenir 3 Б (стр. 51)
суме́ть/**уме́ть** können (*eine Fähigkeit besitzen*) 5 В (стр. 90)
су́мка Tasche, Handtasche I
суп Suppe I
суфле́ Soufflé (стр. 167)
су́ши *n.* Sushi (стр. 166)
сфотографи́ровать/фотографи́ровать fotografieren I
сча́стье Glück 1 А (стр. 13)
счита́ть *uv.* denken, meinen 5 В (стр. 90)
сыгра́ть/игра́ть spielen 2 В (стр. 36)
сыр Käse I
сэ́ндвич Sandwich (стр. 166)

Т

Таджикиста́н Tadschikistan (стр. 170)
так so 1 Б (стр. 16)
тако́й, -а́я, -о́е; -и́е 1. das ist (eigentlich) I 2. solcher, solch ein, so ein 2 В (стр. 36)
такси́ *n.* Taxi I
там da, dort I
та́нец Tanz 1 Б (стр. 14)
танцева́ть → станцева́ть
та́пки *Pl.* Hausschuhe (стр. 168)
та́почки *Pl.* Hausschuhe (стр. 168)
таре́лка Teller 4 В (стр. 74)
твой, твоя́, твоё; твои́ dein, deine, dein; deine I
теа́тр 1. Theater I 2. Theater, darstellendes Spiel I
телеви́зор Fernseher I
телефо́н Telefon I
тёмный, -ая, -ое; -ые dunkel 2 А (стр. 29)
температу́ра Temperatur, Fieber 2 Б (стр. 34)
те́ннис Tennis, Tennisspiel I
тепе́рь jetzt, nun I
тёплый, -ая, -ое; -ые warm 5 А (стр. 82)
терра́са Terasse I
тетра́дь *f.* Heft I
тётя Tante 2 А (стр. 28)
Ти́хо! *hier:* Sei(d) ruhig/still/leise! I
то́же auch I
то́лько nur I
топ Top 2 А (стр. 29)
торго́вый центр Einkaufszentrum (стр. 169)
торт Torte (стр. 167)
то́чно genau, richtig 2 Б (стр. 32)
трамва́й *m.* Straßenbahn I
тра́нспорт Verkehrsmittel I
тренирова́ться *uv.* trainieren, üben 2 В (стр. 36)
тре́тий, -ья, -ье; -ьи der (die, das; die) dritte(n) I
три drei I
три́дцать dreißig I
трина́дцать dreizehn I
тро́йка Drei, *(Zensur)* I
тролле́йбус Trolleybus I
труба́ Trompete I
труд Arbeitslehre, Werken I
тру́дный, -ая, -ое; -ые schwierig 4 Б (стр. 68)
туале́т Toilette I
туда́ dorthin I
турба́за Feriendorf, Jugendherberge 5 Б (стр. 89)
Туркме́ния Turkmenien (стр. 170)
тут da, hier I
ту́фли *Pl.* Pumps, Halbschuhe (стр. 168)
ты du I
ты́ква Kürbis I
ты́сяча Tausend 1 А (стр. 12)
Тюри́нгия Thüringen I

У

у 1. bei I 2. an, neben 1 А (стр. 10)
убра́ть/убира́ть aufräumen 5 В (стр. 91)
увидеть/**ви́деть** 1. sehen; 2. einsehen 4 А (стр. 64)
уда́ча Erfolg, Glück 1 А (стр. 13)
уже́ schon I
у́жинать → поу́жинать
Узбекиста́н Usbekistan (стр. 170)
узна́ть/**узнава́ть** erfahren 3 В (стр. 56)
Украи́на Ukraine (стр. 170)
у́лица Straße I
умере́ть *v.* sterben 3 (стр. 44)
уме́ть → суме́ть
универма́г Kaufhaus I
университе́т Universität 4 А (стр. 65)
уро́к Unterrichtsstunde I
уро́ки *Pl.* Hausaufgaben 1 А (стр. 10)
услы́шать/**слы́шать** hören 5 А (стр. 82)
успе́х Erfolg 1 А (стр. 10)
у́тром am Morgen, morgens I
у́хо Ohr (стр. 168)
учёба *nur Sg.* 1. Lernen; 2. Lehre, Studium 1 А (стр. 10)
уче́бник Lehrbuch I
учени́к Schüler I
учени́ца Schülerin I
учи́тель *m.* Lehrer I

C

Алфави́тный слова́рь

учи́тельница Lehrerin I
учи́ть → вы́учить
учи́ться *uv.* 1. lernen I 2. studieren, eine Ausbildung machen I
ую́тный, -ая, -ое; -ые gemütlich, wohnlich I

Ф

фами́лия Familienname, Nachname I
фасо́ль *f. nur Sg.* Bohnen I
февра́ль *m.* Februar 1 A (стр. 11)
федера́льные зе́мли *Pl.* Bundesländer I
фестива́ль *m.* Festival, Festspiele 3 B (стр. 54)
фи́зика Physik I
физкульту́ра *hier:* Sport(unterricht) I
филосо́фия Philosophie I
фильм Film 1 A (стр. 10)
Финля́ндия Finnland (стр. 170)
фиоле́товый, -ая, -ое; -ые violett, lila (стр. 168)
фле́йта Flöte I
флома́стер Filzstift I
фонта́н Fontäne, Springbrunnen 3 Б (стр. 52)
фо́тка *ugs.* Foto, Bild 5 A (стр. 82)
фотогра́фия Foto, Bild 5 A (стр. 82)
фотографи́ровать → сфотографи́ровать
Фра́нция Frankreich (стр. 170)
францу́зский, -ая, -ое; ие französisch I
фру́кты *Pl.* Obst I
футбо́л Fußball *(Spiel)* I
футболи́ст Fußballspieler 2 B (стр. 36)
футбо́лка T-Shirt 2 A (стр. 29)

Х

хи́мик Chemiker/in (стр. 169)
хи́мия Chemie I
хлеб Brot I
хо́бби *n.* Hobby I
ходи́ть в кино́ ins Kino gehen I
ходи́ть *(uv.)* gehen 4 Б (стр. 68)
хокке́й *m.* Eishockey I
холоди́льник Kühlschrank I
хо́лодно kalt 5 A (стр. 82)
хомя́к Hamster I
Хорва́тия Kroatien (стр. 170)
хоро́ший, -ая, -ее; -ие gut I
хорошо́ gut I
хоте́ть *uv.* wollen, mögen, wünschen 1 B (стр. 21)
храм Kathedrale, Dom (стр. 169)
худо́жник Künstler *(Maler)* 3 Б (стр. 51)

Ц

царь *m.* Zar 3 A (стр. 46)
цвет Farbe 2 A (стр. 28)
цвета́ *Pl.* Farben (стр. 168)
цветно́й, -а́я, -о́е; -ы́е bunt(farbig) (стр. 168)
цветы́ *Pl.* Blumen 1 Б (стр. 16)
целова́ть *uv.* küssen 5 A (стр. 82)
це́лый, -ая, -ое; -ые ganz 3 B (стр. 54)
центра́льный, -ая, -ое; -ые Mittel-, zentral, Zentral- 4 B (стр. 72)
це́рковь *f.* Kirche 4 Б (стр. 70)

Ч

чай *m.* Tee I
час 1. Stunde I; 2. Uhr(zeit) I
ча́сти те́ла *Pl.* Körperteile (стр. 168)
ча́сто oft I
часть *f.* Teil 4 A (стр. 67)
часы́ *nur Pl.* Uhr 4 Б (стр. 68)
ча́титься *uv.* chatten (стр. 170)
челове́к Mensch 2 B (стр. 36)
чем *hier:* wofür I
Чем вам помо́чь? Was kann ich für Sie (euch) tun? 2 A (стр. 28)
черепа́ха Schildkröte I
чёрный, -ая, -ое; -ые schwarz 2 A (стр. 28)
чесно́к Knoblauch I
четве́рг Donnerstag I
четвёрка Vier *(Zensur)* I
четвёртый, -ая, -ое; -ые der (die, das; die) vierte(n) I
четы́ре vier I
четы́рнадцать vierzehn I
Че́хия Tschechien (стр. 170)
число́ Datum 1 A (стр. 12)
чита́ть → прочита́ть
что 1. was I; 2. dass
Что с тобо́й? Was hast du? Was fehlt dir? 2 Б (стр. 34)

Ш

ша́пка Strickmütze, Pelzmütze (стр. 167)
шарф Schal 2 A (стр. 29)
ша́хматы *nur Pl.* Schach I
шашлы́к Schaschlik (стр. 166)
Шве́ция Schweden (стр. 170)
шестёрка Sechs *(Zensur)* I
шестна́дцать sechzehn I
шесть sechs I
шестьдеся́т sechzig I
шкаф Schrank I
шко́ла Schule I
Шле́звиг-Гольште́йн Schleswig-Holstein I
шлёпки *Pl.* Flip-Flops (стр. 168)
шни́цель *m.* Schnitzel (стр. 166)
шокола́д Schokolade I
шо́рты *nur Pl.* kurze Hose, Shorts (стр. 167)
шпина́т *nur Sg.* Spinat I

Э

экономи́ст Wirtschaftswissenschaftler/in, Betriebswirt/in (стр. 169)
экску́рсия Ausflug, Exkursion 3 Б (стр. 51)
электри́чка (городска́я) S-Bahn, Vorortbahn 5 Б (стр. 86)
электро́нный, -ая, -ое; -ые elektronisch 3 B (стр. 56)
Эсто́ния Estland (стр. 170)
эсэмэ́ска *ugs.* SMS 5 A (стр. 84)
эта́ж Etage I
э́тика Ethik I
э́то das ist; sind I
э́тот, э́та, э́то; э́ти dieser, diese, dieses; diese 2 A (стр. 28)
эх ach, oje 5 A (стр. 84)

Ю

ю́бка Rock 2 A (стр. 29)
юг Süden I
ю́го-восто́к Südosten 4 B (стр. 72)
ю́го-восто́чный, -ая, -ое; -ые südöstlich 4 B (стр. 72)
ю́го-за́пад Südwesten 4 B (стр. 72)
ю́го-за́падный, -ая, -ое; -ые südwestlich 4 B (стр. 72)
ю́ность *f.* Jugend, Jugendalter 3 A (стр. 46)
юри́ст Jurist/in (стр. 169)

Я

я ich I
я хоте́л/а бы ich würde gerne 2 A (стр. 28)
я́блоко Apfel I
язы́к *hier:* Sprache I
янва́рь *m.* Januar 1 A (стр. 11)
я́сно klar; Es ist klar. I

Alphabetisches Wörterverzeichnis

Deutsch–Russisch

A

ab **с** I
Abend **вечер** I
Abend: (zu) Abend essen **поужинать/ужинать** I
abends **вечером** I
aber 1. **а** I; 2. **же** 4Б; 3. **но** I
abfahren **отправиться/отправляться** 5Б
abschließen **окончить/оканчивать** 3А
absolvieren **окончить/оканчивать** 3А
ach **эх** 5А
ach je **ой** I
acht **восемь** I
Achtung **внимание** *n.* 3В
achtzehn **восемнадцать** I
achtzig **восемьдесят** I
Adresse **адрес** I
Akkordeon аккордеон I
Aktionsangebot **акция** 1В
aktuell **актуальный**, -ая, -ое; -ые 3В
allein **сам**, сама, само; сами 3В
alles **всё** 2В
alles Gute **всего хорошего** 1А
alt **старый**, -ая, -ое; -ые I Wie alt bist du? **Сколько тебе лет?** I
am *(Wochentag)* **в** I
am Abend **вечером** I
am Morgen **утром** I
am Tage **днём** I
an 1. **в** 2В; 2. **к** 1Б; 3. **над** 4В; 4. **у** 1А
Ananas ананас I
anderer **другой**, -ая, -ое; -ие 3Б
ändern **поменять/менять** 3Б
anfangen 1. **начать/начинать** 2В; 2. **начаться/начинаться** 2В
angenehm 1. **приятно** I; 2. **симпатичный**, -ая, -ое; -ые 2Б
angesagt (sein) **в моде** 2А
Angestellter/Angestellte **служащий**, -ая; -ие
anhaben: jmd. hat etwas an **на** 2Б
anhören: sich anhören **послушать/слушать** 2В
ankommen 1. **доехать (до)** I; 2. прибыть/**прибывать** 5Б
anrufen **позвонить/звонить** 5В
anschauen **посмотреть/смотреть** I, 2В
ansehen **посмотреть/смотреть** I, 2В
anziehen **надеть/надевать** 2А, 2В
Anzug костюм 2А
Apfel яблоко I
Apfelsine апельсин I
Apotheke **аптека** I
Aprikose абрикос I
April **апрель** *m.* 1А
Aquapark аквапарк
Arbeit **работа** 4В
arbeiten **работать** *(uv.)* 2
arbeitsfrei **выходной**, -ая, -ое; -ые 5Б
Arbeitslehre труд I
Arm **рука** 2Б
Armenien Армения
Arznei **лекарство** 2Б
Arzt/Ärztin **врач** 2Б
Aserbaidschan Азербайджан
Astronomie астрономия I
attraktiv **симпатичный**, -ая, -ое; -ые 2Б
auch **тоже** I
auf **на** I
auf Russisch **по-русски** I
Auf Wiedersehen! **До свидания!** I
aufbauen 1. **основать** *(v.)* 3А; 2. **построить**/строить 3А
aufeinander **друг на друга** 4Б
aufmachen **открыть** *(v.)* 3А
Aufmerksamkeit **внимание** *n.* 3В
aufräumen **убрать/убирать** 5В
Auge **глаз** 2Б
Augenbrauen брови *Pl.*
August **август** 1А
Aula **актовый зал** I
aus **из** I
Ausbildung: eine Ausbildung machen **учиться** *(uv.)* I
Ausflug **экскурсия** 3Б
ausgezeichnet 1. **отличный**, -ая, -ое; -ые I; 2. **прекрасный**, -ая, -ое; -ые 4А
ausruhen **отдохнуть/отдыхать** 5А
aussehen **выглядеть** *(uv.)* 2Б
außer **кроме** 3Б
außerdem **ещё** I
ausspannen **отдохнуть/отдыхать** 5А
Ausstellung **выставка** 1Б
auswählen **выбрать**/выбирать 1В
Auto машина I
Autobus **автобус** I

B

Backofen духовка I
Bad **ванная** *f.* I
baden **купаться** *(uv.)* 5А
Baden-Württemberg Баден-Вюртемберг I
Badezimmer **ванная** *f.* I
Badminton бадминтон I
Baguette багет I
Bahn **поезд** 5Б
Bahnhof **вокзал** 3Б
bald **скоро** I
Ball **мяч** 1В
Ballerinas балетки *Pl.*
Banane банан I
Basecap бейсболка
Basketball баскетбол I
Bauch живот
bauen **построить**/строить 3А
Bayern Бавария I
beabsichtigt **задуман**, задумана, задумано; задуманы 3Б
Beamer **проектор** I
bedeuten **означать** *(uv.)* 3Б
beenden **окончить**/оканчивать 3А
beginnen 1. **начать/начинать** 2В; 2. **начаться/начинаться** 2В
bei 1. **в** 1А; 2. **у** I
Beilage гарнир
Bein **нога** 2Б
beinahe **почти** 2В
bekannt **известный**, -ая, -ое; -ые 3А
bekannt machen **познакомить**/знакомить 2Б
bekommen **получить/получать** 2А, 2В
belegtes Brot oder Brötchen бутерброд
beliebt **любимый**, -ая, -ое; -ые I
benennen **назвать**/называть 3А
Berlin Берлин I
Beruf **профессия** 2
beschäftigen: sich mit etwas beschäftigen **заниматься** *(uv.)* I
bestellen **заказать/заказывать** 3Б
Besuch **гость** *m.* 3А
besuchen 1. **идти в гости** 1Б; 2. **посетить/посещать** 2В
Betriebswirt/in экономист
Bett **кровать** *f.* I
bevorzugen **предпочитать** *(uv.)* 3В
bewölkt **облачный**, -ая, -ое; -ые 5А
Bezeichnung **название** *n.* 3Б
Bibliothek **библиотека** I
Bild 1. **картина** I; 2. **фотка** *(ugs.)* **фотография** 5А
Bildende Kunst **ИЗО** I
Bildergalerie картинная галерея
billiger **подешевле** 4В
Biologe/Biologin биолог
Biologie **биология** I
Birne груша I
bis **до** I
Bis bald! **До встречи!** 1А
Bis bald/später! **пока** I
bitte **пожалуйста** I
blau **синий**, -яя, -ее; -ие 2А
Bleistift **карандаш** I
blonder Junge/Mann **блондин** 2Б
Blondine **блондинка** 2Б
Blumen **цветы** *Pl.* 1Б
Bluse **блузка** 2А
Bohnen фасоль *f. nur Sg.* I
Bonbons конфеты *Pl.*
Boot **лодка** 5А
Borschtsch борщ I
Botanischer Garten ботанический сад
Brandenburg Бранденбург I
braun карий, -яя, -ее; -ие; коричневый, -ая, -ое; -ые
Bremen Бремен I
Brief **письмо** I
Brokkoli брокколи *f.* I
Brot **хлеб** I
Brötchen булочка I
Brücke мост
Bruder **брат** I
Buch **книга** I
buchen **забронировать**/бронировать 5Б

C

Алфави́тный слова́рь

Buchweizen гре́чка *nur Sg.*
Bulgarien Болга́рия
Bundesland земля́ I
bunt(farbig) цветно́й, -а́я, -о́е; -ы́е
Burger га́мбургер
Bus авто́бус I
Butterwoche Ма́сленица
Boulette котле́та

C

Café кафе́ I
chatten ча́титься
Chemie хи́мия I
Chemiker/in хи́мик
chinesisch кита́йский, -ая, -ое; -ие I
Chucks ке́ды *Pl.*
Cocktail кокте́йль *m.*
Cola ко́ла I
Computer компью́тер I
Couch дива́н I

D

da 1. здесь I; 2. там I; 3. тут I
da (ist, sind) вот I
daheim до́ма I
danach пото́м I
Dänemark Да́ния
danke спаси́бо I
darstellendes Spiel теа́тр I
darum поэ́тому 3Б
das ist; sind э́то I
das ganze Jahr кру́глый год 1
das ist (eigentlich) тако́й, -а́я, -о́е; -и́е I
dass что *Konj.* 5А
Datum число́ 1А
dein, deine, dein; deine твой, твоя́, твоё; твои́ I
denken 1. поду́мать/ду́мать 1В, 5Б 2. счита́ть *(uv.)* 5В
Denkmal па́мятник 3А
denn 1. же 4Б; 2. потому́ что 5Б
der (die, das) dritte тре́тий, -ья, -ье; -ьи I
der (die, das) erste пе́рвый, -ая, -ое; -ые I
der (die, das) fünfte пя́тый, -ая, -ое; -ые I
der (die, das) vierte четвёртый, -ая, -ое; -ые I
der (die, das) zweite второ́й, -а́я, -о́е; -ы́е I
der, die , das кото́рый, -ая, -ое; -ые 3В
deshalb поэ́тому 3Б
Dessert десе́рт
deswegen поэ́тому 3Б
deutsch, auf Deutsch по-неме́цки 4А
deutsch неме́цкий, -ая, -ое; -ие I
Deutsche не́мка 4А
Deutscher не́мец 4А
Deutschland Герма́ния I
Dezember дека́брь *m.* 1А
dich тебя́ 1А
Dienstag вто́рник I
dieser, diese, dieses; diese э́тот, э́та, э́то; э́ти 2А
doch же 1А
Dom собор, храм
Donnerstag четве́рг I
Doppel- двухме́стный 5Б
Dorf дере́вня I
dort там I
dorthin туда́ I
draußen на у́лице I
drei три I
Drei *(Zensur)* тро́йка I
dreißig три́дцать I
dreizehn трина́дцать I
Druck-, gedruckt печа́тный, -ая, -ое; -ые 3В
du ты I
dunkel тёмный, -ая, -ое; -ые 2А
durch по 3Б
Dusche душ 5Б

E

Eierkuchen блины́ *Pl.* 1Б
Einbett- одноме́стный, -ая, -ое; -ые 5Б
einige не́который, -ая, -ое; -ые 4В; не́сколько 4А
Einkaufszentrum торго́вый центр
einladen пригласи́ть/приглаша́ть 1А, 2Б Du bist (Sie sind; Ihr seid) herzlich eingeladen! Приходи́(те)! 1Б
Einladung приглаше́ние *n.* 1Б
einmal раз 2В
einprägen: sich einprägen вы́учить/учи́ть I
eins оди́н I
Eins *(Zensur)* едини́ца I
einsehen уви́деть/ви́деть 4А
eintreffen прибы́ть/прибыва́ть 5Б
Eintrittskarte биле́т 3Б
einverstanden ла́дно 4В
Einzel- одноме́стный, -ая, -ое; -ые 5Б
Eis моро́женое *n.*
Eishockey хокке́й *m.* I
elektronisch электро́нный, -ая, -ое; -ые 3В
elf оди́ннадцать I
Eltern роди́тели I
Ende коне́ц 4Б
enden ко́нчиться/конча́ться I
englisch англи́йский, -ая, -ое; -ие I
Entschuldigung! Entschuldige! (Entschuldigen Sie! Entschuldigt!) извини́(те) I
er он I
er/sie/es befindet sich, liegt нахо́дится I
erbaut постро́ен, постро́ена, постро́ено; постро́ены 3Б
Erbsen горо́х *nur Sg.* I
Erdbeeren клубни́ка *nur Sg.* I
erfahren узна́ть/узнава́ть 3В
Erfolg 1. уда́ча 1А; 2. успе́х 1А
erhalten получи́ть/получа́ть 2А
erholen: sich erholen отдохну́ть/отдыха́ть 5А
erneut сно́ва 3Б
eröffnen откры́ть/открыва́ть 3А
erreichen: etw. erreichen дое́хать (до) I; etw. erreichen zu Fuß дойти́ (до) I
errichten постро́ить/стро́ить 3А
errichtet постро́ен, постро́ена, постро́ено; постро́ены 3Б
erwarten ждать *(uv.)* 4Б
erzähle (erzählen Sie; erzählt) расскажи́(те) *Imp.* 2
erzählen рассказа́ть/расска́зывать 2В
es оно́ I
es gibt есть I
es regnet дождь идёт 5А
es schneit снег идёт I
essen есть *(uv.)* 1В
Estland Эсто́ния
Etage эта́ж I
Ethik э́тика I
euer, eure, euer; eure ваш, ва́ша, ва́ше; ва́ши I
Europa Евро́па 3А
europäisch европе́йский, -ая, -ое; -ие 3Б
Europäische Union Европе́йский союз
Exkursion экску́рсия 3Б

F

Fachmann/Fachfrau специали́ст, IT-специали́ст
fahren 1. е́здить *(uv.)* 4Б; 2. е́хать *(uv.)* 4Б; 3. ката́ться *(uv.)* 5А; 4. пое́хать *(v.)* 5Б bis zu etw. fahren дое́хать (до) I
Fahrkarte биле́т 3Б
Fahrrad велосипе́д 5А
Fahrschein биле́т 3Б
falsch непра́вильно I
Familie семья́ I
Familienname фами́лия I
Farbe цвет 2А
Farben цвета́ *Pl.*
fast почти́ 2В
Februar февра́ль *m.* 1А
feiern отпра́здновать/пра́здновать 1А
Feiertag пра́здник 1А
Fenster окно́ I
Ferien кани́кулы *nur Pl.* I
Feriendorf турба́за 5Б
fern далеко́ I
fernsehen смотре́ть телеви́зор I
Fernseher телеви́зор I
Fest пра́здник 1А
Festival фестива́ль *m.* 3В
Festspiele фестива́ль *m.* 3В
Festung кре́пость *f.* 3А
Fieber температу́ра 2Б
Film 1. кино́ I; 2. фильм 1А
Filzstiefel ва́ленки *Pl.*
Filzstift флома́стер I
Finger па́лец

Alphabetisches Wörterverzeichnis

Finnland Финля́ндия
Fisch ры́ба I
Fleisch мя́со
Flip-Flops шлёпки *Pl.*
Flöte фле́йта I
Flur коридо́р I
Fluss река́ I
folgender сле́дующий, -ая, -ее; -ие 5Б
Fontäne фонта́н 3Б
Foto фо́тка *(ugs.)*, фотогра́фия 5А
fotografieren сфотографи́ровать/фотографи́ровать I
Frage вопро́с 1Б
Frankreich Фра́нция
französisch францу́зский, -ая, -ое; ие I
frei 1. беспла́тно 3В; 2. выходно́й, -а́я, -о́е; -ы́е 5Б
Freitag пя́тница I
Freizeit свобо́дное вре́мя I
Fremdenführer гид 4А
Freund друг I
Freunde друзья́ *Pl.* I
Freundin подру́га I
Frikadelle котле́та
Friseur/Friseurin парикма́хер
fröhlich 1. ве́село 1Б; 2. весёлый, -ая, -ое; -ые 1А
früher ра́ньше 5Б
Frühling весна́ 1А
frühstücken поза́втракать/за́втракать I
fünf пять I
Fünf *(Zensur)* пятёрка I
fünfzehn пятна́дцать I
fünfzig пятьдеся́т I
für 1. для 1Б; 2. за 1Б
Fuß нога́ 2Б
Fußball *(Spiel)* футбо́л I
Fußballspieler футболи́ст 2В

G

Galerie галере́я 1Б
ganz це́лый, -ая, -ое; -ые 3В
ganz gut ничего́ I
Garten сад I
Gärtner/in садо́вник
Gast гость *m.* 3А
Gebäck пече́нье *n.*
gebaut постро́ен, постро́ена, постро́ено; постро́ены 3Б
geben дать/дава́ть 3Б
geboren werden роди́ться *(v.)* 1А
Geburtstag день рожде́ния 1А
Gedicht стих 3Б
gedruckt печа́тный, -ая, -ое; -ые 3В
gefallen понра́виться/нра́виться 1Б, 5В
gegenüber von напро́тив I
gegründet осно́ван, осно́вана, осно́вано; осно́ваны 3Б
gehe (gehen Sie, geht) иди́(те) *Imp.* I
gehen 1. идти́ *(uv.)* 1Б; 2. ходи́ть *(uv.)* 4Б
Wie geht es? Как дела́? I
es geht ничего́ I
Geige скри́пка I
gelangen 1. дое́хать (до) I;
2. дойти́ (до) I
gelb жёлтый, -ая, -ое; -ые 2Б
Gemälde карти́на I
Gemäldegalerie карти́нная галере́я
gemeinsam вме́сте I
Gemeinschafts- о́бщий, -ая, -ее; -ие 5Б
Gemüse о́вощи *Pl.* I
gemütlich ую́тный, -ая, -ое; -ые I
genannt на́зван, на́звана, на́звано; на́званы 3Б
genau 1. пра́вильно I; 2. то́чно 2Б
Geografie геогра́фия I
gerade сейча́с I
geradeaus пря́мо I
Gerne! С удово́льствием! 1Б
Geschäft магази́н 2А
Geschenk пода́рок 1Б
Geschichte исто́рия I
Geschirrspüler посудомо́ечная маши́на I, посудомо́йка I
Gesellschaftskunde обществозна́ние I
Gesicht лицо́
gestern вчера́ I
gestreift в поло́ску
Gesundheit здоро́вье *n.* 1А
Getränke напи́тки *Pl.*
gewählt вы́бран, вы́брана, вы́брано; вы́браны 3Б
gewisser: ein gewisser не́который, -ая, -ое; -ые 4В
gewöhnlich обы́чно I
Gib mir … Дай мне … I
Gitarre гита́ра I
Glück 1. сча́стье *n.* 1А; 2. уда́ча 1А
Gold-, golden золото́й, -а́я, -о́е; -ы́е 5Б
Grad гра́дус 5А
gratis беспла́тно 3В
gratulieren поздра́вить/поздравля́ть 1А, 3А
grau се́рый, -ая, -ое; -ые
Grenze грани́ца 4В
grenzen грани́чить *(uv.)* 4В
Griechenland Гре́ция
groß большо́й, -а́я, -о́е; -и́е I
Großbritannien Великобрита́ния
Großmutter ба́бушка I
Großvater де́душка *m.* I
grün зелёный, -ая, -ое; -ые 2А
Grund- нача́льный, -ая, -ое; -ые I
gründen основа́ть *(v.)* 3А
Grüß dich! Приве́т! I
Guide гид 4А
Gurke огуре́ц I
GUS СНГ
gut 1. хоро́ший, -ая, -ее; -ие I;
2. хорошо́ I
ganz gut 1. ничего́ I;
2. ла́дно 4В
Guten Appetit! Прия́тного аппети́та! 1В
Guten Tag! Здра́вствуйте! I
Gymnasium гимна́зия I

H

Haare во́лосы *Pl.* 2Б
haben: du hast etw. oder jmdn. у тебя́ есть *mit Nom.* I er hat у него́ есть *mit Nom.* I
Hafenstadt го́род-порт 3Б
Hähnchen ку́рица I
Halbschuhe ту́фли *Pl.*
Hallo! Приве́т! I
Hallo! *(nur beim Telefonieren)* Алло́! I
Hals го́рло
Halstuch плато́к
Hamburg Га́мбург I
Hamburger га́мбургер
Hamster хомя́к I
Hand рука́ 2Б
Handball гандбо́л I
Handtasche су́мка I
Haupt- основно́й, -а́я, -о́е; -ы́е I
Hauptspeise горя́чее блю́до
Hauptstadt столи́ца I
Haus дом I
Hausaufgaben уро́ки *Pl.* 1А
Hauseingang подъе́зд I
Hausfrau домохозя́йка 2В
Hausschuhe та́пки, та́почки *Pl.*
Hauswirtschaft домово́дство I
Heft тетра́дь *f.* I
heimisch, Heimat- родно́й, -а́я, -о́е; -ы́е I
heiß жа́рко 5А
heißen 1. звать *(uv.)* 3А;
2. называ́ться *(uv.)* 3
helfen помо́чь/помога́ть 2А, 2В
hell све́тлый, -ая, -ое; -ые 2А
hellblau голубо́й, -а́я, -о́е; -ы́е 2Б
Hemd руба́шка 2А
Herbst о́сень *f.* 1А
Herd плита́ I
herrlich прекра́сный, -ая, -ое; -ые 4А
Hessen Ге́ссен I
heute сего́дня I
hier здесь, тут I
hier (ist, sind) вот I
Hi-Fi-Anlage музыка́льный центр I
hilf (helfen Sie, helft) помоги́(те) I
Himbeere(n) мали́на I
himmelblau голубо́й, -а́я, -о́е; -ы́е 2Б
hin und her по 3Б
hinfahren пое́хать *(v.)* 5Б
historisch истори́ческий, -ая, -ое; -ие 3Б
Hobby хо́бби *n.* I
hoch высо́кий, -ая, -ое; -ие 2Б
hören 1. послу́шать/слу́шать I, 2В;
2. услы́шать/слы́шать 5А
Hose брю́ки *nur Pl.* 2А
Hotel гости́ница 5Б
Hotelzimmer но́мер 5Б
hübsch симпати́чный, -ая, -ое; -ые 2Б
Huhn ку́рица I

C

Алфави́тный слова́рь

Hund **соба́ка** I
hundert **сто** I
Husten **ка́шель** *m.* 2Б

I

ich **я** I
ich würde gerne **я хоте́л/а бы** 2А
Idol **куми́р** 2В
ihr Pl. **вы** I
ihr(e) *(zu она́)* **её** I; *(zu они́)* **их** I
Ihr, Ihre, Ihr; Ihre **ваш**, ва́ша, ва́ше; ва́ши I
im **на** I
im *(Ort)* **в** I
im Alter von … (Jahren) **в … (год, го́да, лет)** 2В
im Frühling **весно́й** 1А
im Herbst **о́сенью** 1А
im Sommer **ле́том** 1А
im Winter **зимо́й** 1А
immer **всегда́** I
in 1. **в** 2В; 2. **на** I
in (sein) 1. **в мо́де** 2А; 2. **мо́дно** 2А
in *(Unterrichtsfach)* **по** I
in der Nähe **недалеко́** I
in der Nähe von 1. **ря́дом с**; 2. **недалеко́ от** I
in nächster Nähe **ря́дом** I
Informatik **информа́тика** I
ins Kino gehen **ходи́ть в кино́** I
interessant: (Es ist) interessant(.) 1. **интере́сно** I 2. **интере́сный**, -ая, -ое; -ые I
interessieren **интересова́ть** *(uv.)* 1В sich interessieren für **интересова́ться** *(uv.)* I
Internationaler Frauentag Междунаро́дный же́нский день
Irland Ирла́ндия
Italien Ита́лия
italienisch италья́нский, -ая, -ое; -ие I
IT-Spezialist/in специали́ст, IT-специали́ст

J

ja **да** I
Jacke ку́ртка
Jahr **год** I
Jahre **лет** *Pl.* I
Jahreszeit **вре́мя го́да** 1А
Januar **янва́рь** *m.* 1А
Jeans **джи́нсы** *nur Pl.* 2А
jeder, jede, jedes; jede **ка́ждый**, -ая, -ое; -ые 2А
jedoch **но** I
jetzt 1. **сейча́с** I; 2. **тепе́рь** I
joggen бе́гать *(uv.)*
Journalist/in журнали́ст/ка
Jugend 1. **молодёжь** *f.* 3В; 2. **ю́ность** *f.* 3А
Jugend-, jugendlich **молодёжный**, -ая, -ое; -ые 3В
Jugendalter **ю́ность** *f.* 3А
Jugendherberge **турба́за** 5Б
jugendlich **молодёжный**, -ая, -ое; -ые 3В
Jugendliche **молодёжь** *f.* 3В
Juli **ию́ль** *m.* 1А
jung **молодо́й**, -а́я, -о́е; -ы́е 2В
Junge **ма́льчик** 2А
Juni **ию́нь** *m.* 1А
Jurist/in юри́ст

K

Kaffee ко́фе *m.* I
Kajak **байда́рка** 5В
Kakao **кака́о** I
kalt **хо́лодно** 5А
Kanarienvogel канаре́йка I
Kaninchen кро́лик I
Kappe бейсбо́лка
kariert в клётку
Karotte морко́вка, морко́вь *f.* I
Kartoffel карто́фель *m.*, карто́шка I
Kartoffelbrei карто́фельное пюре́
Kartoffelpüree карто́фельное пюре́
Kasachstan Казахста́н
Kascha *(Buchweizengrütze)* ка́ша (гре́чневая) I
Käse **сыр** I
kastanienbraun **кашта́новый**, -ая, -ое; -ые 2Б
Kater **кот** I
Kathedrale храм, собо́р
Katze **ко́шка** I
kaufen 1. **взять**/брать 2А; 2. **купи́ть/покупа́ть** 2, 2В
Kaufhaus универма́г I
Kefir кефи́р
Kehle го́рло
kein: es gibt kein(en) **нет** I
Keine Ursache! Nichts zu danken! **Не́ за что!** I
Kekse пече́нье *n.*
kennen **знать** *(uv.)* I
kennenlernen **познако́миться**/ знако́миться 4А
Keyboard ки́борд I
Kinder **ребя́та** *Pl.* I
Kinderzimmer **де́тская** *f.* I
Kino **кино́** I
Kirche **це́рковь** *f.* 4Б
Kirgisien Кирги́зия
Kirschen ви́шня I
Kiwi ки́ви *m. u. n.* I
klar: Es ist klar. **я́сно** I **поня́тно** 4В
Klarinette кларне́т I
Klasse **класс** I
Klasse! **Здо́рово!** I
Klassenkamerad **одноклáссник** 2Б
Klassenkameradin **однокла́ссница** 2Б
Klassenraum **класс** I
Kleid **пла́тье** *n.* 2А
Kleidung **оде́жда** 2
klein **ма́ленький**, -ая, -ое; -ие I
Kleinbus маршру́тка I
Kloster монасты́рь *m.*
Knie коле́но
Knoblauch чесно́к I
Koch/Köchin по́вар
Kohl капу́ста I
Kolonne коло́нна
kommunizieren **обща́ться** *(uv.)* 3В
Kompott компо́т I
Konfekt конфе́ты *Pl.*
Konfektionsgröße **разме́р** 2А
können 1. смочь/**мочь**; 2. суме́ть/ **уме́ть** 5В
Kontakt **конта́кт** I
Konzert **конце́рт** I
Kopf **голова́** 2Б
Kopftuch плато́к
Körperteile ча́сти те́ла *Pl.*
korrekt **пра́вильно** I
Kosmetiker/Kosmetikerin космето́лог
kosten: wie viel kostet 1. **ско́лько сто́ит** 2А, 2. **почём** *ugs.* 4В
köstlich **вку́сно** 1В
Krawatte га́лстук
Kroatien Хорва́тия
Küche **ку́хня** I
Kugelschreiber **ру́чка** I
Kuh коро́ва I
Kühlschrank холоди́льник I
Kühlschrankmagnet **магни́т на холоди́льник** 4В
Kunsterziehung **ИЗО́** I
Künstler **худо́жник** 3Б
Kürbis ты́ква I
kurz **коро́ткий**, -ая, -ое; -ие 2А
kurze Hose шо́рты *nur Pl.*
küssen **целова́ть** *(uv.)* 5А
Küste **бе́рег** 3Б
Kwass квас

L

Laden **магази́н** 2А
Lampe **ла́мпа** I
Land **страна́** 4В
lang **дли́нный**, -ая, -ое; -ые 2Б
lange **давно́** 4А
lange Zeit **до́лго** 4Б
längst **давно́** 4А
langweilig **ску́чно** 5В
lass(t) uns **дава́й(те)** *Imp.* 4А
Lasst uns einander kennen lernen! **Дава́йте познако́мимся!** 4А
lateinisch лати́нский, -ая, -ое; -ие I
laufen бе́гать *(uv.)*
Laune **настрое́ние** *n.* 1А
Leben **жизнь** *f.* 3А
leben **жить** *(uv.)* I
Lebensmittel **проду́кты** *Pl.* 4А
lecker **вку́сно** 1В
Leggins ле́гинсы *nur Pl.*
Lehrbuch **уче́бник** I
Lehre **учёба** 1А
Lehrer **учи́тель** *m.* I
Lehrerin **учи́тельница** I
leider **к сожале́нию** 1Б
Lernen **учёба** 1А

lernen 1. вы́учить/учи́ть I; 2. учи́ться (uv.) I
lesen прочита́ть/чита́ть I, 2 В
Lettland Ла́твия
letzter после́дний, -яя, -ее; -ие I
Leute лю́ди Pl. 4 А
Leute (in der Anrede Jugendlicher) ребя́та Pl. I
lieben люби́ть (uv.) I
lieber, liebe; liebe дорого́й, -а́я, -о́е; -и́е 1 А
Lieblings- люби́мый, -ая, -ое; -ые I
Lied пе́сня f. 1 Б
lila фиоле́товый, -ая, -ое; -ые
Limonade лимона́д I
Lineal лине́йка I
Linientaxi маршру́тка, маршру́тное такси́ I
links сле́ва 4 Б
Lippen гу́бы Pl.
Litauen Литва́
los geht's дава́й(те) 4 А
losfahren пое́хать (v.) 5 Б
lustig 1. ве́село 1 Б; 2. весёлый, -ая, -ое; -ые 1 А
Luxemburg Люксембу́рг

M

machen сде́лать/де́лать I 3 А
Mach's gut! Пока́! I
Mädchen де́вочка 2 Б
Mai май m. 1 А
Maifeiertag Пра́здник Весны́ и Труда́
Makkaroni макаро́ны Pl. I
Mal раз 2 В
malen нарисова́ть/рисова́ть I
Maler/in маля́р
Malta Ма́льта
Mama ма́ма I
man kann мо́жно I
man muss на́до 5 В
manche не́который, -ая, -ое; -ые 4 В
manchmal иногда́ 3 В
Mandarine мандари́н I
Mango ма́нго I
Mannschaft кома́нда 2 В
Mantel пальто́
März март 1 А
Massenmedien СМИ Pl. 3 В
Mathematik матема́тика I
Maus мы́шка I
Mäuschen мы́шка I
Mecklenburg-Vorpommern Ме́кленбург-Пере́дняя Помера́ния I
Medizin лека́рство 2 Б
Meer мо́ре I
Meerschweinchen морска́я сви́нка I
mein, meine, mein; meine мой, моя́, моё; мои́ I
meinen 1. ду́мать (uv.) 1 В; 2. счита́ть (uv.) 5 В
Mensch челове́к 2 В
Menschen лю́ди Pl. 4 А
Metro метро́ I
Milch молоко́ I

Million миллио́н 4 А
Mineralwasser минера́льная вода́
Minute мину́та I
mit с I
mit ... (Jahr, Jahren) в ... (год, го́да, лет) 2 В
mit (einem Verkehrsmittel) на I
mit Schneebällen werfen игра́ть в снежки́
Mit Vergnügen! С удово́льствием! 1 Б
Mit wem? С кем? I
Mitschüler одноклассник 2 Б
Mitschülerin однокла́ссница 2 Б
Mittag: (zu) Mittag essen пообе́дать/обе́дать I
Mittel- сре́дний, -яя, -ее; -ие I
Mittel-, zentral центра́льный, -ая, -ое; -ые 4 В
Mittwoch среда́ I
modern 1. мо́дно 2 А; 2. совреме́нный, -ая, -ое; -ые I
modisch мо́дно 2 А
mögen 1. люби́ть (uv.) I; 2. хоте́ть (uv.) 1 В
möglicherweise мо́жет быть 5 Б
Möhre морко́вка, морко́вь f. I
moldauisch молда́вский, -ая, -ое; -ие 4 В
Moldawien Молда́вия
Monat ме́сяц 1 А
Montag понеде́льник I
morgen за́втра 1 А
morgens у́тром I
Moschee мече́ть f.
Moskau Москва́ I
Moskauer москви́ч I
Moskwa (Fluss) Москва́-река́ I
Mund рот
Museum музе́й m. 3 А
Musik му́зыка I
müssen: man muss на́до 5 В
Mutti ма́ма I

N

na, nun ну I
nach по́сле I
nach Hause домо́й I
nach links нале́во I
nach rechts напра́во I
nachdenken поду́мать/ду́мать 1 В, 5 В
nachher пото́м I
Nachname фами́лия I
Nachricht но́вость f. 3 В
nächster сле́дующий, -ая, -ее; -ие 5 Б
Nacht: in der Nacht но́чью 5 А
Nachtisch десе́рт
nachts но́чью 5 А
Name 1. и́мя n. I; 2. назва́ние n. 3 Б
Nase нос
Nationalität национа́льность f. 4 А
Natur приро́да 5 В
natürlich коне́чно I

neben 1. ря́дом с I; 2. у 1 А
nebenan 1. недалеко́ I; 2. ря́дом I
nehmen взять/брать 2 А
nein нет I
nennen 1. звать (uv.) 3 А; 2. назва́ть/называ́ть 3 А
neu но́вый, -ая, -ое; -ые I
Neues но́вое n. 3 В
Neuigkeit но́вость f. 3 В
Neujahr Но́вый год
Neujahrstag Но́вый год
neun де́вять I
neunzehn девятна́дцать I
neunzig девяно́сто I
nicht не I
nicht weit (entfernt) недалеко́ I
nicht weit von недалеко́ от I
nichts ничего́ 4 В
Niederlande Нидерла́нды nur Pl.
Niedersachsen Ни́жняя Саксо́ния I
nimm возьми́ Imp. I
noch ещё I
Norden се́вер I
Nordosten се́веро-восто́к 4 В
nordöstlich се́веро-восто́чный, -ая, -ое; -ые 4 В
Nordrhein-Westfalen Се́верный Рейн-Вестфа́лия I
Nordwesten се́веро-за́пад 4 В
nordwestlich се́веро-за́падный, -ая, -ое; -ые 4 В
normal норма́льно I
Note оце́нка I
nötig ну́жен, нужна́, ну́жно; нужны́ 3 В
notwendig ну́жен, нужна́, ну́жно; нужны́ 3 В
November ноя́брь m. 1 А
Nudeln лапша́
null, Null ноль m. I
Nummer но́мер I
nun тепе́рь I
nur то́лько I

O

o je ой I
Obelisk обели́ск
Obst фру́кты Pl. I
oder и́ли I
offiziel официа́льный, -ая, -ое; -ые 4 В
öffnen откры́ть/открыва́ть 3 А
oft ча́сто I
ohne без 2 В
Ohr у́хо
oje эх 5 А
okay ла́дно 4 В
Oktober октя́брь m. 1 А
Oma ба́бушка I
Omelett омле́т
Opa де́душка m. I
Orange апельси́н I
orange(farben) ора́нжевый, -ая, -ое; -ые
Ort ме́сто I
Osten восто́к I

C

Алфави́тный слова́рь

Ostern Па́сха
Österreich **А́встрия** I

P

Paddelboot **байда́рка** 5 В
Palais **дворе́ц** 3 Б
Palast **дворе́ц** 3 Б
Papa **па́па** I
Papagei попуга́й *m.* I
Paprika па́прика I
Park **парк** I
Party **вечери́нка** 1 Б
passen: passt genau **как ра́з** 2 А
Pasta макаро́ны *Pl.* I
Pause **переме́на** I
Pelmeni **пельме́ни** *Pl.* I
Pelzmütze ша́пка
Persönlichkeit **ли́чность** *f.* 3 А
Pfannkuchen **блины́** *Pl.* 1 Б
Pferd ло́шадь *f.* I
Pfirsich пе́рсик I
Pflaume сли́ва I
Philosophie филосо́фия I
Physik фи́зика I
Piano, Klavier пиани́но I
Piroggen пирожки́ *Pl.*
Pizza **пи́цца** I
Planetarium планета́рий
Platz 1. **ме́сто** I; 2. **пло́щадь** *f.* 3 А
Plätzchen пече́нье *n.*
Polen По́льша
Politische Bildung полити́ческое образова́ние I
Politische Weltkunde полити́ческое образова́ние I
Pommes frites карто́фель фри
Pony по́ни *m.* I
Portugal Португа́лия
Prag Пра́га I
Pralinen конфе́ты *Pl.*
Präsentation **презента́ция** 3 В
Preis: zu welchem Preis **почём** 4 В
Preisermäßigung **ски́дка** 3 В
preisgünstig **недо́рого** 2 А
preiswert **дёшево** 4 В
preiswerter **подешéвле** 4 В
Prima! **Здо́рово!** I
pro **в** 2 В
Problem **пробле́ма** 4 Б
Psychologie психоло́гия I
Pullover **сви́тер** 2 А
Pumps ту́фли *Pl.*
Puppe **ку́кла** 4 В
pusten **дуть** *(uv.)* 5 А

R

Rabatt **ски́дка** 3 В
Radio **ра́дио** I
Rathaus ра́туша
Raum 1. **кабине́т** I; 2. **ко́мната** I
rechts **спра́ва** 4 Б
Redakteur/in **реда́ктор** 3 В
Regal **по́лка** I
Regen **дождь** *m.* 5 А
Reis рис
Reise **пое́здка** 5 В
reisen **путеше́ствовать** *(uv.)* 5 В
reiten е́здить верхо́м
Religion рели́гия I
reservieren **заброни́ровать**/брони́ровать 5 Б
Restaurant **рестора́н** I
Rheinland-Pfalz Ре́йнланд-Пфальц I
richtig 1. **пра́вильно** I 2. **то́чно** *Pl.* 2 Б nicht richtig **непра́вильно** I
Ring **кольцо́** 5 Б
Rock **ю́бка** 2 А
rodeln ката́ться на са́нках
Roman **рома́н** I
rot **кра́сный**, -ая, -ое; -ые 2 А
rote Beete свёкла I
rothaarig ры́жий, -ая, -ее; -ие
Rubel **рубль** *m.* 2 А
Rücken спина́
Rückfahrt **обра́тно** 5 Б
ruf an (rufen Sie an; ruft an) **позвони́(те)** *Imp.* 3 В
rufen **звать** *(uv.)* 3 А
Rugby ре́гби *n.* I
ruhig **ти́хо** I
Rumänien Румы́ния
Rundfunk **ра́дио** I
Russe **ру́сский** I
russisch 1. **по-ру́сски** I; 2. **росси́йский**, -ая, -ое; -ие I; 3. **ру́сский**; -ая, -ое, -ие I
Russland **Росси́я** I

S

Saarland Саар I
Sachkunde естествозна́ние *n.* I
Sachsen Саксо́ния I
Sachsen-Anhalt Саксо́ния-А́нгальт I
Saft сок
sage (sagen Sie, sagt) **скажи́(те)** *Imp.* I
sagen **сказа́ть/говори́ть** I, 2 В
Salat сала́т
Sammeltaxi маршру́тное такси́, маршру́тка *ugs.* I
Samowar **самова́р** I
Samstag **суббо́та** I
Sandalen санда́лии *Pl.*
Sandwich сэ́ндвич
Sänger **певе́ц** 1 Б
Sängerin **певи́ца** 1 Б
Säule коло́нна
S-Bahn (городска́я) **электри́чка** 5 Б
Schach ша́хматы *nur Pl.* I
Schaf овца́ I
Schal **шарф** 2 А
Schaschlik шашлы́к
schauen **посмотре́ть/смотре́ть** I, 2 В
Schauspieler **актёр** 1 Б
Schauspielerin **актри́са** 1 Б
scheinen **свети́ть** *(uv.)* 5 А
schenken **подари́ть**/дари́ть 1 В
Schere **но́жницы** *nur Pl.* I
Schildkröte черепа́ха I
Schirmmütze бейсбо́лка
Schlafzimmer **спа́льня** I
schlank **стро́йный**, -ая, -ое; -ые 2 Б
schlecht **пло́хо** I nicht schlecht **непло́хо** I
Schleswig-Holstein Шле́звиг-Гольште́йн I
Schlitten са́нки *nur Pl.*
Schlittschuhe коньки́ *Pl.*
Schloss за́мок
Schmerzen haben **боли́т (боля́т)** 2 Б
Schnee **снег** 5 А
Schneeballschlacht игра́ть в снежки́
schnell **бы́стро** 4 Б
Schnitzel шни́цель *m.*
Schnupfen **на́сморк** 2 Б
Schnürschuhe **боти́нки** *Pl.* 2 А
Schokolade шокола́д I
schon **уже́** I
schön 1. **краси́во** I; 2. **краси́вый**, -ая, -ое; -ые I
Schrank **шкаф** I
Schrankwand сте́нка I
schreibe (schreiben Sie; schreibt) **напиши́(те)** *Imp.* 3 В
schreiben написа́ть/**писа́ть** 1 Б
Schreibtisch пи́сьменный стол I
Schuhe **о́бувь** *f.* 2 А
Schuhgröße **разме́р** 2 А
Schulbank **па́рта** I
Schule **шко́ла** I
Schüler **учени́к** I
Schülerin **учени́ца** I
Schulklasse **класс** I
Schulter плечо́
schwärmen **мечта́ть** *(uv.)* 5 В
schwarz **чёрный**, -ая, -ое; -ые 2 А
Schweden Шве́ция
Schwein свинья́ *f.* I
Schwester **сестра́** I
schwierig **тру́дный**, -ая, -ое; -ые 4 Б
Schwimmbad **бассе́йн** I
schwimmen **пла́вать** *(uv.)* 5 В
sechs **шесть** I
Sechs *(Zensur)* **шестёрка** I
sechzehn **шестна́дцать** I
sechzig **шестьдеся́т** I
See **о́зеро** 5 А
sehen 1. уви́деть/**ви́деть** 4 А 2. **посмотре́ть/смотре́ть** I, 2 В
Sehenswürdigkeit **достопримеча́тельность** *f.* 3 А
sehr **о́чень** I
sein **быть** *(uv.)* 2 В
sein, seine, sein; seine **его́** I
Sekretär/in секрета́рь
selber, selbst **сам**, сама́, само́; са́ми 3 В
selbstverständlich **коне́чно** I
selten **ре́дко** 4 Б
September **сентя́брь** *m.* 1 А
Sessel **кре́сло** I
Shorts шо́рты *nur Pl.*
sie: Wie heißen Sie? **Как вас зову́т?** I
sie *Pl.* **они́** I
sie *Sg.* **она́** I
sie; Sie **вы** I
sieben **семь** I
siebzehn **семна́дцать** I

Alphabetisches Wörterverzeichnis

siebzig се́мьдесят I
Silvester Но́вый год
singen спеть/петь 3 A
sitzen сиде́ть (uv.) 3 В
Sitzplatz ме́сто I
Skateboard скейтбо́рд
Ski лы́жи Pl.
Slowakei Слова́кия
Slowenien Слове́ния
Smartphone смартфо́н I
SMS эсэмэ́ска ugs. 5 A
so так 1 Б
so ein тако́й, -а́я, -о́е; -и́е 2 В
Socken носки́ Pl.
Sofa дива́н I
sogar да́же 4 A
solch ein тако́й, -а́я, -о́е; -и́е 2 В
solcher тако́й, -а́я, -о́е; -и́е 2 В
Sommer ле́то 1 A
Sommer-, sommerlich ле́тний, -яя, -ее; -ие I
Sonnabend суббо́та I
Sonne со́лнце 1 Б
sonnen: sich sonnen загора́ть (uv.) 5 A
sonnig со́лнечно 5 A
Sonntag воскресе́нье n. I
Soufflé суфле́
Souvenir сувени́р 3 Б
Sozialarbeiter/in социа́льный рабо́тник
Sozialkunde обществозна́ние n. I
Sozialpädagoge/Sozialpädagogin социа́льный рабо́тник
Spaghetti спаге́тти I
Spanien Испа́ния
spanisch испа́нский, -ая, -ое; ие I
Spargel спа́ржа I
Spaßbad аквапа́рк
spazieren gehen погуля́ть/гуля́ть 4 A
Speiseeis моро́женое n.
Speisen еда́ I
Speisesaal столо́вая f. I
Spiel игра́ 1 Б
spielen сыгра́ть/игра́ть 2 В
spielen *(Musikinstrumente)* игра́ть на (uv.) I
spielen *(Sportarten)* игра́ть в (uv.) I
Spinat шпина́т I
Sport спорт I
Sport treiben занима́ться спо́ртом (uv.) I
Sport(unterricht) физкульту́ра I
Sportanzug спорти́вный костю́м
Sportschuhe кроссо́вки Pl. 2 A
Sprache язы́к I
sprechen сказа́ть/говори́ть I, 2 В
Springbrunnen фонта́н 3 Б
Staat госуда́рство 4 В
Stadion стадио́н I
Stadt го́род I
Station ста́нция I
stattfinden проходи́ть (uv.) 3 Б
stehen *(bei Kleidungsstücken)* идти́ (uv.) 2 A

sterben умере́ть (v.) 3
Sternwarte планета́рий m.
Stiefel сапоги́ Pl.
still ти́хо I
Stimmung настрое́ние n. 1 A
Stirn лоб
Strand пляж 5 A
Straße у́лица I
Straßenbahn трамва́й m. I
Strickmütze ша́пка
studieren учи́ться (uv.) I
Studium учёба 1 A
Stuhl стул I
Stunde час I
Stundenplan расписа́ние n. I
Süden юг I
Südosten ю́го-восто́к 4 В
südöstlich ю́го-восто́чный, -ая, -ое; -ые 4 В
Südwesten ю́го-за́пад 4 В
südwestlich ю́го-за́падный, -ая, -ое; -ые 4 В
Suppe суп I
surfen занима́ться сёрфингом (uv.)
im Internet surfen сиде́ть в интерне́те (uv.) 3 В
Sushi су́ши n.
Sweatshirt сви́тер 2 A
Symbol си́мвол 1 Б
sympathisch симпати́чный, -ая, -ое; -ые 2 Б
Synagoge синаго́га

T

Tadschikistan Таджикиста́н
Tafel доска́ I
Tag день m. I
Guten Tag! Здра́вствуйте! I
Tag der Arbeit Пра́здник Весны́ и Труда́
Tag des Wissens День зна́ний
Tag Russlands День Росси́и
tagsüber днём I
Tannenbaum ёлка 1 Б
Tante тётя f. 2 A
Tanz та́нец 1 Б
tanzen станцева́ть/танцева́ть I
Tasche су́мка I
Tausend ты́сяча 1 A
Taxi такси́ n. I
Team кома́нда 2 В
Tee чай m. I
Teich пруд
Teil часть f. 4 A
Telefon телефо́н I
Telefonnummer но́мер телефо́на I
Teller таре́лка 4 В
Temperatur температу́ра 2 Б
Tennis те́ннис I
Tennisspiel те́ннис I
Teppich ковёр I
Terrasse терра́са I
teuer до́рого 2 A
nicht teuer недо́рого 2 A
wie teuer почём 4 В
Theater теа́тр I

Theaterstück спекта́кль m. 3 В
Thüringen Тюри́нгия I
Tiere живо́тные Pl. I
Tisch стол I
Toilette туале́т I
toll прекра́сный, -ая, -ое; -ые 4 A
Toll! Здо́рово! I
Tomate помидо́р I
Top топ 2 A
Tor воро́та nur Pl.
Torte торт
tragen носи́ть (uv.) 2 A
trainieren тренирова́ться (uv.) 2 В
träumen мечта́ть (uv.) 5 В
treffen: sich treffen встре́титься/встреча́ться 4 Б
trinken пить (uv.) 1 В
Trolleybus тролле́йбус I
Trommel бараба́н I
Trompete труба́ I
trüb па́смурно 5 A
Tschechien Че́хия
Tschüs(s)! Пока́! I
T-Shirt футбо́лка 2 A
tun сде́лать/де́лать I, 3 A
Turkmenien Туркме́ния
Turm ба́шня
Turnhalle спортза́л I
Turnschuhe кроссо́вки Pl. 2 A

U

U-Bahn метро́ I
üben тренирова́ться (uv.) 2 В
über о 1 Б
überlegen поду́мать/ду́мать 1 В, 5 В
übersiedeln перее́хать/переезжа́ть 3 A
Ufer бе́рег 3 Б
Uhr часы́ nur Pl. 4 Б
Uhr(zeit) час I
Ukraine Украи́на
um *(Uhrzeit)* в I
umziehen перее́хать/переезжа́ть 3 A
und 1. а I; 2. и I
Ungarn Ве́нгрия
Universität университе́т 4 A
unser, unsere, unser; unsere наш, на́ша, на́ше; на́ши I
Unterrichtsfach предме́т I
Unterrichtsraum кабине́т I
Unterrichtsstunde уро́к I
unterschiedlich ра́зный, -ая, -ое; -ые 2 A
ununterbrochen всё 4 Б
Usbekistan Узбекиста́н

V

Valentinstag День свято́го Валенти́на
Vati па́па m. I
Verbindung конта́кт I in Verbindung stehen обща́ться (uv.) 3 В
vergessen забы́ть/забыва́ть 1 A
verkaufen продать/продавать 3 Б
Verkäufer продаве́ц 2 A
Verkäuferin продавщи́ца 2 A

C

Алфави́тный слова́рь

Verkehrsmittel тра́нспорт I
verlaufen **проходи́ть** *(uv.)* 3 Б
Vers **стих** 3 Б
verschieden **ра́зный**, -ая, -ое; -ые 2 А
verständigen: sich verständigen **обща́ться** *(uv.)* 3 В
verständlich **поня́тно** 4 В
verstehen поня́ть/**понима́ть** 4 Б
viel; viele **мно́го** 1 Б, 4 А
Vielen Dank! **Большо́е спаси́бо!** I
vielleicht **мо́жет быть** 5 Б
vier **четы́ре** I
Vier *(Zensur)* **четвёрка** I
vierzehn **четы́рнадцать** I
vierzig **со́рок** I
Vinegret, Vinaigrette винегре́т I
violett фиоле́товый, -ая, -ое; -ые
Volleyball **волейбо́л** I
vom Scheitel bis zur Sohle/ bis zu den Sohlen **с головы́ до но́г** 2 Б
von 1. **о** 1 Б; 2. **от** 1 В; 3. **с** I
von euch; von Ihnen **из вас** I
vor **пе́ред** 3 А
vorbei an **ми́мо** 4 Б
vorgenommen **заду́ман**, заду́мана, заду́мано; заду́маны 3 Б
vorhanden: es ist nicht vorhanden **нет** I es ist vorhanden **есть** I
Vorname **и́мя** *n.* I
Vorortbahn **электри́чка** 5 Б
vorschlagen **предложи́ть/ предлага́ть** 5 В
Vorspeisen заку́ски *Pl.*
Vorstellung **спекта́кль** *m.* 3 В
vorüber **ми́мо** 4 Б
vorziehen **предпочита́ть** *(uv.)* 3 В

W

wählen: (aus)wählen **вы́брать/** выбира́ть 1 В
während **во вре́мя** 1 А
wahrscheinlich **наве́рное** 4 Б
Wald **лес** 5 А
Walenki ва́ленки *Pl.*
Wanderung **похо́д** 5 А
wann **когда́** I
Wareniki варе́ники *Pl.*
warm: sehr warm 1. **жа́рко** 5 А; 2. **тёплый**, -ая, -ое; -ые 5 А
warme Gerichte горя́чие блю́да *Pl.*
warten **ждать** *(uv.)* 4 Б
warum **почему́** 1 А
was **что** I
Was fehlt dir? **Что с тобо́й?** 2 Б
was für einer, was für eine, was für eins **како́й**, -а́я, -о́е; -и́е I
Was hast du? **Что с тобо́й?** 2 Б
Was kann ich für Sie (euch) tun? **Чем вам помо́чь?** 2 А
Waschmaschine стира́лка I, стира́льная маши́на I
Wassermelone арбу́з I
Wechselgeld **сда́ча** 5 Б
wehen **дуть** *(uv.)* 5 А
wehtun **боли́т (боля́т)** 2 Б

Weihnachten Рождество́
Weihnachtsbaum **ёлка** 1 Б
weil **потому́ что** 5 Б
Weintrauben виногра́д I
weiß **бе́лый**, -ая, -ое; -ые 2 А
Weißrussland Белору́ссия
weit **далеко́** I
weiter **да́льше** 3 В
welcher, welche, welches; welche 1. **како́й**, -а́я, -о́е; -и́е I; 2. **кото́рый**, -ая, -ое; -ые 3 В
wenig **ма́ло** 4 А
wer **кто** I
werden **быть** *(uv.)* 2 В; **стать** *(v.)* 2 В
Werken труд I
Weste жиле́тка
Westen **за́пад** I
Wetter **пого́да** 5 А
Whiteboard **интеракти́вная доска́** I
widmen **посвяти́ть/посвяща́ть** 3 А
wie **как** I
Wie geht es? **Как дела́?** I
Wie heißt du? **Как тебя́ зову́т?** I
Wie spät ist es? **Ско́лько вре́мени?** I
wie viel **ско́лько** I
wieder 1. **опя́ть** 5 А; 2. **сно́ва** 3 Б
Wimpern ресни́цы *Pl.*
Wind **ве́тер** 5 А
Winter **зима́** 1 А
Winter- **зи́мний**, -яя, -ее; -ие I
Winter-, winterlich **зи́мний**, -яя, -ее; -ие I
wir **мы** I
wir würden gerne **мы хоте́ли бы** 2 А
Wirtschaftskunde осно́вы эконо́мики I
Wirtschaftswissenschaftler/in экономи́ст
wissen **знать** *(uv.)* I
wo **где** I
Woche **неде́ля** 3 В
Wochenende **выходны́е** *nur Pl.* 5 Б
wofür **чем** I
woher **отку́да** I
wohin **куда́** 1 Б
wohnen **жить** *(uv.)* I
wohnlich **ую́тный**, -ая, -ое; -ые I
Wohnung **кварти́ра** I
Wohnzimmer **гости́ная** *f.* I
wolkig **о́блачный**, -ая, -ое; -ые 5 А
wollen **хоте́ть** *(uv.)* 1 В
Wort **сло́во** I
wünschen 1. пожела́ть/**жела́ть** 1 А; 2. **хоте́ть** *(uv.)* 1 В
Wurst колбаса́
Würstchen соси́ски *Pl.*

Z

Zahn зуб
Zahnarzt/Zahnärztin зубно́й врач, стомато́лог
Zar **царь** *m.* 3 А
Zeh па́лец
zehn **де́сять** I
zeichnen нарисова́ть/рисова́ть I

zeige **покажи́** *Imp.* I
zeigen **показа́ть/пока́зывать** 3 Б
Zeit **вре́мя** *n.* 1 А
die ganze Zeit **всё** 4 Б
vor langer Zeit **давно́** 4 А
zeitgemäß **актуа́льный**, -ая, -ое; -ые 3 В
Zeitung **газе́та** 1 Б
Zensur **оце́нка** I
zentral, Zentral- **центра́льный**, -ая, -ое; -ые 4 В
Ziege коза́ I
Zimmer **ко́мната** I
zu 1. **к** 1 Б; 2. **с** 1 А
zu Besuch **в го́сти** 1 Б
zu etw. kommen **дойти́ (до)** I
zu Fuß **пешко́м** I
zu Hause **до́ма** I
zuerst **снача́ла** 1 В
Zug **по́езд** 5 Б
zuhören **послу́шать/слу́шать** I, 2 В
zum Abendbrot **на у́жин** I
zum Beispiel **наприме́р** 4 А
zum Frühstück **на за́втрак** I
zum Mittag **на обе́д** I
zurück **обра́тно** 5 Б
zusammen **вме́сте** I
zwanzig **два́дцать** I
zwei **два** I
Zwei *(Zensur)* **дво́йка** I
Zwiebel лук I
zwölf **двена́дцать** I
Zypern Кипр

Речевы́е оборо́ты Redemittel

	Kommunikative Ziele	Как э́то сказа́ть по-ру́сски?
Уро́к 1 А	– fragen und sagen, wann jmd. Geburtstag hat	– Скажи́, когда́ у тебя́ день рожде́ния? – У меня́ день рожде́ния ле́том, 4-го ию́ля.
	– fragen und sagen, wo jmd. geboren wurde	– А где ты роди́лся/родила́сь? – Я роди́лся/родила́сь в Герма́нии, в го́роде Берли́н (в Берли́не).
	– jmdm. (zum Geburtstag) gratulieren und etwas wünschen	– Дорого́й/Дорога́я … ! Поздравля́ю тебя́ с (днём рожде́ния)! – Жела́ю тебе́ всего́ хоро́шего!
	– (Geburts-)Datum angeben	– Сего́дня пе́рвое февраля́ две ты́сячи семна́дцатого го́да. – Я роди́лся/родила́сь четвёртого ма́рта две ты́сячи тре́тьего го́да.
Уро́к 1 Б	– jmdn. (zu einer Feier) einladen	– Приглаша́ю тебя́ на … (вечери́нку).
	– auf eine Einladung reagieren	– Спаси́бо за приглаше́ние./ С удово́льствием!/ Спаси́бо, но к сожале́нию, у меня́ трениро́вка.
	– über seinen Lieblingsfeiertag sprechen	– Мой люби́мый пра́здник – Но́вый год.
	– sich verabreden	– Приходи́ ко мне в го́сти. – А когда́? – А суббо́ту, в два. – С удово́льствием! До встре́чи.
Уро́к 1 В	– etwas in einem Café bestellen	– Мне (Для меня́), пожа́луйста, котле́ты с карто́шкой и лимона́д. А на десе́рт моро́женое.
Уро́к 2 А	– über Kleidung sprechen	– Мне нра́вятся футбо́лки, а руба́шки мне не нра́вятся. – А мне нра́вятся ю́бки и блу́зки, они́ всегда́ в мо́де.
	– in Russland einkaufen	– Здра́вствуйте, мы хоте́ли бы купи́ть но́вый костю́м. Покажи́те нам, пожа́луйста, вот э́тот. – Спаси́бо. Э́тот костю́м мне как раз и о́чень нра́вится. Я его́ возьму́. – Ско́лько сто́ит э́тот костю́м? – Э́то недо́рого.
Уро́к 2 Б	– das Aussehen von jmdm. beschreiben	– Как он/она́ вы́глядит? – У него́/неё све́тлые коро́ткие во́лосы и голубы́е глаза́ – он/а́ блонди́н/ка. У него́ стро́йная фигу́ра. – У неё дли́нные кашта́новые во́лосы и на ней ю́бка и блу́зка.
	– sich nach dem Befinden erkundigen und sein Befinden äußern	– Что с тобо́й? – У меня́ высо́кая температу́ра, на́сморк, ка́шель и боли́т голова́. – Всего́ хоро́шего тебе́.

Речевы́е оборо́ты

	Kommunikative Ziele	Как э́то сказа́ть по-ру́сски?
Уро́к 2 В	– über Berufswünsche sprechen	– Кем ты хо́чешь стать/быть по́сле шко́лы? – Я хочу́ стать/быть футболи́стом, а ты? – А я учи́телем.
Уро́к 3 А	– jmdn. (eine historische Persönlichkeit) vorstellen	– Э́то … Он роди́лся/Она́ родила́сь в … году́ в го́роде … В … году́ он/она́ на́чал/начала́ учи́ться в шко́ле. В … году́ он/она́ око́нчил/а шко́лу. В … году́ он/она́ ста́л/а … В … году́ он у́мер/поги́б/ она́ умерла́/поги́бла.
Уро́к 3 Б	– über eine Stadt und historische Ereignisse sprechen	– Го́род был осно́ван в … году́. Он был постро́ен в европе́йском сти́ле. В го́роде жил/а́ (роди́лся/родила́сь, у́мер/ла́) … Здесь нахо́дятся изве́стные достоприме-ча́тельности: пло́щадь … , па́мятник … , дворе́ц … .
	– eine Stadtführung in einem Reisebüro buchen	– Здра́вствуйте. Я хоте́л/а бы заказа́ть биле́т на экску́рсию в … Там я хоте́л/а бы посети́ть/посмотре́ть … Когда́ начина́ется/конча́ется экску́рсия? В како́й день она́ прохо́дит? И ско́лько она́ сто́ит?
Уро́к 3 В	– über Medien sprechen	– Каки́е СМИ ты предпочита́ешь? – Я предпочита́ю электро́нные СМИ – телеви́зор, ра́дио, интерне́т. А ты? – А мне нра́вятся печа́тные СМИ – журна́лы, газе́ты, кни́ги.
	– sagen, für welche Nachrichten man sich (nicht) interessiert/ welche Nachrichten man (nicht) gerne hört/sieht/liest	– Каки́ми новостя́ми ты (не) интересу́ешься? Каки́е но́вости ты предпочита́ешь слу́шать/смотре́ть/чита́ть? – Я люблю́ узнава́ть актуа́льные но́вости из интерне́та. А ещё мне нра́вятся но́вости кино́ и му́зыки.
	– über Mediennutzung sprechen	– Как ты обы́чно обща́ешься с друзья́ми? – Друзья́м я ча́сто пишу́ СМС и́ли говорю́ с ни́ми по смартфо́ну. – А что ты ещё де́лаешь со смартфо́ном? – Ещё я люблю́ фотографи́ровать и слу́шать му́-зыку.

Redemittel

	Kommunikative Ziele	Как э́то сказа́ть по-ру́сски?
Уро́к 4 А	– sagen, woher jmd. kommt	– Э́то Софи́я. Она́ родила́сь в Казахста́не, она́ ру́сская не́мка.
	– beschreiben, wie international eine Region ist	– В на́шем го́роде живу́т лю́ди ра́зных национа́льностей. Они́ говоря́т на ра́зных языка́х. Мно́го люде́й говоря́т по-ру́сски и по-туре́цки.
	– sich zu einer Statistik äußern	– Большинство́ тури́стов в Берли́не из Герма́нии – 54 проце́нта. Три проце́нта тури́стов из Росси́и.
Уро́к 4 Б	– über Sehenswürdigkeiten sprechen/ Sehenswürdigkeiten vorstellen	– В на́шем го́роде есть мно́го достопримеча́тельностей, наприме́р, краси́вая пло́щадь, истори́ческий музе́й, кото́рый был постро́ен в 1867 году́ и па́мятник Гёте. Я люблю́ гуля́ть в па́рке ле́том. Там недалеко́ есть большо́й торго́вый центр, в кото́ром всегда́ интере́сно.
	– nach dem Weg fragen und den Weg beschreiben	– Скажи́те, пожа́луйста, как дойти́ до шко́лы? – Э́то недалеко́. Шко́ла нахо́дится сле́ва от магази́на. Иди́те пря́мо до вокзала, а пото́м напра́во.
Уро́к 4 В	– Besonderheiten einer Region vorstellen	– Бранденбу́рг – э́то земля́ на се́веро-восто́ке Герма́нии. Она́ грани́чит с Берли́ном, на се́вере с землёй Мекленбу́рг-Пере́дняя Помера́ния, на восто́ке с По́льшей, на ю́ге с Саксо́нией, на за́паде с Саксо́нией-А́нгальт. Столи́ца земли́ – го́род Потсда́м. В Бранденбу́рге нахо́дится регио́н Шпре́евальд. Там о́чень краси́во и интере́сно.
	– Souvenirs kaufen und Einkaufsgespräche führen	– Скажи́те, пожа́луйста, ско́лько сто́ит … – Ой, э́то до́рого! У вас есть … подеше́вле? – А почём …? Мо́жно его́/её/их посмотре́ть? – А вы за 1000 рубле́й не продади́те?
Уро́к 5 А	– über das Wetter sprechen	– Кака́я сего́дня пого́да? – Сего́дня хо́лодно, ду́ет ве́тер и идёт дождь. А за́вра бу́дет со́лнечная пого́да, да́же жа́рко.
	– über Freizeitaktivitäten sprechen	– Ле́том я люблю́ ходи́ть в похо́ды, ката́ться на ло́дке, купа́ться в о́зере и загора́ть. А зимо́й я обы́чно ката́юсь на лы́жах и́ли на конька́х.
	– die Äußerung einer anderen Person wiedergeben	– Ма́ша мне писа́ла, что она́ отдыха́ет в Ита́лии. – Ди́ма говори́т, что он ле́том бу́дет в Москве́.

Речевы́е оборо́ты Redemittel

	Kommunikative Ziele	Как э́то сказа́ть по-ру́сски?
Уро́к 5 Б	– über Ferien- und Reisepläne sprechen	– У тебя́ уже́ есть пла́ны на кани́кулы/выходны́е? – Да, я о́чень хочу́ пое́хать на Балти́йское мо́ре. – Здо́рово, а дава́й пое́дем вме́сте. – Дава́й, туда́ мо́жно дое́хать на электри́чке.
	– sich nach Ankunfts- und Abfahrtszeiten erkundigen	– Когда́ отправля́ется по́езд в Омск и когда́ он туда́ прибыва́ет?
	– ein Hotelzimmer reservieren	– Здра́вствуйте. Мы хоте́ли бы заброни́ровать двухме́стный но́мер с ду́шем и туале́том. Ещё мы хоте́ли бы континента́льный за́втрак. Мы бу́дем с 3 до 10 ию́ля. На́ша фами́лия Ва́гнер.
Уро́к 5 В	– Vorschläge zu Reisezielen unterbreiten und darauf reagieren	– Куда́ мо́жно пое́хать на кани́кулы? – Мо́жно пое́хать в Со́чи. Там хоро́шая пого́да и мо́жно купа́ться. – Здо́рово, хоро́шая иде́я, я мо́ре о́чень люблю́, но я и люблю́ ходи́ть по музе́ям и вы́ставкам. На́до ещё поду́мать.
	– über eine Reise berichten	– Я неда́вно был/а́ в Пра́ге с роди́телями и сестро́й/бра́том. Там я ви́дел/а (посети́л/а, посмотре́л/а) мно́го ра́зных достопримеча́тельностей. Была́ прекра́сная пого́да.

So kannst du ein Interview führen.	Э́ти вопро́сы тебе́ помо́гут сде́лать интервью́.
– den Geburtstag und Geburtsort erfragen	– Когда́ и где вы родили́сь?
– nach Familienmitgliedern fragen	– У вас есть брат и́ли сестра́? – Кем рабо́тают/рабо́тали ва́ши роди́тели? – Где они́ жи́ли/живу́т?
– erfragen, wo die Person zur Schule gegangen ist	– Где вы учи́лись? – В како́й шко́ле вы учи́лись?
– nach Lieblingsfächern fragen	– Како́й у вас был люби́мый предме́т?
– nach Hobbys und Interessen in der Kindheit fragen	– Чем вы занима́лись по́сле шко́лы?/ Каки́е у вас бы́ли хо́бби в ю́ности?
– nach dem Schulabschluss fragen	– Когда́ вы око́нчили шко́лу?
– damalige Zukunftswünsche und Zukunftspläne erfragen	– Где вы учи́лись по́сле шко́лы?/ Кем вы хоте́ли стать/быть по́сле шко́лы?
– nach aktuellen Hobbys und Interessen fragen	– Чем вы сего́дня занима́етесь в свобо́дное вре́мя?/ Чем вы интересу́етесь?

Ключи́ к те́стам *Прове́рь себя́.*

Hier findest du die Lösungen zu den Testaufgaben, damit du dich selbst überprüfen kannst.

Löse zuerst die Aufgaben vollständig und vergleiche erst dann deine Antworten mit den Lösungen.

Уро́к 1 S. 25

1 1 Б 2 В 3 А 4 Б 5 А 6 В 7 Б 8 В 9 А
10 Б 11 А 12 В 13 А 14 В 15 Б 16 В 17 А 18 Б

2 1 А 2 Б 3 В 4 Б 5 Б 6 Б

Уро́к 2 S. 43

1 1 В 2 А 3 Б 4 Б 5 А 6 В 7 Б 8 В 9 А 10 В 11 А 12 Б

2 1 Б 2 В 3 Б 4 В

3 1 В 2 В 3 А 4 Б

Уро́к 3 S. 61

1 1 В 2 А 3 Б 4 В 5 Б 6 А/В 7 Б 8 В 9 А/В 10 Б 11 В 12 А

2 1 кото́ром, 2 кото́рой, 3 кото́рые, 4 кото́рой, 5 кото́рых, 6 кото́рый

3 1 Б 2 В 3 А

Уро́к 4 S. 79

1 1 В 2 Г 3 Б 4 Г 5 А/Б 6 А/Б
7 В 8 А 9 Г 10 В 11 Г 12 Б

2 Finn: Здра́вствуйте, скажи́те, пожа́луйста, у вас есть гжель?
Finn: Hat sie leider nicht. Aber sie sagt, dass sie sehr schöne Matrjoschkas hat, die man so sonst nirgendwo findet.
Finn: Почём у вас матрёшки?/ Ско́лько сто́ят матрёшки?
Finn: Sie sagt, dass sie 1600 Rubel dafür haben will.
Finn: А вы не продади́те матрёшку за 1200 рубле́й?
Finn: Nein, das reicht ihr nicht. Aber sie bietet uns an, sie für 1400 Rubel zu kaufen.
Finn: А вы не зна́ете, где здесь мо́жно купи́ть гжель?
Finn: Sie sagt, dass wir geradeaus und dann nach rechts gehen sollen und dann an dem Stand mit T-Shirts nach links. Da steht ihr Freund und verkauft Gzhel. Wir sollen ihn von Nina grüßen.
Luca: Спаси́бо большо́е.

Уро́к 5 S. 97

1a 1 В 2 Б 3 А 4 А 5 Г 6 Б 7 В 8 Б 9 А 10 В 11 Г 12 Б

6 1 А/Г 2 В 3 В 4 А/Г

2 Z. B. Дорога́я ба́бушка, приве́т из Со́чи! У меня́ всё кла́ссно. Здесь ка́ждый день све́тит со́лнце (дождя́ нет). Я ча́сто на пля́же, мно́го пла́ваю и загора́ю. Ещё я люблю́ ходи́ть в го́ры.
Целу́ю, А́нна

Инстру́кции к зада́ниям – *Arbeitsanweisungen*

Вы́бери(те) ~ пра́вильный отве́т. ~ пра́вильное сло́во.	Wähle (Wählt) ~ die richtige Antwort aus. ~ das richtige Wort aus.
Допо́лни(те) предложе́ния.	Ergänze (Ergänzt) die Sätze.
Зада́й(те) вопро́сы к те́ксту.	Stelle (Stellt) Fragen zum Text.
Испо́льзуй(те) э́ти слова́.	Verwende(t) folgende Wörter.
Испра́вь(те) непра́вильные предложе́ния.	Korrigiere (Korrigiert) die falschen Sätze.
Найди́(те) продолже́ние.	Finde(t) eine Fortsetzung.
Напиши́(те) ~ исто́рию к карти́нкам. ~ приглаше́ние.	Schreibe (Schreibt) ~ eine Geschichte zu den Bildern. ~ eine Einladung.
Опиши́(те) фотогра́фии.	Beschreibe (Beschreibt) die Fotos.
Отве́ть(те) на вопро́сы.	Antworte(t) auf die Fragen. Beantworte(t) die Fragen.
Переведи́(те) ~ предложе́ния. (на ру́сский/неме́цкий язы́к) ~ текст. (на ру́сский/неме́цкий язы́к)	Übersetze (Übersetzt)/ Übertrage (Übertragt) ~ die Sätze. (ins Russische/Deutsche) ~ den Text. (ins Russische/Deutsche)
Перепиши́(те) ~ схе́му/предложе́ния в тетра́дь.	Übertrage (Übertragt) ~ das Schema/die Sätze ins Heft.
Повторя́й(те).	Wiederhole (Wiederholt). (Sprich/Sprecht) nach.)
Помоги́(те) … отве́тить на вопро́сы.	Hilf (Helft) … die Fragen zu beantworten.
Послу́шай(те) ~ диало́г/текст (ещё раз). ~ ,что они́ говоря́т.	Höre dir (Hört euch) ~ den Dialog/Text (noch einmal) an. ~ an, was sie sagen.
Посмотри́(те) ~ ви́део. ~ на фотогра́фии/по́стер/карти́нку.	Sieh dir (Seht euch) ~ das Video an. ~ die Fotos/ das Poster/ das Bild an.
Прове́рь(те) свои́ отве́ты на стр. 213.	Überprüfe deine (Überprüft eure) Antworten auf S. 213.
Пройди́ тест.	Mache den Test.
Прочита́й(те) ~ ,о чём/что они́ говоря́т. ~ предложе́ния/откры́тки/диало́ги/ко́микс/ба́сню. ~ со словарём. ~ текст о ... ~ текст по роля́м.	Lies (Lest) ~ worüber sie sprechen. ~ die Sätze/ die Ansichtskarten/ die Dialoge/ den Comic/ die Fabel. ~ mit dem Wörterbuch. ~ den Text über … ~ den Text mit verteilten Rollen.
Разыгра́йте ~ (ми́ни-)диало́ги. ~ сце́нки.	Spielt ~ (Mini-)Dialoge. ~ die Szenen.
Расскажи́(те) ~ о жи́зни … . ~ ,как ты обща́ешься с друзья́ми.	Erzähle (Erzählt) ~ über das Leben von … . ~ ,wie du mit deinen Freunden kommunizierst.
Скажи́(те), ~ где ты роди́лся/родила́сь. ~ где они́ бы́ли.	Sage (Sagt) ~ wo du geboren bist. ~ wo sie waren.
Слу́шай(те) ~ и повторя́й(те). ~ и чита́й(те).	Höre (Hört) zu ~ und sprich (sprecht) nach. ~ und lies (lest).
Соста́вь(те) ~ вопро́сы по образцу́. ~ предложе́ния.	Bilde (Bildet) ~ Fragen nach dem Muster. ~ Sätze.
Спроси́(те) ~ партнёра/партнёршу.	Frag(t) ~ deinen Partner/ deine Partnerin.
Чита́й(те) текст.	Lies (Lest) den Text.

Bild- und Quellennachweis

Cover *Segelboot* Fotolia / Olga Vasik; *Stadtansicht* Fotolia / Furan **4** *o. r.* Fotolia / Trueffelpix; *u.* Fotolia / herculerus; *o. l.*, *M. l.* Cornelsen / Ekaterina Rozhdestvenskaya; *M. r.* Cornelsen / Marina Goldberg **5** Cornelsen / Anna Abert **6** *u.* Fotolia / JackF; *o.* Fotolia / sever180 **7** Fotolia / victoria p. **8** *o. l.* Shutterstock / DaneeShe; *o. M.* Fotolia / Leonid Ikan; *o. r.* Fotolia / Floydine; *M. l.* imago / ITAR-TASS; *M. r.* Shutterstock / Tatiana Gorlova; *u. l.* Fotolia / akatsia82; *u. r.* Shutterstock / Igor Vkv **9** *Sushi* Shutterstock / Svetlana Foote; *Sandwich* Shutterstock / Ronald Sumners; *Nudeln* Shutterstock / stockcreations; *Schnitzel* Fotolia / ExQuisine; *Pelmeni* Shutterstock / MAR007; *Hamburger* Shutterstock / svariophoto; *Pizza* Shutterstock / El Nariz; *Pfannkuchen, Heringssalat* Cornelsen / Anna Abert **10**, **12** Cornelsen / Ekaterina Rozhdestvenskaya **13** *u.* Shutterstock / Kazakova Maryia **15** Corbis / ITAR-TASS / Vyacheslav Prokofyev **16** Cornelsen / Ekaterina Rozhdestvenskaya **17** *o.* Fotolia / Trueffelpix **19** mauritius images / Alamy / Piotr Zajac **20** Cornelsen / Ekaterina Rozhdestvenskaya **23** Cornelsen / Anna Abert **24** Cornelsen / Marina Goldberg **25** Cornelsen / Ekaterina Rozhdestvenskaya **26** *o. l.* Fotolia / dislentev; *M. l.* Shutterstock / chaoss; *o. r.*, *M. r.*, *u. l.*, *u. r.* Cornelsen / Ekaterina Rozhdestvenskaya **27** *o.* Fotolia / goodluz; *u.* Fotolia / K.- P. Adler **29** *Hosen* Fotolia / marylooo; *Schuhe* Fotolia / vladakela; *Rock* Shutterstock / Tarzhanova; *T-Shirts* Shutterstock / Dmitry Zimin; *Schal* Shutterstock / Africa Studio; *Bluse* Shutterstock / istanbul_image_video **30** Cornelsen / Ekaterina Rozhdestvenskaya **36** imago / Russian Look **38** ddp images / Stoccy **39** action press / James Coldrey **40** *o.* imago / fotoimedia; *u.* Cornelsen / Marina Goldberg **42** Cornelsen / Marina Goldberg **44** *o.* bpk / Hamburger Kunsthalle / Elke Walford; *Hintergrund* Fotolia / Boris Stroujko **45** *o. l.* action press / TASS / Sergei Shakhidzhanyan; *o. r.* action press; *M. l.* picture-alliance / dpa / RIA Nowosti; *M. 2. v. l.* Corbis / ITAR-TASS / Shamukov Ruslan; *M. r.* imago / LAT Photographic; *u.* Fotolia / -=MadDog=- **46** Fotolia / herculerus **48** *u.* akg-images; *o.* action press / EVERETT COLLECTION **49** Shutterstock / Valua Vitaly **50** Fotolia / irinaorel **51** Fotolia / dimbar76 **52** Fotolia / art_zzz **53** *u.* Fotolia / Leonid Andronov; *o. l.* Fotolia / irinaorel; *M. l.* mauritius images / Alamy / Peter Titmuss; *M. r.* mauritius images / Alamy / George Brice; *o. r.* mauritius images / Alamy / Peter Forsberg **54** *o.* Fotolia / Leonid Andronov; *u.* Fotolia / romanevgenev **56** Cornelsen / Marina Goldberg **57** *Symbole* Fotolia / Do Ra; *Foto* Cornelsen / Ekaterina Rozhdestwenskaya **58** akg-images **60** *u.* bpk / Hamburger Kunsthalle / Elke Walford; *o.* Fotolia / Boris Stroujko **62** *o. l.* imago / Enters; *o. r.* Fotolia / Predrag Vasilevski; *M. r.* Fotolia / Mikhail GOLD; *u. l.* Colourbox / Valitov Rashid; *u. r.* Fotolia / victoria p.; *Samowar* Fotolia / sever180; *Mädchen M.* Fotolia / Andrey_Arkusha **63** *l.* Shutterstock / Tropinina Olga; *M. u.* Fotolia / berimitsu; *M. o.* Fotolia / Grigory Bruev; *r.* Fotolia / ET1972 **64** *u.* Interfoto / IMAGNO / Austrian Archives (AA); *o.* Cornelsen / Cornelia Bomberg **65** Fotolia / JFL Photography **66** *o. r.* vario images / Juergen Moers; *o. l.* laif / Gordon Welters; *Hintergrund* Fotolia / andreykr; *o. Mitte* Shutterstock / Peter Probst; *u. l.* imago / Steinach **67** *l.* Fotolia / flik47; *r.* Fotolia / oscity; *M.* Shutterstock / Lisa-Lisa; *Statistik* Cornelsen / Marina Goldberg **68** Colourbox **70** *Kartenausschnitt* Cornelsen / Marina Goldberg **71** Cornelsen / Ekaterina Rozhdestvenskaya **72** Fotolia / chocolatefather **73** *u.* Shutterstock / Ruta Production; *Flagge Usbekistan* Fotolia / Ongala; *Windrose* Fotolia / Pavel Plehanov; *Flagge Moldawien* Shutterstock / Piotr Przyluski **74** *o.* Shutterstock / Ververidis Vasilis; *u.* Shutterstock / Ververidis Vasilis **75** Fotolia / efesenko **80** *u. l.* Shutterstock / Martynova Anna; *o. l.* Fotolia / Starover Sibiriak; *o. r.* Fotolia / romanevgenev; *Hintergrund* Fotolia / katvic; *u. r.* Fotolia / Grigory Bruev **81** *o. r.* Fotolia / JackF; *oben l.* Fotolia / Alexandr Vasilyev; *Hintergrund* Fotolia / andreusK; *u.* Fotolia / yanlev; *o. M.* Fotolia / Syda Productions **82** *o.* Fotolia / Kerem Severoğlu; *u.* Shutterstock / Zhukov Oleg **83** *Aufgabe (3)* Fotolia / mouse_md **85** Максим Fotolia / Matthias Enter; Коля Fotolia / Klara Viskova; Маша Fotolia / Chepko Danil; Нина Fotolia / julien tromeur **86** *u.* Fotolia / scaliger **89** *l.* Shutterstock / Sergey Lavrentev; *r.* Shutterstock / Ovchinnikova Irina; **90** Максим Fotolia / Matthias Enter; Настя Fotolia / wegener17; Коля Fotolia / Klara Viskova; *M.* Fotolia / Byelikova Oksana; Вика Fotolia / Alberto Masnovo **92** Fotolia / Yury Gubin **94** *u. l.* Fotolia / wyssu; *o. l.* Fotolia / davis; *o. r.* Fotolia / dan talson; *u. r.* Fotolia / psdesign1 **95** *o.* Fotolia / Greg Epperson; *2. v. o.* Fotolia / Dasha Petrenko; *u.* Fotolia / yanlev; *2. v. u.* Fotolia / Aintschie **96** *o.* Fotolia / vadimba; *u.* Shutterstock / Nikolay Sachkov **113** Fotolia / Pavel Plehanov **119** picture-alliance / dpa / RIA Nowosti **123** culture-images / fine-art-images **124** mauritius images / Alamy / Peter Forsberg **125** Shutterstock / iralu **126** *l.* Fotolia / andreykr; *r.* Shutterstock / Peter Probst **127** *r.* Fotolia / Heike Jestram; *l.* Gerd Geipel, Cottbus / CottbusService **128** *Kaninchen* Fotolia / mitrushova; *Kamera* Fotolia / Atlantis; *Sonne, Smiley o.* Fotolia / Yael Weiss; *Smiley u.* Fotolia / Adam **129** Fotolia / Mirumur **132** Cornelsen / Ekaterina Rozhdestvenskaya **134** Fotolia / art_zzz **141** *r.* akg-images; *l.* action press / EVERETT COLLECTION **145** Shutterstock / Fat Jackey **162** Cornelsen / Marina Goldberg **165** *Statistik* Cornelsen / Marina Goldberg **170** *o.* Shutterstock / Julinzy; *u.* Fotolia / bahram67

Karten: Cornelsen / Dr. Volkhard Binder: Seiten II, 86 *unten*, III.

Texte: 22 *Раиса Кудашева*: Ёлочка (Im Walde steht ein Tannenbaum). 1905. Übersetzung: *2. und 3. Strophe* Martin Gehrmann; *alle anderen Strophen* Alfred Kurella. **41** *vier Rätsel* Ирина Асеева; **75** Judith Peltz, Daniel Lepetit: *„Usbekistan" – Entlang der Seidenstraße nach Samarkand, Buchara und Chiwa.* Berlin 2015: Trescher-Verlag. S. 82. Gekürzt und adaptiert; **98** *o.* Едуард Успенский: *А можеть быть ворона* *l.* Наум Олев: Непогода First Music Publishing Peermusic (Germany) GmbH, Hamburg (Liedtext). ICE Records; *r.* Елена Ваенга: Желаю (Liedtext).

Москва́

Вокза́лы 

1 Савёловский вокза́л
2 Ри́жский вокза́л
3 Белору́сский вокза́л
4 Ленингра́дский вокза́л
5 Яросла́вский вокза́л
6 Каза́нский вокза́л
7 Павеле́цкий вокза́л

Достопримеча́тельности 

1 па́мятник А. С. Пу́шкину
2 зда́ние Моско́вской мэ́рии
3 па́мятник Ю́рию Долгору́кому
4 Центра́льный телегра́ф
5 Ду́ма
6 Истори́ческий музе́й
7 ГУМ
8 Храм Васи́лия Блаже́нного
9 Третьяко́вская галере́я
10 Храм Христа́ Спаси́теля
11 Музе́й изобрази́тельных иску́сств им. А. С. Пу́шкина

Теа́тры 

1 МХАТ им. М. Го́рького
2 Большо́й теа́тр
3 МХТ им. А. П. Че́хова
4 Ма́лый теа́тр
5 Теа́тр им. Е. Вахта́нгова
6 Теа́тр на Тага́нке
7 Цирк Нику́лина на Цветно́м бульва́ре